语文学习心理学

董蓓菲 /编著

图书在版编目(CIP)数据

语文学习心理学 / 董蓓菲编著. —北京：北京大学出版社，2015.5
（21 世纪教师教育系列教材 · 学科学习心理学系列）
ISBN 978-7-301-25817-0

Ⅰ. ①语…　Ⅱ. ①董…　Ⅲ. ①语文课—学习心理学—师范大学—教材　Ⅳ. ①G447

中国版本图书馆 CIP 数据核字（2015）第 096649 号

书　　名	语文学习心理学 YUWEN XUEXI XINLIXUE
著作责任者	董蓓菲　编著
责任编辑	陈　静
标准书号	ISBN 978-7-301-25817-0
出版发行	北京大学出版社
地　　址	北京市海淀区成府路 205 号　100871
网　　址	http://www.pup.cn　新浪微博：@ 北京大学出版社
微信公众号	通识书苑（微信号：sartspku）
电子信箱	zpup@pup. cn
电　　话	邮购部 010-62752015　发行部 010-62750672　编辑部 010-62707542
印 刷 者	北京虎彩文化传播有限公司
经 销 者	新华书店
	720 毫米 × 1020 毫米　16 开本　16.25 印张　300 千字
	2015 年 5 月第 1 版　2021 年 9 月第 3 次印刷
定　　价	49. 00 元

内容简介

《语文学习心理学》以学生语文学习为主线，全面梳理学习论流派和各类知识观的核心思想，评析各家学说对语文学习研究的启示；系统阐述语文学科领域内，识字、阅读、写作、口语交际学习的心理结构和心理过程。全书以“专栏”的形式呈现拓展阅读内容，以“案例”的方式展示语文课程改革的鲜活实例，兼具理论视域和实践关照。作者基于读者的视角，在每一节前列出结构导图，书后附录“概念速查表”，便于读者随时检索心理学术语。

作者简介

董蓓菲，博士、华东师范大学教育学部教授、博导，英国伦敦大学学院“SCT”项目研究员。兼任新加坡教育部国际顾问、香港中文大学课程审查委员、香港教学院学术顾问，中国教育学会小学语文教学专业委员会常务理事。

研究领域有语文课程与教学论、小班化教育。出版专著有《语文教育心理学》《小班化教育中国模式》等5本，参编 Springer 出版的 *INTERNATIONAL HANDBOOK ON LIFE IN SCHOOLS AND CLASSROOMS: PAST, PRESENT AND FUTURE VISIONS*，发表 CSSCI 论文 **14** 篇。

目　　录

导　论

儒家的经典之作《论语》，记载了孔子及其弟子有关学习和为人处世的言行。

子曰："学而时习之，不亦说乎？有朋自远方来，不亦乐乎？人不知而不愠，不亦君子乎？"

曾子曰："吾日三省吾身：为人谋而不忠乎？与朋友交而不信乎？传不习乎？"

子曰："温故而知新，可以为师矣。"

子曰："学而不思则罔，思而不学则殆。"

子曰："由，诲女知之乎！知之为知之，不知为不知，是知也。"

子曰："见贤思齐焉，见不贤而内自省也。"

子曰："三人行，必有我师焉。择其善者而从之，其不善者而改之。"

曾子曰："士不可以不弘毅，任重而道远。仁以为己任，不亦重乎？死而后已，不亦远乎？"

子曰："岁寒，然后知松柏之后凋也。"

子贡问曰："有一言而可以终身行之者乎？"子曰："其恕乎！己所不欲，勿施于人。"

这篇语文教材中的《论语十则》，论述了学习方法和学习态度的精深道理，反映了我国古代传统的学习心理思想。

一、学习心理学的历史

学习理论是心理学中最古老、最核心，也是研究最发达的领域之一。在学习心理学研究史上，两位德国心理学家威廉·冯特（Wilhelm Wundt）和赫尔曼·艾宾浩斯（Hermann Ebbinghaus）产生过重要影响。

冯特（1832—1920）

艾宾浩斯（1850—1909）

1879 年冯特建立了世界上第一个心理学实验室，这个具有划时代意义的心理学实验室，标志着心理学从哲学家的理论思辨中独立出来，成为一门科学。艾宾浩斯证明了实验法的有效性，是将高级心理过程引入实验室研究的先驱，同样对心理学建设起到了重要作用。

最早尝试把心理学与教育学相结合的学者是德国教育家约翰·弗里德里希·赫尔巴特(J. F. Herbart)。他于 1806 年出版了《普通教育学》一书，提出对儿童进行教育的方法必须以心理学为基础，要用心理学的观点来看待教育中的问题。1903 年美国心理学家爱德华·李·桑代克(E. L. Thorndike)《教育心理学》一书的问世，标志着"教育心理学"从教育学和儿童心理学中分化出来，独立成科。该书提出了"教育心理学"这个名词并确立了学科体系。著作共三卷，《人的本性》《学习心理》《个别差异及其起因》。在第二卷《学习心理》中作者阐述了学习心理学规律，认为学习就是形成联结，即联结主义学习观。

赫尔巴特(1776—1841)

桑代克(1874—1949)

20 世纪 60 年代，教育心理学研究成果丰富，并逐渐形成两大领域：学习心理和教学心理。教育心理学研究也细分为两大分支学科：学习心理学与教学心理学。学习心理学是研究个体学习心理规律的一门学科。[①] 它不仅研究正规学校情境中的学生学习，还研究学校情境外的个体学习。

100 多年来，学习理论研究经历了关注外在的学习环境——关注个体的认知过程、认知结构——关注个体的学习环境、认知神经这样的一个过程，并不断成熟和完善。各种学习理论都力求回答如下三个问题：

第一，学习的本质是什么？

第二，学习是个怎样的过程？

第三，学习有哪些规律和条件？

二、语文学习心理学的任务

广义的学习包括日常生活和实践活动中积累知识经验。狭义的学习就是指学

① 韦洪涛. 学习心理学[M]. 北京：化学工业出版社，2011：2.

生在学校环境中，系统地接受前人积累的文化经验，发展个人的知识技能，形成符合社会期望的道德品质的过程。

语文学习心理学是一门应用性的学科，它基于教育的视角(非心理实验的角度)研究学生个体语文学习的心理过程，以及影响语文学习结果的因素。它以学生语文学习为研究对象，以揭示学生语文学习的性质、过程和规律为目标。语文学习心理学研究对象和学科性质，决定了它必然成为语文课程标准、教材编写以及语文教学和评价不可或缺的依据，是语文教师专业发展的基础知识。

三、本书的框架

本书以学生在中小学校内语文学习为主线，从两方面探求学生语文学习的心理规律：一是学习理论与语文学习，二是语文学科领域的一般学习规律。

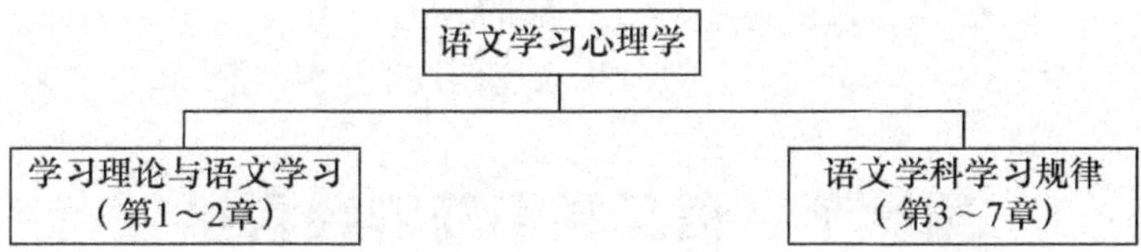

语文学习心理学是一门年轻的学科，笔者虽竭尽全力但难免有不尽之处，期待同仁和读者指正。在此，要感谢北京大学出版社陈静女士的邀约和信任，此书方能顺利出版。

董蓓菲

2015 年 2 月于云山轩居

第一章　学 习 理 论

自 20 世纪 90 年代起，基于脑科学研究的学生学习与教学，成为一种国际教育思潮。脑科学的发展为语文学习提供了新的科学依据。

语文学习的神经科学
- 脑的外部结构和内部结构
- 大脑的发育
- 语文学习的生理机制

第一节　语文学习的神经科学

脑生理学研究表明，学习可以改变脑生理结构。这些结构的改变又改变了脑的功能组织。

一、脑的外部结构和内部结构

历经几个世纪的探讨，脑研究人员根据大脑的形态和功能，对人脑的不同部位进行划分和命名。从外观上看大脑，脑包括额叶、颞叶、枕叶、顶叶、运动皮层以及小脑和网状结构等（见图 1-1）。

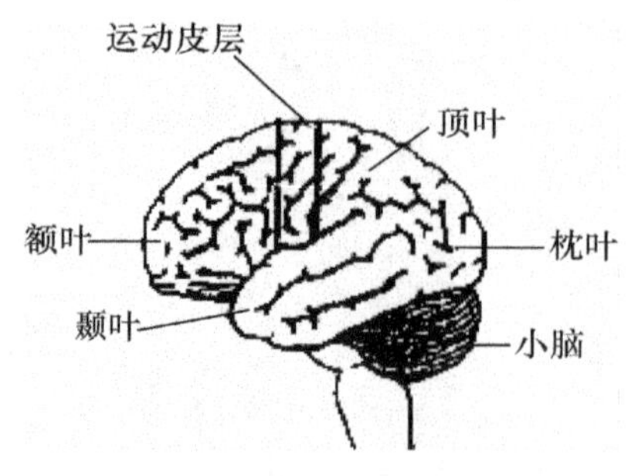

图 1-1　人脑的外部结构图

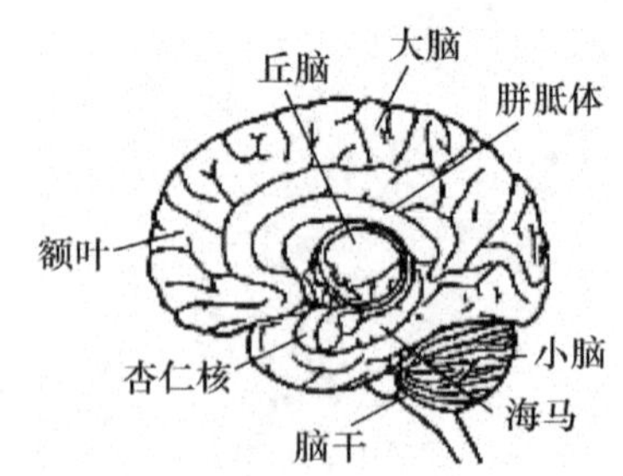

图 1-2　人脑的内部结构图

大脑前面的部分称为额叶，执行规划和思维功能；颞叶位于耳朵的上方，处理声音和语言（通常主要在左侧）；同时，部分长时记忆也在这里加工。枕叶在后部，几乎专门执行视觉加工功能。顶叶靠近顶部，主要负责定位、计算和某些类型的识别等功能。顶叶和额叶之间，从左耳到右耳横跨脑的顶部有一条带状区域，被称为运动皮层，控制着躯体运动。它与小脑协同，共同完成动作技巧的学习。

脑的内部结构中大脑分左右两个半球，由2.5亿个神经纤维组成的胼胝体相连；大脑的各个区域执行着人类的思维、记忆、言语和肌肉运用等重要功能。脑干负责脑的觉醒。大脑和脑干之间的丘脑、海马、杏仁核称之为边缘系统。除嗅觉外的所有感觉信息首先输入丘脑。海马可以进行信息的转化，来自工作记忆的学习通过电信号传导的方式转入储存区，此过程需要几天或数月。该脑区不断检测传递到的工作信息并与尝试记忆中存储的经验相比较。该过程是意义产生所必需的。杏仁核负责对情绪进行编码，目前的研究尚不清楚情绪记忆本身是否确实存储在杏仁核中。小脑位于大脑尾部的下端，协调并控制各种躯体运动（见图1-2）。

大脑的各个部分通过信息传递（以神经冲动的形式）相互协作、各尽其职。

(1) 颞叶——加工听觉信息。如听到老师说“上课”，颞叶就会加工和识别声音信号，然后产生适当的行为，如人坐正、起立问好。与枕叶、顶叶在皮质层左半球交叉的地方有个韦尼克区。

(2) 额叶——加工与记忆、计划、决策、目标、创造力有关的信息。

(3) 运动皮层——是从大脑顶部一直延伸到耳朵的条状细胞区域。它控制身体的运动。其前部是布洛卡区，该区域控制语言的产生。语言在韦尼克区形成，再被送达布洛卡区。

(4) 顶叶——加工触觉信息，决定身体姿势，整合视觉信息。顶叶的前部接受来自身体的信息，如触觉、温度、身体姿势以及痛苦和压力。后部整合触觉信息，如确定身体各部分正处在什么位置，提供身体的空间意识。

(5) 枕叶——加工视觉信息。视觉刺激由丘脑接受传过来后，经与记忆中的信息比较而被识别。学生可以通过强迫自己关注某些特征，忽视某些特征而更快地控制自己的视觉感知。如在人群中寻找自己的同学，就是重点关注面部或身材衣着特征的信息，忽略其他信息。

(6) 小脑——调节身体平衡、姿势，控制肌肉、移动，获得运动技能。小脑是获得运动技能的最重要的组织，一些自动化的技能如握笔写字、拼音输入文字等，都是小脑协同大脑加以控制，从而使大脑皮层可以集中关注需要意识参与的思考、决策活动。

(7) 脑干——通过其网状结构处理自主神经系统。

(8) 网状结构——一个由神经元和神经纤维构成的网络，可以调节控制身体呼吸、心率、血压、眼球运动、唾液分泌等功能。如当你进入卧室，拉上窗帘准备入睡时，网状结构就降低大脑活跃程度，让你进入睡眠状态。

(9) 杏仁核——控制情绪和进攻;评估感觉输入(除嗅觉外)的刺激是否安全。若识别到有害刺激,就传递信息给下丘脑(丘脑下部)。

(10) 丘脑——将信息(除嗅觉外)从感觉器官传递到皮质层。下丘脑控制体内平衡功能。如提问、睡眠、水分等,有压力的情况下,加快心跳和呼吸。

(11) 大脑(皮层)——有加工感觉信息,调节各种学习和记忆功能。它是覆盖大脑的一个橘子皮厚薄的皮层,分左右两个半球,每个半球都有颞叶、额叶、顶叶和枕叶。

(12) 胼胝体——连接左右大脑半球的带状纤维组织。

(13) 海马——保持瞬间记忆和工作记忆;建立长时记忆中的信息。

二、大脑的发育

每个学生的大脑结构相似,但发育却不尽相同。影响人脑发育有五大因素:遗传、环境、营养、类固醇(一种影响性发育和反映功能的荷尔蒙)和致畸物质(导致胚胎和胎儿畸形的外来物质)。大脑发育包括神经元的繁殖、分化以及大脑皮层的生长。人类大脑从出生时的 350 克长到约 1350 克,其实质是连接细胞体和其他神经元的神经纤维的增长和分支的增加。在发育的某一阶段,大脑可以每秒新生4.8万个神经细胞的速度增生。大脑重量的变化呈倒 U 字形:出生时,是成人脑重量的 25%;6 个月时是成人的 50%;2 岁时为 75%;5 岁时为 90%。在个体发展的早期,脑重持续增加,到中年时保持在一定的水平上;进入老年期后,大脑重量开始下降。如 70 岁时会降低 5%~10%,到 80 岁时会降低 16%~18%;而正常老年人脑的体积萎缩一般在 10%~15%之间。[①]

大脑皮层是人脑最后一个停止发育的部分。具体而言,听觉皮层和视觉皮层中突触的大幅度增长始于 3~4 个月,持续到 1 岁末。语言皮层的神经纤维髓鞘化(指髓鞘发展的过程,使神经兴奋在沿神经纤维传导时速度加快,并保证其定向传导)持续时间相对较长。额叶是最后发展区域,大约在儿童期至青春期达到成年人的水平。到了 11 岁左右,左右大脑以及连接通道——完全发育成熟,连接两侧大脑的胼胝体也完全成熟了。

儿童脑发育存在一个关键期,即大脑在某一阶段特别容易接受来自环境的特定刺激。图 1-3 呈现了儿童脑发育的部分关键期。如果在关键期能提供相应的学习活动,对脑的发展极其重要。若缺少刺激或刺激不当,则会导致发育不良。当然,过了关键期,大脑依然具有可塑性,只是需要花费更多的时间和努力。

---

① 尹文刚. 神经心理学[M]. 北京:科学出版社,2007:43.

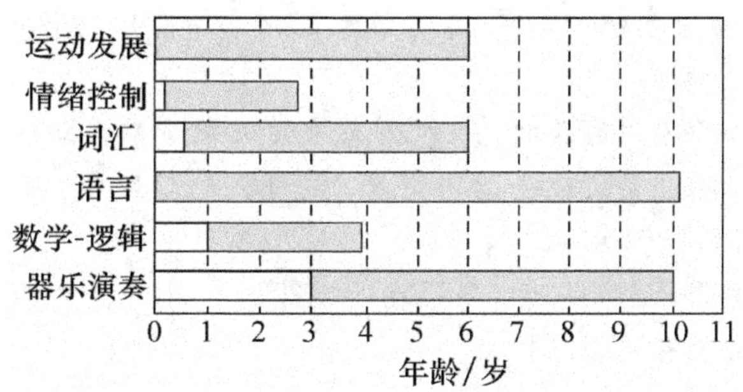

图 1-3 儿童学习活动的关键期①

专栏 1-1 野孩子

这是1800年巴黎的一项教育实验。参加实验的是名叫维克托(Victor)的男孩以及男孩的教师琼·马克·伊塔德(Jean Marc Itard)医生。维克托一直生活在与世隔绝的法国阿韦龙(Ayron)森林里。人们发现他时,他赤身裸体、肮脏不堪,且口齿不清。他似乎对温度与痛觉很迟钝,无法维持注意力;吃生食;只会用手进行活动。他身体很健康,但几乎没有任何社会化的行为表现。这名来自"阿韦龙的野小子"引起了人们极大的兴趣。

伊塔德医生给他取名维克托,并坚信他能成为一名正常的社会人。在之后的五年中,医生根据以下的原则,采用各种教学手段与方法来教育他。

第一,以学习者为中心,符合儿童的需要与个性特点,灵活调整教学以适应学生的需要。

第二,教育方案要基于维克托已有的某种"准备性技能",并通过与物理环境、社会环境的自然交互作用来实施。比如,维克托在学习某一物体的名称之前,必须接触过或看到过该物体。如果维克托缺乏必要的感性经验,必须提供机会,使其先形成相应的经验,然后再学习。

第三,维克托必须有学习的动机。伊塔德医生认为,维克托之所以能够成功地应对其生存环境,是因为求生动机所致。而现在医生对维克托提出学习社会技能的新要求,则需要调动其相应的动机。

第四,教学中需要采用新的教学技巧和手段。

经过五年的学习,维克托掌握了基本的生活技能,如自己穿衣、不尿床、使用餐具等;利用自己的感觉,如视觉、听觉、味觉等;学习表达情感,取悦他人;用书面语

---

① [美]David A. Sousa. 脑与学习[M]. "认知神经科学与学习"国家重点实验室脑与教育应用研究中心译. 北京:中国轻工业出版社,2005: 20.

言交流。然而，他始终未学会说话，没有达到完全生活自理。其余生都是在他人的照料下度过的。

导致这种结果的原因有多种，比如在发展的关键期缺乏适宜的刺激就是其中重要的原因。{摘编自[美] 理查德·迈耶. 学科教学心理学[M]. 姚海林等译. 南京：江苏教育出版社，2010：2.}

生理学研究表明，大脑有其自身活动的规律——时间表，一天有4个学习高效期，若合理利用，可以提高学习效率。

表1-1 大脑的时间表

时　段	最佳时机
清晨起床后	短时记忆力
8～10点	严谨、周密的思考能力 认知和处理能力
18～20点	回顾、复习
入睡前1小时	复习难以记忆的内容

三、语文学习的生理机制

脑是最高级的控制中枢，负责人的运动、思维、记忆、情感和行为，人脑通过神经系统与身体各部位相连。大脑分成两半，各称为脑半球，中间有胼胝相连，主要由灰质和白质构成。创造信息的灰质位于表面，由神经细胞体组成。位于内部的白质塞满了传送信息的神经纤维。人脑不同的区域执行各自特定的功能。罗伯特·奥斯汀(Robert Ostein，1984)在《令人惊讶的脑》一书中指出：在人脑中大约有1000亿个神经元或神经细胞，在一个单独的人脑中，这些细胞之间可能的相互连接远比宇宙中的原子多。

学生语文学习活动主要是以脑神经活动过程为其物质基础的。脑神经系统由神经细胞连接而成。脑神经细胞对器官感受到的文字、声音等外界环境的变化，形成条件反射和暂时神经联系，是脑的分析、综合活动的结果。一项阅读思考活动包括数百万神经信号，这些信号在数十亿脑细胞的参与下，沿着数兆条路径反射。因此，形成条件反射是语文学习最基本的生理机制。

四、语文学习的心理机制

心理是人脑对客观现实的反应机能，是人脑的产物。每个健康的人脑都具有与生俱来的无穷的学习能力，其特征为：探索模式和作出估测的能力；各类非凡的记忆能力；通过分析外部数据和自我反思从经验中进行自我纠正和学习的能力；无穷的创造能力。

大脑左右半球在结构上几乎完全相同，但在功能上却存在显著差异，且这些功能不能相互转换。左半球被喻为“逻辑半球”，主管言语、阅读、书写、计算、排列、分类、记忆和时间感觉等心理活动，如识别单词、字母和书写的数字，理解文字的字面意思、知觉时间和顺序等。它是处理言语，进行抽象逻辑思维、集中思维、分析思维的中枢，具有连续性、有序性、分析性等功能。右半球被喻为“直觉半球”，主管视觉、复杂知觉、模型再认、形象、记忆、认识空间关系、识别几何图形、想象、做梦、理解隐喻、发现隐蔽关系、模仿、音乐、节奏、舞蹈以及态度、情感等。它是处理表象和进行具体形象思维、发散思维的中枢，具有非连续性、弥漫性、整体性等功能。

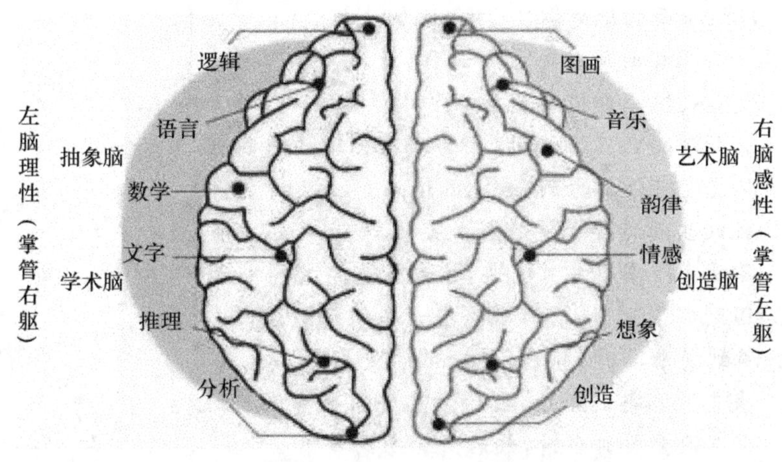

图 1-4　人脑左右半球的功能

语文学习过程是大脑左右半球协同活动的结果。如两个同桌正在交流对同一篇作文的看法，大脑的左半球使他们产生了言语，并从文字的字面意思理解对方表达的含义；右半球提供了交谈的情境，如肢体语言、情绪、语音语调等理解对方表达的含义。大脑左右半球的协作，使同桌能理解对方话语的意思。大脑研究表明，左半球主要加工语文学科内容，右半球主要加工情境。语文学习中，若教师过多关注学科内容、忽视学科知识的情境，将导致学生语文学习与生活实际的脱节。就像学生学习写应用文，若从不涉及生活中的广告、电子产品运用指南、应聘资料的阅读和写作，即便他写了数十篇文章，也难以体会应用文知识的学习意义。语文学习活动应该尽可能融合生活情境。

专栏 1-2　自测大脑半球优势

用几分钟的时间，你就可以对脑半球优势进行自我评估。当然，这只是一个大致的评估，结果并非结论性的，仅供参考。

指导语：从“A”或“B”中选一个最符合你的情况，并画圈。所有的陈述都无对错之分。

1. A. 我喜欢按照自己的方式完成新任务。
   B. 完成新任务时，我喜欢别人告诉我一个好的方法。
2. A. 我必须自己来安排计划。
   B. 我可以按照别人的计划来进行。
3. A. 我是一个非常灵活、有时难以预测的人。
   B. 我是一个非常稳定、始终如一的人。
4. A. 我把各种东西都放在一个特定的地方。
   B. 我放东西的地方取决于所做的事情。
5. A. 我会根据时间均衡安排工作。
   B. 我喜欢把工作拖到最后。
6. A. 我知道自己是正确的，因为我有合理的原因。
   B. 即使没有任何原因，我也知道我是正确的。
7. A. 我的生活需要大量的各种变化。
   B. 我的生活需要井井有条，按部就班。
8. A. 遇到新情况时，有时我会有太多的想法。
   B. 遇到新情况时，有时我没有任何想法。
9. A. 我先做容易的事情，最后做重要的事情。
   B. 我先做重要的事情，最后做容易的事情。
10. A. 在作出一个艰难的决策时，我选择知道是正确的那个决策。
    B. 在作出一个艰难的决策时，我选择感觉是正确的那个决策。
11. A. 我为工作制订时间计划。
    B. 我工作时不考虑时间。
12. A. 我是一个良好的自我约束者。
    B. 我常常凭感觉行事。
13. A. 其他人不理解我是如何安排事情的。
    B. 其他人认为我把事情安排得井井有条。
14. A. 我会比别人先接受新观念。
    B. 我会对新观念提出比别人多的质疑。
15. A. 我倾向于通过图形来思考问题。
    B. 我倾向于通过言语来思考问题。
16. A. 我尽力寻找最佳的解决问题的方法。
    B. 我尽力寻找不同的解决问题的方法。

17. A. 我常常能推测出接下来将要发生的事情。
    B. 我常常能感觉到接下来将要发生的事情。
18. A. 在工作中我不是非常富有想象力。
    B. 我做任何事情几乎都发挥想象力。
19. A. 我会在一项工作还没有完成就开始新的工作。
    B. 我完成了一项工作后才开始新的工作。
20. A. 我会探索新的方法,用于常规工作。
    B. 当一种方法用得很好时,我不会改变它。
21. A. 冒险是很有趣的事情。
    B. 即使不冒险我也觉得很有趣。

分数统计和自我评估:

1. 计算第 1、3、7、8、9、13、14、15 题中,你选择“A”的次数,填在直线上。

A. ________________

2. 计算剩余的题中,你选择“B”的次数,填在直线上。

B. ________________

3. 计算“A”和“B”的总次数,也就是你的总分,填在直线上。

总分________________

4. 比较下面的分数等级,分析自己的优势半球。

0～5 明显左半球优势

6～8 中度左半球优势

9～12 双侧半球平衡(几乎没有偏颇)

13～15 中度右半球优势

16～21 明显右半球优势

{改编自[美] David A. Sousa. 脑与学习[M]. “认知神经科学与学习”国家重点实验室脑与教育应用研究中心译. 北京:中国轻工业出版社,2005:149—150.}

- 学习类型与语文学习
  - 学习的含义
  - 学习的分类
    - 布卢姆的教育目标分类
    - 加涅的学习水平分类
    - 加涅的学习结果分类
    - 奥苏贝尔的学习分类
    - 安德森对布卢姆目标分类的修订
  - 学习分类与语文课程
    - 学习分类与语文课程目标框架
    - 学习分类与语文学习目标

第二节　学习类型与语文学习

学习是一种范围广泛的复杂活动。语文学习是学生学习的一项内容，既有学习的一般特征，又有语文学习的特殊内涵。

一、学习的含义

学习是行为或按某种方式表现出某种行为的能力的持久变化。它来自实践或其他形式的经历。该界定包含三层意思：

第一，学习是一种行为或能力的改变。虽然我们无法透视学生大脑的变化，但从学生操作行为的进步中可以显而易见。当然，操作行为本身并不能显现学习的全部内容，如态度和价值观的改变很难通过可测量的行为表现出来，因为它是内隐的。

第二，这种改变不是短暂的，而是比较持久的、稳定的行为变化和思维变化。

第三，学习产生于经验，如实践、对他人的观察。学习必须通过体验才能发生。我们知道，人的言语器官成熟之后就能产生语言，但有实际意义的言语产生于人际交流。

学生的学习从结果看是一种接受学习——占有人类已有的经验，把他人发现的经验变成自己的经验。从过程看是一个主动建构的过程——在一定的时间内，在教师指导下，依据课程目标和教材，建立起自己的认知结构。

学生语文学习的目的是初步学会运用祖国语言文字进行交流沟通，吸收古今中外优秀文化，提高思想文化修养，促进自身精神成长。这个学习过程是一个语言实践的过程。参与语言实践和体验是学生拥有实际生活需要的识字写字能力、阅读能力、写作能力、口语交际能力的主要途径。

二、学习的分类

由于依据的标准和分类的视角不同，心理学家对学习类别的划分也不一致。其目的在于强调不同类型知识的学习，具有不同的心理过程和内部条件。其中，布卢姆、加涅、奥苏贝尔的学习分类最具代表性。

（一）布卢姆的教育目标分类

20 世纪 50 年代，美国心理学家布卢姆（B. S. Bloom）提出教育目标分类学（Taxonomy of educational objectives），从教育目标和教育任务的角度出发，将学习分为认知领域、情感领域和动作技能三大领域。

布卢姆(1913—1999)

1. 认知领域

布卢姆教育目标分类学中，认知领域的目标是针对知识的结果而言的，可进一步分为知识、领会、应用、分析、综合和评价六个由低级到高级的水平（也可看成类别）。

（1）知识

这里的知识指对具体事物和普遍原理的回忆，对方法和过程的回忆，或者对一种模式、结构或框架的回忆。简言之，是对先前学过的知识的简单回忆。对语文学科而言就是感知和机械记忆或回忆语言知识的具体材料。如汉语拼音字母表排列顺序、默写生词、背诵古诗文等。如阅读文章《珍珠港事件》后要求学生回答问题：珍珠港事件发生在哪一天？

（2）领会

这里的领会是指理解和把握知识材料意义的能力。如解释成语的意思、褒贬词的归类、理解句子的含义等。如阅读文章《珍珠港事件》后要求学生回答问题：日本为什么要偷袭珍珠港？

（3）应用

应用是指将所学的规则、方法、步骤、原理和概念等，用到新情境中去的能力。即能把理解和记忆的语言知识应用于具体情景中。如根据语境填入适当的古诗名句、变换句式。如阅读文章《珍珠港事件》后要求学生回答问题：如果你负责保卫夏威夷群岛，你将为抵御入侵做哪些准备工作？

（4）分析

分析是指将整体分解成各种组成要素或组成部分，并理解各部分之间的联系的能力，即能把整体感知的语言材料分成各组成部分，领会各组成部分之间的关系及其结构。如分析文章的段落层次、概括层、段或全文的意思。

（5）综合

综合将各种要素、组成部分重新组合为一个整体，产生新的思想或新的结构能力。如作文，又譬如阅读文章《珍珠港事件》后要求学生想象：假如美国已经做好充分准备，重新讲述珍珠港事件。

（6）评价

评价是根据特定的标准，判断材料和方法的价值的能力。如阅读文章《珍珠港事件》后要求学生回答问题：你认为珍珠港事件对现在的美日关系有影响吗？为什么？

2. 情感领域

1964年，美国学者柯拉斯霍（D. R. Krathwohl）等人提出，情感领域的教育目标主要包括态度、兴趣、理想欣赏和适应方式等。具体可以分为：接受、反应、价值判断、价值的组织和价值个性化五个层次。

（1）接受

接受（receiving）指愿意注意特殊现象或刺激，对环境中正在发生的事情是一种低水平知觉。如语文课上，教师用视频展现作者写作的时代背景，一个在玩橡皮的男生立刻停止了小动作，专注地看屏幕。说明这名男生对视频产生注意了，并选择注意观看视频内容而不是手中的橡皮。

(2) 反应

反应(responding)是指对新刺激主动注意，并主动地以新方式行动。这是由经验引起的新的行为反应。如语文课上对其他同学的观点以微笑表示赞同，主动举手回答老师的问题。

(3) 价值判断

价值判断(valuing)是指对于接触到的特殊对象、现象或行为感到有价值，因而表现出积极的态度并重视其价值。"态度"和"欣赏"就是该层次的行为。如学生主动要求参加《红楼梦诗句》课题的研究性学习。

(4) 价值的组织

价值的组织(organization)是将不同的价值系统组织起来，使其具有一致性。如为了更好地展示自己研究性学习成果，学生利用自己的网络技术，收集大量的文献资料、制作演示幻灯片。

(5) 价值个性化

价值个性化(characterization)是指将价值系统内化，成为个性或信念的一部分，并按照这个信念行事。如为了自己的文学爱好，省下零用钱买余秋雨的《文化苦旅》《行者无疆》；抓紧时间完成学校作业，每天阅读文学作品；寒暑假动笔写作，尝试投稿，屡败屡投，毫不气馁。

3. 动作技能领域

1972年，美国学者辛普逊(E. J. Simpson)提出，动作技能领域目标可以分为：知觉、准备状态、有指导的反应、机械练习、复杂的反应、创作共六类。

(1) 知觉

知觉包括感官刺激、线索的选择、转换三部分，以了解物体、性质和关系。

(2) 准备状态

准备状态包括心理、身体和情绪三个方面，目的是为做某一动作做准备。

(3) 有指导的反应

有指导的反应是在指导下做出明显的动作，包括模仿和尝试错误。

(4) 机械练习

机械练习是指反复练习所学的动作，由熟练而养成习惯。

(5) 复杂的反应

复杂的反应指个人能够做出复杂的动作和行为。

(6) 创作

创作指作出新的行为方式及动作。

布卢姆教育目标分类是世界上公认的第一个权威性的教学目标分类系统。这个理论包含了教学领域中认知、情感和动作技能三大领域，以及各领域所涵盖的具体目标。但该分类学受行为主义心理学观点的影响较大。当下，我国语文课程标准中语文课程总目标的设定，以及教师的课堂教学目标的设计，都是基于该理论的实践运用。

（二）加涅的学习水平分类

加涅(1916—2002)

1965年，美国著名学习和教学心理学家加涅（R. M. Gagne）根据学习过程的心理机能，将学习划分为八个层次，认为简单低级学习是复杂高级学习的基础。这八个层次由低到高分别为：

1. 信号学习

信号学习（signal learning）是巴甫洛夫提出的经典条件反射：刺激—强化—反应，是指学习对某种信号刺激做出特定的反应。巴甫洛夫条件反射学说中，狗听见铃声分泌唾液就是信号学习。如学校里的学生，听到上课铃声，就会向教室跑。

2. 刺激-反应学习

刺激-反应学习（stimulus-response learning）比信号学习复杂，是桑代克工具性条件反射、斯金纳操作性条件反射：情境—反应—强化，是指学习已经成为自主反应，个体只对特殊的刺激作出某种特殊的反应。如课间休息时，学生想排尿了，就去上厕所。

3. 连锁学习

连锁学习（chaining learning）是指两个或两个以上的刺激-反应所组成的一系列行为。如一年学生指读课文就是左手压书、右手指书上的字、读出声音的连锁化活动。

4. 语言联想学习

语言联想学习（verbal association learning）是指语言材料与语言材料之间建立联想，是一系列刺激-反应的联合。例如小学生学生字晴天的“晴”时，联想起已经学过的相近的字“睛”，两个字都有“青”，但部首不同。

5. 辨别学习

辨别学习（discrimination learning）就是要学会识别多种刺激，并对不同的刺激作出不同的反应，即辨认出诸多刺激的异同点。例如，学生看到“晴”和“睛”，能区分前者是晴天的“晴”，后者是眼睛的“睛”。

6. 概念学习

概念学习（concept learning）是学会对具有共同属性的同类刺激作出同一的反

应，是对事物抽象特征的反应。如学生听到“晴天霹雳”和“晴空万里”两个词语，就应该知道两个词中的“qíng”，都是指好天气的“晴”这个字。

7. 规则学习

规则学习（rule learning）是由两个以上的概念联结所构成的学习。如学生在学了句子和关联词的概念后，学习各种类型的关联复句。

8. 问题解决学习

问题解决学习（problem solving learning）是指学会利用一个或几个规则解决遇到的各种问题。如在新的情境中灵活运用所学语音、词汇、语法等语言知识规范表达自己的想法。

加涅提出的八个学习层次，显然是一种学习具有连续性的思想：通过最低级的学习所获得的能力，为逐次获得更高一级的能力奠定基础或创设前提。它揭示了在日常学习中经常发生、但从未得到过圆满解释的现象：当个体能够创造性地解决问题时，那么必定已掌握早先时候的相关原理和规则；当个体能够从事现在的规则学习时，那么必定已掌握了早先时候的相关抽象概念；当个体能够从事现在某一抽象概念学习时，那么必定在早先时候，他已获得了定义中所涉及的另一些抽象的概念或具体的概念；由于抽象的概念不可能总以循环的定义方式来获得，因此人在获得某些抽象概念时，必然要借助于对具体事物的辨别经验；而当人要建立这种辨别经验时，又可以追溯到需要他早先通过的最简单的刺激-反应的联结所建立起来的一系列行为连锁和言语连锁。经过加涅的解释，人的高级学习形式的发生及高级学习能力的获得，不再是一种只能意会不可言传的进程。

1971 年，加涅将前四个层次的学习合并成一类：较低层次的学习，第六个层次拆分为两个层次：连锁学习、辨别学习、具体概念学习、定义性概念学习、规则学习、问题解决学习。

（三）加涅的学习结果分类

20 世纪 60 年代，信息加工心理学诞生，并逐渐成为现代认知心理学的主流。信息加工心理学认为学习是包含了信息的选择、加工和存储在内的复杂过程。70 年代，加涅在学习的八个层次的基础上提出：人的学习结果是其能力和倾向发生变化。他把学习结果分成五类：言语信息、智慧技能、动作技能、认知策略和态度。该分类系统中，除了“态度”属于倾向之外，学习的其他结果是四种能力的习得。这四种能力分别是：言语信息、智慧技能、认知策略和动作技能。在心理学史上，加涅首次对人的学习结果——学生在学校教育中习得的，提出了一个系统分类。

1. 言语信息

言语信息是指用陈述性的语言文字表达知识的能力。在语文课程中包括文体知识、语修逻文等语文知识、作家作品等文学常识。如学生能用自己的话解释比喻、拟人、排比等修辞手法的特点。该类知识具有易学易忘的特点。

2. 智慧技能

智慧技能是指运用概念和规则对外办事的能力。在语文课程中表现为正确理解和运用祖国语文,具有识字写字、阅读、写作和口语交际的能力。如学生能找出阅读材料中比喻、拟人、排比等修辞手法,并分析其表达上的效果。加涅将智慧技能又分为五个亚类:

(1) 辨别。指区分事物之间差异的能力。如学生在阅读文章时,能指出材料中运用的表达手法是"比较"还是"对比","设问"还是"反问"。

(2) 具体概念。指识别具有共同特征的同类物体。如学生阅读文章后能一一指出文中多处运用排比的修辞手法。

(3) 定义性概念。指运用概念的定义性特征对事物分类。如学生能将词语按要求,如词性、描写对象、褒贬意思等归类。

(4) 规则。指运用单一规则办事。如运用举例或数字的方法写说明文。

(5) 高级规则。指同时运用几条规则办事。如根据提供的材料,写一篇话题作文,要运用描写和议论的方法。

3. 动作技能

动作技能也称运动技能,指通过练习获得的、按一定规则协调自身肌肉运动的能力。如学生能协调手部小肌肉,用毛笔临帖书写,或用钢笔、铅笔书写等。形成该类技能的速度相对较慢,但一旦形成,便不易遗忘。

4. 认知策略

认知策略是指支配注意、学习、记忆和思维以提高认知活动效率的能力,是学习过程中的控制能力。如果说,智慧技能指向学生的外部环境,解决"怎么做"的问题。那么,认知策略就是调控自己内部行为的,管理学习过程的方式的。学生能在自己的学习实践中采用适合自己特点的方法,改进自己的学习,这种方法就成了学生的认知策略。

认知策略有一般和具体之分。具体策略的适应范围相对小一些,也较易学。如语文学科中的学习方法,小学生能运用加减部首的方法记忆字形;初中学生能迅速准确地做课堂笔记,积累写作素材。一般策略适用范围广,学起来困难。如高中学生能根据自己语文学习的特点和高中阶段的学习任务制订学习计划,并努力按计划执行。该类知识具有内隐性的特点。

5. 态度

态度是一种影响人对人、对事做出选择的内部状态。如中国童话寓言中,狼是一种狡猾、凶残的动物,羊是善良、柔弱的动物。低幼学生重复听读这类故事,一听到大灰狼就感到憎恶，一提到小山羊就想亲近它。这种行为反映了学生对狼和羊的不同态度。学校教育中的态度学习目标，是对人、对己、对社会和国家的各种情感态度。具体可分为三种：

(1) 与人交往活动的态度，如容忍、体谅、合作、帮助别人等。

(2) 对某类活动的积极倾向，对学校、对学习的态度，对学科的态度。如喜欢上语文课，课外借阅世界名著，参加征文活动。

(3) 与公民义务有关的态度，如热爱祖国、关心社会需要和社会目标，愿意履行公民职责等。

就语文课程而言，态度的学习与改变，是指学生从课文中学习为人处世的价值标准；以课文所歌颂、赞美的人物为模仿榜样；作者在文中表达的情感引起学生的共鸣，得以陶冶情操。

以上五种学习结果又可分为三个领域：言语信息、智慧技能、认知策略这三种学习结果属于认知领域；动作技能这种学习结果属于动作技能领域；态度这种学习结果属于情感领域。

(四) 奥苏贝尔的学习分类

美国现代教育心理学家戴维·奥苏贝尔(D. P. Ausubel)认为，影响学生学习的最重要的因素是学生已知的内容。他依据两个维度，对认知领域的学习进行了分类。

奥苏贝尔(1918—2008)

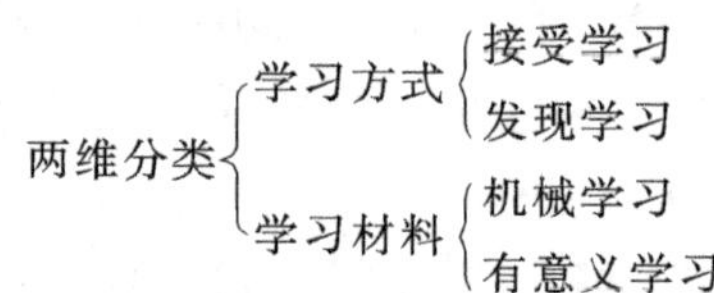

图 1-5 依据两维的学习分类

奥苏贝尔根据学习进行的方式，把学习分为接受学习和发现学习；依据学习材料与学习者原有知识的关系，又把学习分为机械学习和有意义学习。

1. 按学习方式分类

(1) 接受学习

接受学习是指学习内容以定论的形式呈现给学习者的一种学习方式。如学生在语文课上听教师讲解《出师表》中的“表”是一种公文文体。

(2) 发现学习

发现学习是教师不讲述，学习者独立发现、揭示问题，探索解决问题方法的一种学习方式。

2. 按学习材料分类

(1) 机械学习

机械学习是指学生只是记住了某个符号,并不理解符号代表的知识。

(2) 有意义学习

有意义学习是指以符号代表的新知识,与学生认知结构中原有观念间建立实质性的联系。

奥苏贝尔指出,这两个维度是彼此独立的,但每个维度都存在过渡形式。

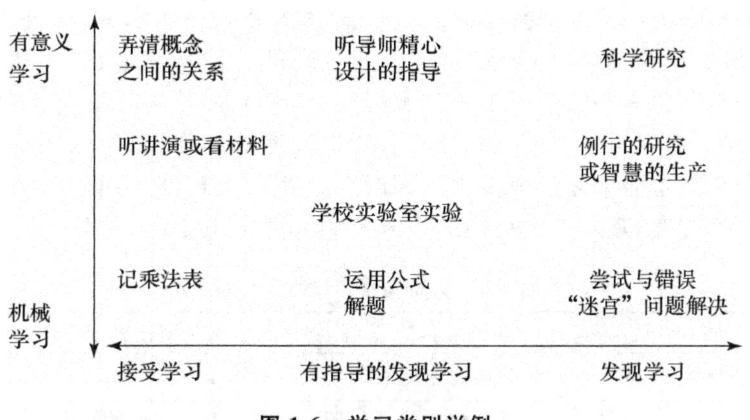

图 1-6　学习类别举例

3. 有意义学习的分类

奥苏贝尔对有意义学习又做了进一步探索,细分出符号学习、概念学习和命题学习三种类型。

(五) 安德森对布卢姆目标分类的修订

2001 年美国心理学家安德森(J. R. Anderson)联合心理学家、教学专家以及测量和评估专家,对布卢姆的教育目标分类进行修改,推出《学习、教学和评估的分类学——布卢姆教育目标分类学修订版》。修订版将认知领域的教育目标分成两个维度:知识维度与认知过程维度,形成知识类型与认知过程两维分类框架。

表 1-2　修订的布卢姆认知领域教育目标分类

知识维度	认知过程维度					
	记忆	理解	运用	分析	评价	创造
事实性知识						
概念性知识						
程序性知识						
元认知知识						

首先，安德森将原来布卢姆列为最简单的"知识"水平单列出来，形成一个知识维度，具体分成四个类别：事实性知识(factual knowledge)、概念性知识(conceptual knowledge)、程序性知识(procedural knowledge)和元认知知识(metacognitive knowledge)，统一用名词或名词性短语来表述，指向学科内容。其次，认知过程维度分出六个类目：记忆(remembering)、理解(understanding)、运用(applying)、分析(analyze)、评价(evaluate)、创造(create)，全部用动(名)词来表述。

表1-2左侧列出的这四类知识，对学生而言是外在的，贮存于教科书、社会文化或教师头脑中的，是"人类共享的知识"。这些知识被学生掌握，变成其内在的知识和分析、解决问题的能力，需要经历由低级到高级的认知过程：记忆、理解、运用、分析、评价和创造。这个两维的分类框架，将研究视角同时聚焦于知识领域和认知过程，强调知识与能力的互相依存：知识维度的四类知识只有经过认知过程维度的多个环节才能最终形成能力。同时对这两个范畴做了细致的深入分类，尤其是认知过程维度，其六个类目还细分出19个亚类(见表1-3)。

表1-3　认知过程维度框架解读

序	类　　目	含义及语文学科的例子
(一) 记忆		从长时记忆系统中提取有关信息
1	再认(recognizing)	从记忆中找到与所读材料一致或相似的知识 如：圈出括号内正确的字：(祟、祟)山峻岭
2	回忆(recalling)	从记忆中提取相关的知识 如：写出"天街小雨润如酥，草色遥看近却无"诗句的作者
(二) 理解		能够确定口头、书面或图表图形信息所表达的意义
1	解释(interpreting)	能换一种方式来呈现信息 如：加点词"风景"在文中的意思是什么
2	举例(exemplifying)	能找出一个概念或原理的具体例子 如：用直线划出文中描写"我"矛盾心理的句子
3	分类(classifying)	能识别某些事物是否属于某一类别 如：划去括号内不属于同一类的词语 水果(苹果、梨、胡萝卜、芒果、桔子)
4	概括(summarizing)	能提出一个简短的陈述来代表已呈现的信息或归纳出一个主题 如：联系全文，概述上海世博会中国馆的文化底色
5	推断(inferring)	能从提供的信息中得出具逻辑性的结论 如：你认为朗读《卖火柴的小女孩》前三小节该用怎样语速和语调
6	比较(comparing)	能确定两个或多个客体、事件、观念、问题或情境之间的异同 如：阅读第3、5段划线句子，简析人物描写的手法有何不同
7	说明(explaining)	能建立一个系统的因果模式 如：联系全文，解释作者认同牡丹群花的缘由

续表

序	类 目	含义及语文学科的例子
（三）应用		在特定的情境中运用某个程序
1	执行(executing)	能用一个固定的程序来完成熟悉的任务 如：修改病句：指南针是我国古代的四大发明
2	实施(implementing)	能选择并运用程序来完成一个不熟悉的任务 如：读3～5节，举例说明修辞手法的运用能增强表达效果
（四）分析		将材料分解成几个部分，确定各部分是如何联系的，以及各部分和整体之间的关系
1	区分(differentiating)	能从呈现的材料中辨析各部分与整体的相关性或重要性 如：分析第四段划线句在全文所起的作用
2	组织(organizing)	能确定某些要素在结构中的适切性或功能 如：将文章分成四段
3	归属(attributing)	能确定材料中隐含的观点、偏见、价值观或意图 如：试分析划线句所蕴含的意思和情感
（五）评价		依据准则和标准做出判断
1	核查(checking)	能检查某一操作或产品是否具有内在一致性 如：想一想文中罗伯所做的事，你认为有哪些难以令人相信的地方
2	评判(critiquing)	能根据外部准则或标准来判断某一操作或产品的一致性的程度 如：你认为文中的罗伯是个怎样的人？举文中的两个例子加以说明
（六）创造		将要素整合为一个内在一致、功能统一的整体或原创产品
1	生成(generating)	能根据标准提出可供选择的路径或假设 如：试描写科拉放走鹦鹉后，可能有的两种不同感受，及其心理活动
2	计划(planning)	设计一种解决方案以完成某一任务 如：一个人在社会上生存，常常会在竞争中遇到对手。没有对手的人生是苍白的，不会选择对手的人生是不幸的。请结合自己的感受，自定立意和文体，拟定文章结构
3	贯彻(producing)	执行计划以解决既定的问题 如：请以“多想一步”为话题，写一篇800字左右的文章

该分类为学校教育提供了一个更为科学合理的分类学框架，具有帮助教师确保教学、评估与目标相一致的功能。PISA和PIRLS试卷中阅读理解、评价试题设计，都受到该框架的影响。

三、学习分类与语文课程

不同的学习分类理论对学习过程有着不同的解释。他们的观点，对于语文课程与教学改革的启示也各有侧重。

（一）学习分类与语文课程目标框架

把加涅的学习结果分类与布卢姆的教育目标分类做一比较，我们可以发现，这两种分类的大框架基本一致：加涅和布卢姆都把学生的学习结果分为认知、情感和动作技能三个领域。虽然两种分类系统使用的名称不同，但三个领域的划分标准是一致的。我们可以基于布卢姆的教育目标分类，尤其是认知领域分类法，进行语文课程评价研究；基于加涅的学习结果分类，进行语文课程标准的编制研究。

我国教育部颁布的《义务教育语文课程标准（2011 年版）》是从知识与能力、过程与方法、情感态度与价值观三个维度来厘定语文学科课程目标的。若依据加涅学习结果分类原理分析我国语文课程标准，可以找到如下对应关系：三维目标中的“语文知识”，相当于加涅的言语信息；“语文技能”相当于加涅的智慧技能和动作技能；“语文学习过程与方法”相当于认知策略；“语文情感态度与价值观”相当于态度。详见下表。

表 1-4　学习分类与课程目标

学习分类 / 课程目标框架	加涅的学习结果分类
语文知识	言语信息
语文能力	智慧技能 / 动作技能
语文学习过程与方法	认知策略
语文情感态度与价值观	态度

（二）学习分类与语文学习目标

引入心理学学习分类观，有助于我们准确把握各学段语文学习目标，有助于语文教师依据不同类型学习的特点，确定并落实教学目标。如：义务教育各学段都提出了“背诵优秀诗文”的教学目标。这项目标按加涅的学习结果分类有多种教学定位。

（1）作为言语信息的学习：学生能背诵指定的古诗。

（2）作为智慧技能的学习：学生记住名言诗句并在日常生活、学习中加以正确运用，以增强表达效果。

（3）作为认知策略的学习：学生在背诵古诗文的过程中寻找、总结适合自己记忆的方法。

（4）作为动作技能的学习：学生能用普通话诵读、吟诵诗文。

(5) 作为态度的学习：学生在阅读理解和背诵优秀诗文的过程中，受到诗人的情感、诗歌的韵律美感的熏陶，从而欣赏、亲近中国语言文字。

在语文学习中引入现代心理学学习分类理论，有助于教师基于学习规律实施有效教学。

专栏 1-3　论语文课程目标分类

现行语文课程标准是从知识与能力、过程与方法、情感态度价值观三个维度分类的。这个分类突破了语文教学大纲局限于语文能力目标的单一设计思路，强调学习过程与学习方法。但是，从分类学视角看，却存在如下弊端：

(1) 分类没有体现语文课程特点。

(2) 分类存在逻辑问题。"过程与方法"维度中的"过程"目标，同作为学习结果的"知识与能力"目标、"情感态度价值观"目标，不能构成并列关系。

课程目标的本质是对学习结果的预期，学习结果的分类理应是课程目标分类的依据。加涅的五类学习结果分类、安德森的两类知识分类都是现代心理学领域的著名理论。近年来，一些学者依据上述分类理论，将语文学习结果分为语文知识(包括文章或话语内容知识和语言知识)、语文技能(包括语文基本技能和语文高级技能)、语文认知策略(也称语文策略性知识)和态度(包括情感和价值观)四种类型。依据上述语文学习结果分类研究，可以将语文课程目标作如下分类：

一、语文知识目标

该类目标着重陈述学生学完一定的语文课程能够"知道什么"或能够"说什么"。《全日制义务教育语文课程标准(实验稿)》中，语文知识目标有：认识中华文化的丰厚博大，吸收民族文化智慧；吸取人类优秀文化的营养；积累自己喜欢的成语和格言警句，背诵优秀诗文 50 篇(段)；积累课文中的优美词语、精彩句段，以及在课外阅读和生活中获得的语言材料等。

《普通高中语文课程标准(实验)》中的语文知识目标有：关注当代文化生活，注意观察语言、文学和中外文化现象；逐步加深对个人与国家、个人与社会、个人与自然的关系的思考和认识；学习中国古代优秀作品，体会其中蕴涵的中华民族精神，为形成一定的传统文化底蕴奠定基础等。

二、语文技能目标

该类目标是语文课程目标的主体，着重陈述学生学完一定的语文课程后能够"做什么"，即能否顺利地展开"听说读写"活动。其心理机制是否具备一定的产生式或产生式系统，并按照要求进行听说读写。该类目标还可以从不同角度做进一步分类：

1. 按技能的操作执行形式，可分为语文智力技能目标和语文动作技能目标

前者陈述学生能够运用一定的概念和规则进行语言理解的分析和综合活动以

及语言表达构思活动的能力，如：能初步把握文章的主要内容，体会文章表达的思想感情；能复述叙事性作品的大意，初步感受作品中的形象和优美的语言；与他人交流自己的阅读感受。后者陈述学生能够运用一定的概念和规则调控朗读、说话时口腔肌肉的协调活动能力或调控书写、打字时手指和手腕肌肉的协调活动能力，如：自信、负责地表达自己的观点，做到清楚、连贯、不偏离话题；能使用硬笔熟练地书写正楷字，做到规范、端正、整洁，用毛笔临摹正楷字帖。

2. 按技能运用时的自动化水平，可分为语文基本技能和语文高级技能目标

前者的心理实质是一定的语文概念和"听说读写"规则的自动化运用，如：流利地朗读的技能、流畅地书写的技能、语感技能等；后者的心理实质则是根据要求和情境特点有意识地运用一定的概念和规则的过程，如：阅读方法的运用技能、交际规则的运用技能和写作构思策略的运用技能等。

3. 按技能运用的信息加工方式，可分为三类目标

(1) 阅读与鉴赏技能目标。如：能用普通话流畅地朗读，恰当地表达出文本的思想感情和自己的阅读感受；根据语境揣摩语句含义，运用所学的语文知识，帮助理解结构复杂、含义丰富的语句，体会精彩语句的表现力。

(2) 写作技能目标。如：进一步提高记叙、说明、描写、议论、抒情等基本表达能力，并努力学习运用多种表达方式；能调动自己的语言积累，推敲、锤炼语言，表达力求准确、鲜明、生动；能围绕中心选取材料，合理安排结构，在表达实践中发展形象思维和逻辑思维，发展创造性思维。

(3) 口语交际技能目标，如：借助语调和语气、表情和手势，增强口语交际的效果；注意口语的特点，能根据不同的交际场合和交际目的，恰当地进行表达。

三、语文认知策略(策略性知识)目标

该类目标着重陈述学生学完一定的语文课程后能够"怎样做"或"用什么方法做"。其心理机制是学生在学习语文和运用语文时，能否运用一定的方法调控自己的记忆、思维过程，用以提高学习和运用语文的效率。《全日制义务教育语文课程标准(实验稿)》中的语文认知策略目标，包括：初步掌握科学的思想方法，能较熟练地运用略读和浏览的方法，根据表达的中心选择恰当的表达方式，在交流过程中能根据需要调整自己的表达内容和方式。

《普通高中语文课程标准(实验)》中的语文认知策略目标，包括：根据不同的阅读目的，针对不同的阅读材料，灵活运用精读、略读、浏览、速读等阅读方法，提高阅读效率；能根据不同的交际场合和交际目的，恰当地进行表达；学习鉴赏诗歌、散文的基本方法；学习运用科学的思想方法发现问题、分析问题和解决问题。

四、情感态度和价值观目标

该类目标着重陈述学生学完一定的语文课程后"赞成或反对什么(或做什么)"或者说"倾向于什么(或做什么)"。《全日制义务教育语文课程标准(实验稿)》中情

感态度价值观目标包括：培养爱国主义感情、社会主义道德品质，形成积极的人生态度和正确的价值观；欣赏文学作品，能有自己的情感体验；对作品的思想感情倾向，能联系自己的文化背景做出自己的评价；对作品中感人的情境和形象，能说出自己的体验；写作要感情真挚，力求表达自己对自然、社会、人生的独特感受和真切体验；学习文明得体地进行交流。

《普通高中语文课程标准(实验)》中情感态度和价值目标包括：激发珍爱自然、热爱生活的感情；通过阅读和鉴赏，深化热爱祖国语文的感情，体会中华文化的博大精深、源远流长，陶冶性情，追求高尚情趣，提高道德修养；对未知世界始终怀有强烈的兴趣和激情；学习鉴赏中外文学作品，具有积极的鉴赏态度，注重审美体验，陶冶性情；以负责的态度陈述自己的看法，表达真情实感，培育科学理性精神；在口语交际中树立自信，尊重他人，说话文明。

根据学习结果进行语文课程目标分类，就可以根据不同类型学习结果所需要的学习条件和学习过程，确定不同类型课程目标达成的途径和方式方法。

{摘自何更生. 现代教育心理学的语文课程目标分类观[J]. 语文建设，2007(11)：8—11.}

- 学习理论与语文学习
  - 行为主义学习理论
    - 基本观点
    - 研究基础
    - 代表人物
    - 启示及局限性
  - 认知主义学习理论
    - 基本观点
    - 研究基础
    - 代表人物
    - 启示及局限性
  - 建构主义学习理论
    - 基本观点
    - 研究基础
    - 代表人物
    - 启示
  - 三种学习理论的比较
    - 学习是加强某种联结
    - 学习是将资料放入文件柜中
    - 学习是建构一种模型
  - 新学习理论
    - 多元智能理论
    - 社会学习理论

第三节　学习理论与语文学习

自心理学成为一门独立学科起，相继出现了结构主义流派、机能主义流派、行为主义流派和认知主义流派。不同学者基于自身理论的观点，阐述对学习的过程、结果和影响学习因素的不同认识，逐渐形成了三大学习理论：行为主义学习理论、认知主义学习理论和建构主义学习理论。

一、行为主义学习理论

20 世纪上半叶，行为主义学习理论（behavioral theory）占主导地位，其基本观点是：学习研究只要观察行为就可以，无需涉及心理过程，这样的研究是科学的。

（一）基本观点

行为主义学习理论（1900—1950）把学习视为刺激与反应之间建立联系的过程，强调通过学习引起行为的变化。认为学生通过模仿学会语言和动作技能。它所关注的焦点是通过重复直至变成自动的一种行为的新样式。他们提出学习四要素：内驱力、线索、反应和奖赏（强化）。该学习观的研究结论比较适用于人类的联想学习、机械学习，如识记生词、文学常识。

（二）研究基础

该学派常以人为情境中的动物做实验。如美国心理学家桑代克为猫设计了一个“迷笼”：箱子用木条做成，有一扇可开启的门及开门的设施——金属绳、一个把柄或一个旋钮，箱外放置了鱼（见下图）。在学习打开迷箱的情境中，猫通过多次尝试与错误，终于在复杂的刺激情境中辨识出一个开门设施，并做出正确的开门动作。

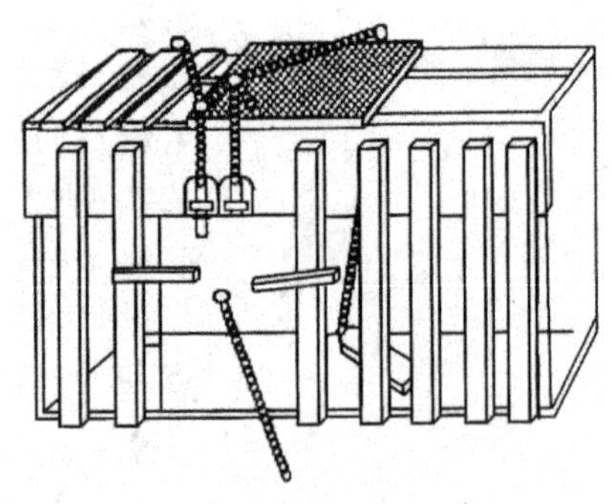

图 1-7　桑代克的迷笼装置

（三）代表人物

1. 桑代克

桑代克是行为主义学习理论的先导。他从动物和人类学习的实验中总结出了一系列学习规律，提出尝试-错误说，也称联结主义或联结说。该理论源自他著名的“猫走迷笼”的实验：饿了三天的猫经过许多无关的、失败的行为的尝试，才碰巧抓到开门设施，吃到了鱼。所以，桑代克认为：学习是一种几乎没有意识和思维参与的情况下，自动地形成刺激-反应联结的过程。

2. 华生

美国心理学家约翰·华生（John B. Waston）是行为主义心理学流派中激进的代表。他曾说过这样一段话：给我一打健康、没有缺陷的婴儿，把他们放在我所设计的特殊环境里培养。无论婴儿的才能、爱好、倾向、能力怎样，或他祖先的职业和种族如何，我都可以保证把他们每一个人训练成我所选择的任何一类专家——医生、律师、艺术家、商界首领，甚至乞丐、窃贼。

华生(1878—1958)

巴甫洛夫(1849—1936)

3. 巴甫洛夫

俄国著名生理学家伊万·彼得罗维奇·巴甫洛夫利用经典条件反射实验，解释诱发刺激是如何造就学习的：最初音叉的声音对狗而言没有特定的意义，当经过若干次与食物配对呈现后，食物不出现、只出现音叉，也引起狗的特殊反应——分泌唾液。这说明狗学会了对音叉声音做出特殊反应。他最早发现条件反射(conditioned reflex)是一种学习现象。

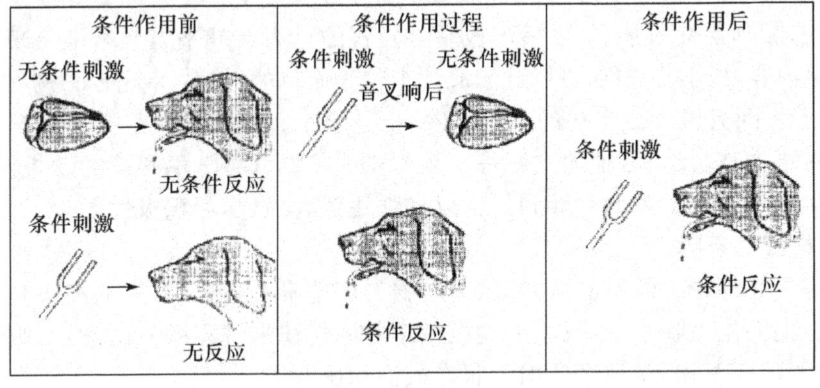

图 1-8 条件反射操作实验过程

4. 斯金纳

美国心理学家斯金纳(Burrhus Frederic Skinner)是新行为主义的代表人物,他有一个著名的实验仪器:斯金纳箱——一个舒适的笼子里,一侧箱壁上有一个横杆,下面装有一个食物盘子和喷水口。老鼠碰巧压下横杆,一粒饲料就会落进食盘,笼子外的设备就在纸上自动划一条线,加以记录。他根据这个著名的"斯金纳箱"的动物实验,创建了有别于巴甫洛夫的另一种条件反射理论——操作性条件反射理论。他指出,人类习得行为可以分两种:一种符合巴甫洛夫的条件反射理论(应答性条件反射);另一种行为最初没有明显的刺激出现(即使有也不明显),比如吹口哨,纯粹是一种自发的行为,即"操作性条件反射"。他还提出了"及时强化"的概念以及强化的时间规律。

斯金纳(1904—1990)

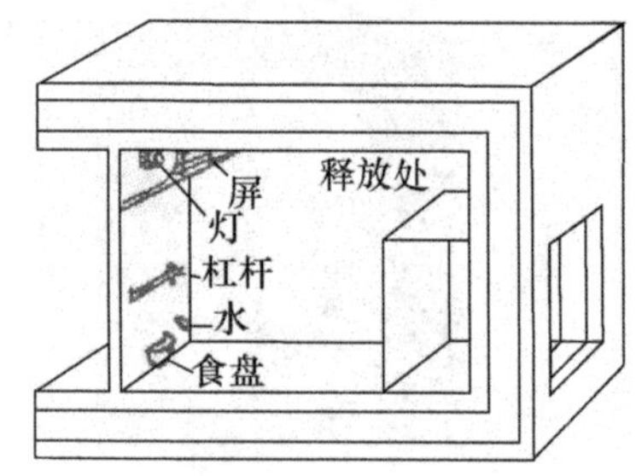

图 1-9 斯金纳箱

(四) 启示及局限性

1. 语文学习的启示

行为主义学习理论可以解释学生语文学习的部分活动。如抄写单词、背诵美文的练习,能增强学习并提高保持的几率,降低遗忘率。学生在学习过程中获得教师的及时反馈,尤其是正面的评价,能起到强化的作用。如高中学生在语文课上不再像小学生那样积极举手发言。若课堂上有学生举手,尤其是语文学习成绩并不好的学生,教师当众表扬,他以后积极举手发言的行为会越来越频繁地出现。把复杂的学习内容,如学写作文,可以分解成几个较为简单的内容:审题——选材——列提纲——写作,且设计成有序的学习步骤,步子要小、循序渐进,就有利于学生学会写作。对语文教材编写,他的主张是:语文教科书要引起学生阅读的动机及兴趣;要让学生知道语文学习的目标和任务以加强注意、激发学习积极性。

2. 理论的局限性

行为主义理论对学习的研究,限于动物的简单学习,缺乏对人的高级学习活动的探索。他们用动物学习规律、人类机械学习的规律来解释所有的学习;强调外显行为,拒绝研究意识,忽视个体内心状态或活动研究。

依据行为主义学习理论看语文学习,教师就是学习过程奖惩的实施者;学生是学习过程奖惩的接受者；教学方法以练习实践为主。学习中及时评价学习结果以加强强化。如60年代兴起的程序学习是这种学习观的产物。

二、认知主义学习理论

20世纪六七十年代，认知主义学习理论（cognitive theory）逐渐取代行为主义理论，成为研究学习的主流。

（一）基本观点

认知主义学习理论以隐藏在行为后面的、学习者头脑内发生的思维过程为研究对象，认为行为变化是可观察的，但这只是学习者头脑中正在进行着的一切的指示剂。他们运用信息处理的观点研究人的认知活动，即把人的认识活动同计算机的信息加工模式进行对比，把学习看做大脑对信息进行加工的过程，认为学习由接收、短期存储、编码、长期存储以及提取信息等部分构成。

（二）研究基础

该学派以人为情境中的人类个体进行实验研究。如：通过记录和分析实验对象在完成某项作业时眼睛活动的情况来探讨人脑内部思维的过程；让实验者大声报告自己在进行某项操作时的想法来探讨内部认知过程的方法。

（三）代表人物

1. 布鲁纳

美国心理学家杰罗姆·布鲁纳（J. S. Bruner）是认知学派的主要代表人物，其认知发现理论源于完形说。他尤其关注儿童是如何在头脑中表征（representation）所学习的概念或观念的。他认为：

布鲁纳（1915—　）

（1）学习的实质在于主动形成认知结构。人类对环境中的事物，经知觉转换为内在心理实践的过程叫“认知表征”。它包括三个发展阶段：动作表征、形象表征和符号表征。

（2）学习包括三个差不多同时发生的过程：新知识的获得、知识的转化、知识的评价。学习者通过“同化”或“顺应”使新知识纳入自己已有的知识结构，从而获得了新知识。

（3）学习应关注各门学科的基本结构-事物之间的相互联系和规律。学校课程设计要把基本知识结构放在中心地位。

（4）提倡发现学习，认为学生也要像科学家那样通过发现进行学习，这有助于开发利用学习者的智慧潜力。

2. 奥苏贝尔

美国心理学家奥苏贝尔提出了著名的有意义学习理论。他认为学习应通过接受，而不是布鲁纳所言的发现。有意义学习的实质是以符号代表的新观念，与学习者认知结构中原有的适当观念之间，建立起非人为的、实质性的联系的过程。他主张：学校里，学生学习应当是有意义的，而不是机械的；好的讲授教学是促进有意义学习的唯一有效的方法。他还提出促进有意义学习的教学策略——先行组织者。

(1) 有意义学习有三个前提条件

1) 学习材料本身必须具备逻辑意义；

2) 学习者必须具备有意义学习的心向(积极主动地把新知识与学习者认知结构中原有的、适当的知识联系起来的倾向性)；

3) 学习者知识结构中必须具有同化新知识的适当观念。

(2) 有意义学习的过程

即原有观念对新观念加以同化的过程。一般同化有三种方式：类属学习(下位学习)、总括学习(上位学习)、并列结合学习。

表 1-5 三种同化方式

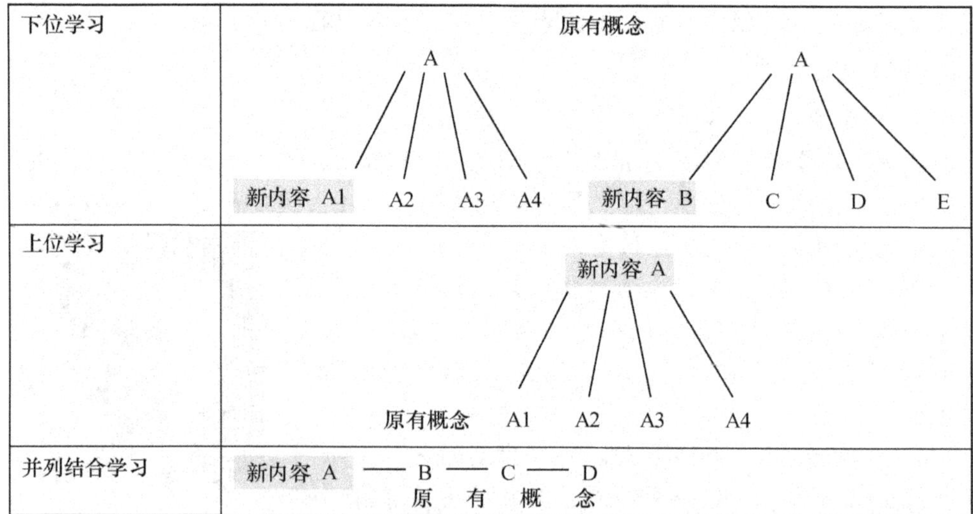

下位学习	原有概念 A — 新内容 A1、A2、A3、A4 A — 新内容 B、C、D、E
上位学习	新内容 A 原有概念 A1、A2、A3、A4
并列结合学习	新内容 A —— B —— C —— D 原 有 概 念

1) 下位学习。新学的知识归属于旧知识而得到理解，这种新知识与旧知识所构成的归属关系，称作下位关系，这种归属学习的同化过程称为下位学习(subordinate learning)。如，初中学生在语文课上新学了“插叙”，插叙和学生原有的知识——顺叙、倒叙同属于“记叙的顺序”知识，所以是一种下位学习。

2) 上位学习。在几个原有观念的基础上学习一个包容程度更高的概念或命题时，便产生上位学习(super ordinate learning)。如学生已有比喻、拟人、排比、夸张、象征等概念之后，再学习“修辞手法”这个概念时，新学的概念就包括了原有的概念。

3）并列结合学习。新知识与原有知识既不构成下位关系，又不构成上位关系，但对他们的学习能够引起联合的意义，这种学习称作并列结合学习（combination learning）。它们是由一些已经学习过的概念的合理组合构成的，能够与认知结构中有关内容的广阔背景建立非任意的联系。如学习句子成分中主语和谓语的关系、偏正词组中词语间的关系、议论文论点和论据之间的关系等。

通过下位学习，学生的认知结构就会不断分化；通过上位学习和并列结合学习，学生的认知结构就会得到进一步的整合协调。

3. 加涅

加涅是认知学习理论流派中强调信息加工模型的代表人物。他认为，学习是学习者通过自己、对来自环境刺激的信息进行内在的认知加工而获得能力的过程。1999 年，他提出了一个得到广泛认可的、学习的信息加工模型（见下图）。

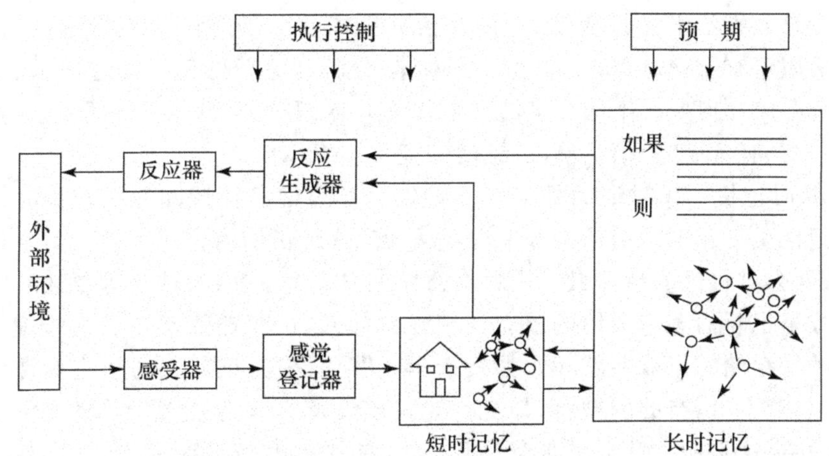

图 1-10　学习的信息加工模型

信息加工过程由三个系统：加工系统、执行控制系统和期望协同活动的结果。

（1）加工系统

也称操作系统，由受纳器（感受器）、感觉登记器、工作记忆（短时记忆）、长时记忆、反应生成器和反应器构成。

1）感觉收纳器。我们通过五种感觉对环境中的信息进行探测。所有感觉刺激以电冲动的方式输入感觉受纳器，再转化为脑所感知的图像和声音。

2）感觉登记器。除嗅觉外，所有输入的感觉信息都被传递到感觉登记器。在几毫秒内，丘脑会根据个体过去的经验确定信息的重要程度，不重要的信息被过滤掉，使脑能将注意力集中在重要的事情上。这个过程由包括丘脑、部分脑干组成的网状激活系统(RSA)来执行，该系统又称感觉登记器。信息只是在这里简单地存放片刻(不到1秒)，由个体经验判定其重要与否。若不重要，它将从系统中消失。感觉登记也称瞬时记忆，感觉记忆是1秒钟之内的记忆。

如课堂上一些学生注意力不集中，往往老师近在咫尺讲课，但他却感觉老师的声音越来越远，甚至听不到，完全沉浸在自我神游之中。这种现象就是学生将收到的教师的声音信息过滤掉了。而刚开始上课时，他感觉到老师在讲“《小石潭记》作者是柳宗元”。这是因为当时老师的声音信息在他的感觉通道内迅速被登记并保留——瞬间的记忆。过了一会儿他开始神游，就不再注意老师讲课的信息，此时感觉登记是将神经冲动阻挡到意识之外。当回过神时，感觉登记又会将老师讲课的声音刺激传入意识中，这时，他又感觉到教师的声音，获得瞬时记忆。

3) 工作记忆。也称短时记忆、操作记忆，是指一次呈现后，保持在30秒以内的记忆，它是人们在从事各种工作时所不可缺少的。因为不论做何种事情，都需要按某种信息或指示来进行活动，所以在活动完毕前必须对信息或指示有所记忆。工作记忆属于有意识过程，在这里可以构建、分解和重新处理各种想法，以便决定最终将其存储在何处。工作记忆加工某些信息时，需要我们集中注意力，容量是有限的，一次只有7±2个信息单位(记忆广度)。

4) 长时记忆。长时记忆是指1分钟以上甚至终身保持的记忆。长时记忆是对工作记忆反复加工的结果。如果学生认为工作记忆的内容能理解又对自己有意义，那么就会对它进一步加工。最简单的加工方式是重复(心理学称复述)，比较有效的方式是把新信息与个体的原有知识联系起来，从而理解新知。这些理解了的新知被长时存储的可能性就大。如要求学生背诵《核舟记》，有的学生对课文意思不理解，就背不出；有的能理解，却觉得对自己没什么意义，也背不出；有的学生能理解，又知道这是初中升学考必背篇目，为了考个好学校，背《核舟记》就变得有意义了，《核舟记》的内容被尝试记忆存储的可能性极大。这个记忆存储的过程就是大脑将信息编码，并传送到一个或多个长时记忆存储区，按一定的顺序存放的过程。

5) 反应生成器和反应器。信息可以从长时记忆流向工作记忆，再到达反应生成器。而熟练的自动化反应，信息可以直接从长时记忆流向生成器。反应生成器是对反应系列进行组织并指引反应器。语文学习活动的反应器是书写时的手臂和朗读、交谈时的发音器官。

(2) 执行控制系统

执行控制系统是对整个加工系统进行调节和控制。如选择适当的信息加以注意，调节记忆的编码方式等。这种控制能力属于加涅学习结果分类系统中的“认知策略”。

（3）期望

期望是信息加工的动机系统，起定向作用。如学生希望成为班级语文课代表，那么他就会带着这个愿望，集中注意力，专心学习。如选择行之有效的语文学习和记忆策略，投入每一项学习活动。

（四）启示及局限性

1. 语文学习的启示

认知学习理论关注知识的认知结构或系统，关注建立和改变结构的过程。他们认为学习是学习者通过自己对来自环境刺激的信息进行内在的认知加工而获得能力的过程。学生是积极的信息加工者：他们积极地做出选择、注意等反应；积极地组织已知的信息来实现新的学习；积极地寻找信息以解决问题。他们先前的知识在很大的程度上决定他们的学习、记忆和遗忘。

认知学习理论启示我们，信息呈现方式很重要。语文教科书应按学生语言学习的认知规律编排（由浅入深、由近及远、由具体到抽象、由已知到未知），突出学科基本概念、原理。语文学习应该是有意义的接受和有意义的发现并举。语文教学的出发点是学生已经知道了什么，提供先行组织者和线索。

2. 理论的局限性

尽管认知学习理论强调心理过程的重要性，但对哪些过程起到重要作用却持有不同的看法，也未能揭示学习过程的心理结构，对非智力因素的研究也不够重视。

依据认知学习理论，教师是教学活动中信息的分配者；学生是信息的接受者；教学方法以教师讲授教材为主。这在初三和高三应试阶段的语文课堂中最为常见，教师滔滔不绝地讲——传递知识信息，即使下课铃声早就响过，唯恐遗漏一个知识小点，全然不顾学生的身心状态和个别差异。

三、建构主义学习理论

20 世纪 80 年代后期，美国出现的建构主义（constructivism）学习观对信息加工心理学提出了挑战，并逐渐从认知主义流派中独立出来，自成一体。建构主义学习理论被喻为“教育心理学中的一场革命”。

专栏 1-4　鱼就是鱼

一个人是不可能超越自己的先前经验而解释新信息的意义的。荷兰儿童故事画家列奥里欧尼（Leo Lionni，1970）创作的一个故事《鱼就是鱼》（*Fish is Fish*）非常形象地说明了这一个道理。

有一条鱼，它很想了解陆地上发生的事。但是，因为只能在水中呼吸而无法实现。它和小蝌蚪交了朋友。小蝌蚪长成青蛙之后，就跳上了陆地。几周后青蛙回到池塘，向鱼汇报它所看到的景象。青蛙描述了陆地上的各种东西：鸟、牛和人。鱼根据青蛙的描述作画。但是，它画的每一样东西都带有鱼的外形，只是根据青蛙的描述稍做调整：

人被想象成用尾巴走路的鱼

鸟是长着翅膀的鱼

奶牛是长着乳房的鱼

这个故事说明：学习者正是基于自己先前的经验来建构新知识的。

{改编自一本很美的绘本《鱼就是鱼》.[EB/OL].(2012-08-16)[2014-10-29].http://blog.sina.com.cn/s/blog_4c26f5650101844r.html.}

(一) 基本观点

建构主义学习理论认为世界是客观存在的，但是对世界的理解和赋予意义却是由每个人依据自己的经验与图式(schema)建构的。因此，学习不是知识由教师向学生的传递，而是学生建构自己的知识的过程。学习者不是被动的信息吸收者；相反，他要主动地建构信息的意义，这种建构不可能由他人代替。不同人之间的交流可以影响学习者形成不同的建构。该学派更关注学习者如何以原有的经验、心理结构和信念为基础，建构知识，更强调学习的主观性、社会性和情境性。

(二) 研究基础

该学派以真实情境中的人类个体为研究对象。

(三) 代表人物

1. 皮亚杰

瑞士心理学家让·威廉·弗里兹·皮亚杰(Jean William Fritz Piaget)是建构主义的鼻祖。他认为，认知的形成和发展是一种建构的过程，是个体在与环境不断相互作用中实现的。

皮亚杰(1896—1980)

这个过程涉及图式、同化、顺应和平衡四个方面。他的认知发展阶段论将儿童认知发展分为四个阶段。

表 1-6　认知发展阶段

阶　　段	大致年龄/岁	特　　点
感知运动阶段	出生～2	主要是动作、活动，并有协调感觉、知觉和动作的活动，属于智慧萌芽时期
前运算阶段	2～7	出现了语言、符号，具有表象思维的能力，但缺乏可逆性
具体运算阶段	7～11	出现了逻辑思维和零散的可逆性，但一般还只能对具体事物或形象进行运算
形式运算阶段	11 至成年	能在头脑中把形式和内容分开，使思维超出所感知的具体事物或形象，进行抽象的逻辑思维和命题运算

※这里的“运算”即思维操作。

2. 维果斯基

苏联心理学家维果斯基(Vygotsky)是建构主义的奠基人之一，提出了著名的文化历史论。他强调人际(社会)关系、文化-历史和个人因素的互动是人类发展的关键。和环境(如学徒关系、合作关系)中的人的互动激发认知过程，促进认知生长。他提出了“最近发展区”的概念——即儿童独立完成和在别人帮助下完成之间的差异。在最近发展区内的和成人以及同伴的交互促进认知发展。他指出，人类发展通过文化工具(语言、符号)的传递而发生，语言是最重要的工具。语言发展从社会言语再到隐藏言语。

维果斯基(1896—1934)

(四) 启示

建构主义学习理论对语文学习的启示是，语文课本知识是一种关于各种现象的较为可靠的假设，而不是问题的唯一正确的答案。学生对这些知识的学习是在理解基础上对这些假设做出自己的检验和调整过程。因此，教学中教师是探索性学习任务的指导者，学生是意义的建构者。教学方法以参与讨论、有指导的发现为主，提倡合作学习(cooperative learning)和交互教学(reciprocal teaching)。

该学习理论提出的几种教学模式，突出学习的主观性、社会性和情境性。

(1) 随机进入教学(random access instruction)。认为对同一内容的学习要在不同时间多次进行，每次的学习情境都是经过改组的，分别着眼于问题的不同侧面，以使学习者对概念获得新的理解。

(2) 情境性教学(situated instruction)。倡导教学要以解决学生在现实生活中遇到的问题为目标，主张学习的内容要选择真实性任务，设置与现实问题情境相似的教学情境，在课堂上展示与现实的问题解决相类似的探索过程，提供解决问题的原形并给以指导；在学习过程中评价学生的学习。

(3) 抛锚式教学(anchored instruction)。主张为学生提供一个真实的、界定了知识应用范围的问题情境(往往是通过录像技术实现的)，促使学习者从不同的角度考察所学主题，理解知识的使用情境，以发展学习者灵活地应用知识，并迁移到其他问题情境之中。

(4) 认知学徒制(cognitive apprenticeship)。主张让学习者像手工艺行业中的师徒那样，在实际情境中进行学习，从多个角度观察、模仿专家在解决真实性问题时所外化出来的认知过程，从而获得可应用的知识以及解决实际问题的能力。

(5) 支架式教学(scaffolding instruction)。主张向学生提供具有挑战性的学习任务，在学生自主完成任务的过程中，教师适时、适量、适当地给以帮助和支持(如示范、提示、反馈、指点等)。随着学生自身能力的增长，教师逐渐减少支持，直到学生完全独立而全部撤除支持，让学生承担学习的责任，对自己的学习进行自我调节。

四、三种学习理论的比较

行为主义、认知主义、建构主义三种学习理论，代表着教育心理学发展历史中的三种隐喻：

1. 学习是加强某种联结

这是一种反应增强的学习观，认为学习就是将新的反应添加到不断发展的一个集合体中。如认为语文学习就是把新的行为添加到已有的技能系统中。

2. 学习是将资料放入文件柜中

这是一种知识获得的学习观，认为学习就是将新的知识与技能添加到已有的知识结构中。如认为语文学习是将教师掌握的语、修、逻、文知识传递给学生。

3. 学习是建构一种模型

这是一种知识建构观，认为学习就是理解如何将个别、零散的信息组织成一种结构。如认为语文学习就是学生通过已有经验的某种意义主动构建自己的语文学习。

表 1-7　学习的三种隐喻

学　习	学　生	教　师	典型的教学方法
反应增强	奖惩的被动受体	奖惩的施予者	基本技能的操练
知识获得	信息的加工者	信息的发送者	教科书、练习本与讲授
知识建构	意义生成者	理解学业任务的引导者	讨论、有指导的发现，在教师辅导下参与有意义的学习活动

这三种学习观对各国教育都产生过重大的影响，相应的学习方法也各具优势。但本书更强调建构主义学习理论，因为该学习观在改进教育、充分发挥学习心理的作用力方面更具潜在优势。

五、新学习理论

近几年，加德纳的多元智能理论和班杜拉的社会学习理论备受关注。

(一) 多元智能理论

1983 年美国心理学家、哈佛大学教授霍华德·加德纳(Howard Gardner)在《智能的结构》(*Frames of Mind*)一书中提出多元智能理论(The Theory of Multiple Intelligences，简称 MI)。1999 年他又出版了《重构多元智能》(*Intelligence Reframed*)，对多元智能理论做了进一步的补充。他认为：所谓的智能就是在真实生活中解决问题的能力，提出新问题的能力，在自属文化领域中生产有价值的成果或提供有价值的服务的能力。

加德纳(1943—　)

1. 主要观点

加德纳认为，学生的智能差异是每个学生智力强项的不同，每个学生多元智能组合的不同，表现出个体间的智力差异。每个学生都或多或少拥有不同的八种多元智力。

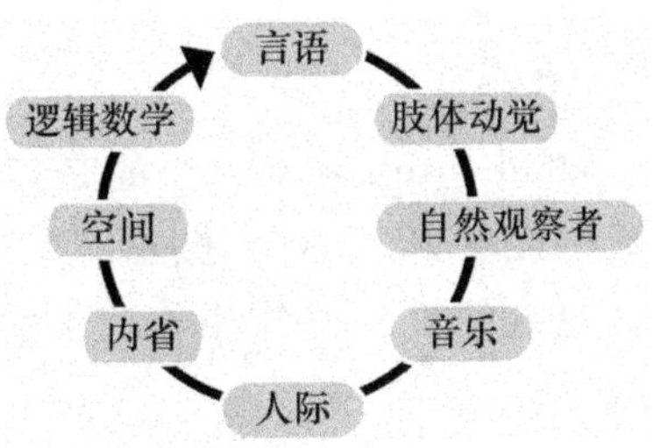

图 1-11　多元智能图

(1) 语言智能

语言智能(verbal/linguistic intelligence)是人对语言文字的掌握和灵活运用的能力，表现为能顺利而有效地利用语言描述事件、表达思想并与他人交流。语言智能占优势的人通常喜欢玩语言游戏，可以一连数小时地阅读，倾向于听、说、读、写。代表人物有莎士比亚。

(2) 数理逻辑智能

数理逻辑智能(logical/mathematical intelligence)指的是对逻辑结构关系的理

解、推理、思维表达能力，主要表现为个人对事物间各种关系，如类比、对比、因果和逻辑等关系的敏感以及通过数理进行运算和逻辑推理等。数理逻辑智能占优势的人，通常以概念和问题为中心进行思考，并且喜欢把观点付之于实验。代表人物有爱因斯坦。

（3）视觉空间智能

视觉空间智能（visual/spatial intelligence）指在脑中形成一个外部空间世界的模式并能够运用和操作这一模式的能力，既一种很强的观察、创造、再现图片和影像的能力。视觉空间智能占优势的人，常常以图、表、影像的形式呈现自己的观点，也常常将文字、感想转换为心理图像。他们擅长形象思维，有敏锐的定位感和方向感。代表人物有毕加索。

（4）音乐智能

音乐智能（musical/rhythmic intelligence）是指个人对音乐感知、欣赏、表达的能力，表现为个人对节奏、音调、音色和旋律的敏感，以及通过作曲、演奏、歌唱等形式来表达自己的思想或情感。音乐智能占优势的人对各种非语言的声音、日常噪音的节奏很敏感。代表人物有阿姆斯特朗。

（5）身体运动智能

身体运动智能（bodily/kinesthetic intelligence）指的是人的身体的协调、平衡能力和运动的力量、速度、灵活性等，表现为用身体表达思想、情感的能力和动手的能力。身体运动智能占优势的人通过做、运动和表演而达到最好的学习效果。代表人物有罗宾逊。

（6）人际关系智能

人际关系智能（interpersonal intelligence）指的是理解他人的能力，即对他人的表情、说话、手势动作的敏感程度，以及对此做出有效反应的能力。人际关系智能占优势的人知道如何体会他人的性情并作出相应的反应，擅长与人合作。代表人物有马丁·路德·金。

（7）自我认识智能

自我认知智能（introspection intelligence）指的是个体认识、洞察和反省自身的能力，表现为个人能较好地意识和评价自己的动机、情绪、个性等，并且有意识地运用这些信息去调适自己生活的能力。自我认知智能占优势的人注重内在感受，能形成现实的目标和自我概念。代表人物有甘地。

（8）自然智能

自然智能（naturalist intelligence）指的是观察自然界各种形态，对各种物体进行辨认和分类的能力，即人们辨别生物（植物和动物）以及对自然世界（云朵、石头等的形状）的其他特征敏感的能力。自然智能占优势的人喜欢户外活动并关注生态环境中的规律、特征或反常现象，并据此对自然物生物进行分类和归纳。代表人物有达尔文。

加德纳在《智能重构》一书中最新提出第九种智能：存在智能（existential intelligence）。存在智能指的是陈述、思考有关生与死、身体与心理世界的最终命运等的倾向性，如：人为何要到地球上来，在人类出现之前地球是怎样的，在另外的星球上生命是怎样的，以及动物之间是否能相互理解等。因为该智能几乎满足了指标体系，所以被戏称为“第八种半智能”。

加德纳强调所有的人都具有八种智能，在不同的情境下运用每一种智能，则每一种智能都可以发展。但是，在实际生活中没有哪种智能可以单独存在，各种智能往往以错综复杂的方式相互交织在一起，共同发挥作用。而且，大多数人只在一两种智能上表现特别出色。不同智能组合是人与人之间存在差异的主要根源，学生各种智能成分以不同的方式组合在一起，就形成了智能结构上的差异。

2. 启示与不足

多元智能理论有助于我们认识学生在语文学习中所表现出的巨大差异，并加以客观归因：言语智能强弱与学生的语文学科是优势或是弱势学科存在一定的相关性。教师可以利用学生的智能强项来鼓励、促进学生的言语智能弱项。

多元智能理论不是基于科学实验，而是根植于一定的个案和假说的基础上。其合理性虽得到一定的验证，但也存在弊端。如智能、能力概念界定二者交叉，存在逻辑错误；多元智能分类也存在交叉；误将动作当做智能等。

（二）社会学习理论

美国心理学家阿尔伯特·班杜拉（Albert Bandura）是当代社会学习理论的代表人物。

1. 主要观点

班杜拉认为，人的内在特征、行为和环境三者之间构成动态的交互决定关系。其中，任何两个因素之间的双向互动关系的强度和模式，都随行为、个体、环境的不同而发生变化。班杜拉认为，自我调节是个人的内在强化过程，是个体通过将自己对行为的计划和预期与行为的现实成果加以对比和评价，来调节自己行为的过程。人能依照自我确立的内部标准来调节自己的行为，自我调节由自我观察、自我判断和自我反应三个过程组成。1977年，他提出了自我效能（self efficacy）的概念。自我效能是自己做某特定的工作时对自己能力的一种具体的判定，具有未来导向。它控制着人们自身的思想和行动，并通过它控制着人们所处的环境条件。因而，自我效能是自我系统中起核心作用的动力因素。

班杜拉（1925—　）

为了说明人的思想和行为是如何受环境影响的，他区分了观察学习和亲历学习。

（1）观察学习（observational learning）。是指观察者只是观察榜样的行为而不作出直接的反应就能够模仿学习。

（2）亲历学习（enactive learning）。是通过直接经验、亲身体验得到的学习。

2. 启示

班杜拉的学习理论启示我们：在语文学习中，教科书呈现的各种人物形象，故事情节、生活方式都可能成为学生模仿的榜样和事件，从而影响他们的行为。在社会转型期，社会多元价值的混乱、矛盾与冲突在深层次上影响着中小学生人格价值的合理建构。语文课程如何承担文化育人的重任？在教科书编选、语文教学中，如何根据我国社会主义核心价值观，明确语文课程对民族文化和外来文化的选择标准；如何更新语文课程本身的观念和课程活动的形态，从而承担语文学科学生态度、品德的教育任务。这是时代赋予这个学科的使命。

乔姆斯基（1928— ）

专栏 1-5　乔姆斯基心理语言学理论

1959 年，美国语言学家诺姆·乔姆斯基（Avram Noam Chomsky）提出了基于语法转换（transformational grammar）系统的语言习得理论。该理论是一种结构主义理论。根据语言习得理论，语言分为两个层次：外显的表层结构和内隐的深层结构。表层结构包括言语和句法，深层结构包括意义。一个深层结构可被多个表层结构所表示。

为说明这一特性，我们假设罗德正在和史蒂夫打篮球。这句话在记忆中的意义是：

罗德——（与）史蒂夫（一起）正在打篮球。

这个意义可以被转译为不同的表层结构（语调和语句），例如：

- 罗德正在和史蒂夫打篮球。
- 史蒂夫正在和罗德打篮球。
- 罗德正和史蒂夫打篮球呢！
- 篮球正被罗德和史蒂夫玩着呢！

乔姆斯基的语法转换包括人们预先使用的一系列规则，使多种表层结构被转换为同一（深层结构的）意义。深层结构被假定为有一部分是个人先天就有的，所以语言的发展包含了将表层结构与它们对应的深层结构联系起来的能力的进步。

重要的是，转换的规则并不能使所有的转换都成功。如，“篮球史蒂夫罗德打”这样的表层结构，就无法找到对应的深层结构。也没有任何一个深层结构会生成如上的表层结构。乔姆斯基认为存在着一个语言习得装置(language acquisition device，简称 LAD)。LAD 能够形成和证实与解释外显语言(口头的及书面的)有关的转换规则。假设语言获得装置是先天的，那么可以假设儿童被先天赋予了深层结构，并且语言获得装置可以改变深层结构，只不过改变的方式是固定的。

{摘编自[美] 戴尔·H. 申克. 学习理论(第六版)[M]. 何一希等译. 南京：江苏教育出版社，2012：442.}

第二章　知识的学习

皮亚杰和当代信息加工心理学认为，知识是主体与环境相互作用而获得的信息及其组织。若贮存于个体内部，即为个体知识，贮存于个体之外即为人类的知识。其本质就是信息在人脑中的表征。

- 知识的分类
  - 现代认知心理学对知识的分类
    - 知识分类
    - 知识和技能
  - 加涅的学生素质观
    - 先天素质
    - 习得的素质
    - 发展中形成的素质
  - 知识分类与语文课程改革
    - 语文课程标准
    - 语文学习

第一节　知识的分类

我国传统的知识分类，是将广义的知识分为知识与技能。这种分类虽然注意了知识与技能学习的不同规律，但忽视个体在获得知识方面的心理过程和特点。

一、现代认知心理学对知识的分类

当代信息加工心理学家，加拿大著名学者约翰·罗伯特·安德森(J. R. Anderson)提出了思维的适应性控制理论(theory of adaptive control of thought，简称 ACT)，试图建立一个完备的高水平的人类认知理论。该理论提出人类认知是陈述性知识和程序性知识相互作用的结果。

安德森(1947—　)

(一) 知识分类

按知识在人脑中的表征性质，安德森对知识做了最基本的划分：陈述性知识(declarative knowledge)、程序性知识(procedural knowledge)。“表征”是人的认知历程的一个重要标志和步骤，也是现代认知心理学的重要概念之一。表征指的是在心理活动中的表现和记载方式，也称“心理表征”。①它涉及的是知识在头脑中是如何表示和贮存的。陈述性知识、程序性知识和策略性知识在头脑中的表征方式是不一样的。

1. 陈述性知识

陈述性知识指能被人陈述和描述的知识，也叫描述性知识。主要说明事物是什么、为什么、怎么样，用于区别、辨别事物。这种知识具有静态的性质，比较容易获得，也比较容易修正。在语文课程中这类知识一般可通过记忆获得。如汉字知识、语法修辞知识、使用文章的表达方法、文体知识、作家作品等文化常识、常用工具书以及背诵积累的古今优秀诗文。

2. 程序性知识

程序性知识是关于人怎么做事的知识：做什么、怎样作。即操作性知识，关于解决问题的思维操作过程的知识；关于如何实现从已知状态向目标状态转化的知识。由于程序性知识与实践操作密切联系，具有动态的性质，因此，获得此类知识比较缓慢，要在一段时间里进行大量的练习。这类知识一旦自动化了就很难纠正。在语文课程中表现为能正确理解和运用祖国语文，具有识字写字、阅读、写作和口语交际的能力。如品词品句、找出文章的中心句，能概括段落意思、整体把握课文的意义、欣赏和评价文学作品，如何观察事物和人物、使用修改文章的符号、按需求写请假条、书信，搜集和处理信息等。

程序性知识又可分为一般领域(domain-general)的程序性知识和特殊领域(domain-specific)的程序性知识。一般领域的程序性知识又称“弱方法”(weak method)，因为这类知识适用范围广，但对特定的学习目标来说，未必最有成效。如数学读题时，语文、英语读课文时，都要运用阅读的程序性知识：看文字、理解整体涵义，不理解的文字查阅工具书。这种阅读的程序性知识属于一般领域的程序性知识。

特殊领域的程序性知识还可进一步细分为：特殊领域的自动化基本技能和特殊领域的策略性知识(strategic knowledge)。前者是一些能够有效地用于特殊领域，导致迅速而可靠的操作。如语文课上阅读小说，把握人物性格，这就需要在理解字面含义的基础上，分析小说中描写人物语言、神态、动作、心理活动等方面的句子，从而推出人物的性格特征。这种阅读的程序性知识能有效地运用于语文学科的文学作品的阅读，属于特殊领域的程序性知识。

特殊领域的策略性知识是负责对何时何处使用特殊领域的程序性知识做通盘规划、组织。如某小学生能借助汉字表意的特点记忆形近字：青，加上“日”表示天空没有云或云少——晴；加上“目”表示眼珠——睛；加上“米”表示精神——精。这

① 马欣川. 现代心理学理论流派[M]. 上海：华东师范大学出版社，2003：301.

个学生采用偏旁表义的方法区分形近字，提高自己记忆生词的效率，这是一种记忆字形的策略性知识。又如，当学生面临一项写作任务时，如何把自己的情绪调整到最佳状态，保持浓厚的兴趣、旺盛的精力，克服困难坚持完成任务；如何确定查阅资料的手段，资料的取舍、删减或添加；如何有效地利用时间，完成既定的任务。这些不仅涉及运用一些具体的语文学习方法，还包括计划监控、资源管理、调节等，属于一种认知策略。

（二）知识和技能

1. 陈述性知识和程序性知识

安德森所言的知识是一种广义的知识，它不仅包括对事物的了解，而且包括对知识的应用。其分类，不是对客观知识的划分，而是对人脑中个体知识的划分。因此，同样上一堂作文课，有的学生形成的是有关一篇读后感的陈述性知识，如一篇读后感由哪几部分组成；还有的学生可能形成的是有关读后感的程序性知识，如能运用读后感的文体知识，写莫言小说《透明的红萝卜》的读后感。因此，我们不能说语文新课标附录中的“语法修辞知识要点”属于陈述性知识或程序性知识。但是，在语文课标的阶段目标（内容标准）部分若能明确要求，则有利于各学段教师明确教学要求。

（1）区别

若从测量学的观点看，陈述性知识可以通过学生“陈述”的方式加以评价；程序性知识只能通过观察学生的行为加以判断。如让学生说说读后感由哪几部分组成，这是评价他们是否掌握了读后感的陈述性知识；若要求学生写一篇莫言《透明的红萝卜》的读后感，我们可以通过学生写出来的读后感，评价他们有否掌握读后感的程序性知识。

若从表征的方式看，陈述性知识主要以图式表征；程序性知识以产生式系统表征。若从信息输入和输出的特点来看，陈述性知识是相对静态的；程序性知识是相对动态的。若从速度看，陈述性知识激活速度慢，提取要经历一个有意识搜寻的过程；程序性知识激活速度快，提取时能相互激活。陈述性知识习得快，遗忘也快；程序性知识习得慢，遗忘也慢。

（2）联系

程序性知识是以陈述性知识为基础的。只有学生把陈述性知识与具体的学习任务联系起来，在解决问题的过程中加以运用，才可能将陈述性知识转化为程序性知识。也就是当学生在读了莫言的《透明的红萝卜》，明了读后感由哪几部分组成后，并提笔按照这个文体结构去写读后感，才可能拥有写读后感的程序性知识。

2. 能力和技能

在我国，比较流行“知识”“能力/技能”的概念和提法。依据安德森的分类，我们以往熟悉的“知识”的概念，其实质是一个狭义的知识概念，与陈述性知识相吻合；“能力/技能”的概念，是指人会做什么。如学生阅读一篇议论文，能理解议论文的论点、论据以及作者的论证过程，我们就认为该生拥有阅读议论文的技能。其实质是与程序性知识相吻合的。在现代认知心理学中，知识的概念是广义的，“能力/技能”也被视为一种知识——程序性知识。这与我国以往流行的知识观有着根本性的区别。如上例，当学生能够回答什么是读后感的时候，我们可以判断他掌握了读后感的知识（陈述性知识）；当他能写一篇莫言《透明的红萝卜》读后感时，我们可以判断他拥有了读后感的写作能力/技能（程序性知识）。

二、加涅的学生素质观

我国本轮基础教育课程改革的主题是实施“素质教育”。何谓素质？加涅在《教学设计原理》一书中，从心理学的角度对学生的素质作了全面论述，指出学生的素质可以分三个方面：先天素质、习得的素质和发展中形成的素质[①]（详见下图）。

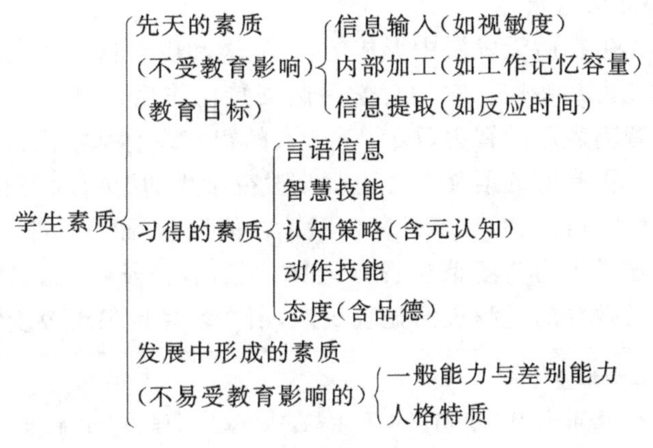

图 2-1　学生素质的构成

1. 先天素质

先天素质是学生与生俱来的素质，也就是遗传素质，是指那些与遗传基因联系着的有机体的内在因素。从信息加工观点来看，人接受信息的能力（如视敏度）、加工信息的能力（如短时记忆容量）以及提取信息的速度都有先天的差异。这些是难以通过教学改变的。

此外，学生的其他遗传素质也会影响学习，如有的学生嗓音洪亮，这使该生的感情朗读具有先天的优势；相反，一个天生的聋哑儿童，不管如何下工夫，都不可能

① 皮连生. 实施《基础教育课程改革纲要（试行）》的心理学基础[M]. 上海：上海教育出版社，2004：14—16.

成为优秀的辩手。

学生先天素质的差异，在美国心理学家霍华德·加德纳多元智能理论看来，是学生智能强项的不同：每个学生都或多或少拥有不同的九种多元智能：言语/语言智力、逻辑/数理智力、视觉/空间关系智力、音乐/节奏智力、身体/运动智力、人际交往智力、自我反省智力、自然观察者智力、存在智力；但每个学生多元智能组合是不同的，表现出个体间的智能差异。这九种智能代表了每个人不同的潜能，这些潜能只有在适当的情境中才能充分地发展出来。

2. 习得的素质

这是学生在后天环境中，主要是学校教育环境中经过学习获得的素质。加涅将学生在学校教育中习得的学习结果分为言语信息、智慧技能、动作技能、认知策略和态度的学习与改变等五类。当代认知心理学将其视为知识：陈述性知识、程序性知识和策略性知识。从语文课程的角度来看，语文素养就是学生通过语文课程的学习所应习得的素质。

3. 发展中形成的素质

这类素质是学生在后天发展中形成的，是先天和后天相互作用的产物，是能被心理测量测试的能力与特质。它们对学习起支持性作用，可以加快或减慢学生的学习速度。如用智商表示的智力(IQ)，一个人的智商终生基本保持稳定，学生的人格特质也是这样。再有效的语文教育也很难改变学生的智商水平和人格特征。此外，有的学生在背诵古诗文时需要反复的默读才能记住，而有的学生喜欢大声朗读几遍才能记牢。这是因为前者擅长视觉记忆，而后者擅长听觉记忆。这种不同的记忆偏好随着接受教育的过程逐渐显现出来，语文教育也很难改变它。

【案例 1】少年大学生

2004 年夏天，上海市进华中学初三毕业生胡一(15 岁)，作为上海市当年参加高考最小的考生，获得高考总分(四门学科)487 分：语文 93 分、数学 126 分、外语 133 分、物理 135 分，从全国 2424 名少年考生中脱颖而出，顺利拿到中科大少年班的复试通知书。参加复试的考生几乎都是在读的高一、高二学生，胡一是唯一一位初中学生，也是参加本届少年班复试中最小的考生。复试第一关是心理测试。心理测试不仅考察了学生的反应能力、集中注意力的能力，还先后 4 次重复考察了考生将来的从业理想。接着，参加了中科大组织的 2 场数学、2 场物理和 1 场英语文化考试，每门课的及格分为 90 分。胡一几乎每门课都考了 120～130 多的高分，顺利通过了文化考试。最后，参加了“非智力因素测试”及体检。最终顺利通过合肥中国科技大学的考试，成为该年度全国 37 名少年大学生的一员。

从胡一参加少年班入学考试的各项评价来看，该生小学和初中阶段习得的智能、心理素质都很出色。但从高考的成绩来看，满分 120 分的语文试卷，他只考了 93 分，和其他课程相比，显然语文学科习得的素质滞后于其他素质，说明言语/语言智力是他多元智能中的弱项。

虽然胡一的文、理科都缺失三年的学习时间，但由于语文课程的特性，一方面会令人产生多学少学差异不大的误解；另一方面，语言素养的习得不似理科那般简单、明了，其很大程度上是以语感的方式形成和运行，语文素养离不开阅读的积淀和生活体验的积累。

【案例2】两个女生

由于国人住房水准的提升，学生因迁居而转学的概率提高了。2005年暑假期间，一幢高楼里搬来两户住家，家中都有个初中女生，且学习成绩都属中上。其中一个是初一学生叫小艺，她外向开朗喜欢交际，一周不到就在电梯里结识了一个初二的女生，从此不仅有了玩伴，而且了解了将要转入的那所学校的各种信息，诸如坐校车的时间、地点，语文、物理教材的版本，语文教师预习的要求等。另一个是初二学生叫小晟，她性格内向，容易害羞，喜欢安静，富于想象，适应环境较困难。开学一个月了，小晟生病后连帮助请假、问作业的同伴都没有结识。她的父母只能抽空去学校向老师并要来附近学生的电话，以便询问作业。

这两个初中女生在智商上也许不会有很大的差异，但是在人格特性上迥然不同。内向的个性在学校人际关系的处理、交际活动的主动参与等方面带来困难。这类发展中形成的素质具有相对的稳定性，语文教育难以影响这类素质的形成和改变。

三、知识分类与语文课程改革

语文课程标准是从知识与技能、过程与方法、情感态度与价值观三个维度来厘定学科课程目标的。

（一）语文课程标准

从加涅的学习结果分类、安德森的知识分类看现行语文课程标准，我们可以找到如下对应关系。

表2-1　学习、知识分类与语文课程目标框架

分类 / 课程目标框架	加涅的学习结果分类	认知心理学知识分类
语文知识	言语信息	陈述性知识
语文技能	智慧技能 / 动作技能	程序性知识
语文学习过程与方法	认知策略	策略性知识
语文情感态度与价值观	态度	——

三维目标中的“语文知识”，分别相当于加涅的言语信息，安德森的陈述性知识；“语文技能”，分别相当于加涅的智慧技能和动作技能，安德森的程序性知识；“语文学习过程与方法”分别相当于加涅的认知策略，安德森的策略性知识；“语文情感态度与价值观”相当于加涅的态度，而安德森则没有对应的分类项目。

（二）语文学习

基于安德森知识分类观看语文课堂，提升有效学习的正确途径是：

(1) 向学生传授语文陈述性知识，使学生习得的这种知识符合奥苏伯尔的良好的认知结构特征。

(2) 帮助学生将语文陈述性知识转化为程序性知识，使之成为顺利完成各种语文智慧任务的技能。

(3) 教会学生习得与应用语文策略性知识，使之学会语文学习、记忆和思维的技能，成为自觉地进行自我学习者，并能自我调控。

这三项学习任务相互制约、相互依存，均应受到重视，而不能顾此失彼。

- 知识的学习与语文学习
  - 陈述性知识
    - 陈述性知识的表征
    - 语文陈述性知识的学习
  - 程序性知识
    - 程序性知识的表征
    - 语文程序性知识的学习
  - 学习策略、认知策略和元认知策略
    - 认知策略概念之辨
    - 语文认知策略的学习

第二节　知识的学习与语文学习

语文学习不仅遵循认知结构发展的普适规律，也有其特殊性。

一、陈述性知识

我们知道，词、短语或句子是我们语言交流的工具。但是，我们的大脑却是以信息，不是词、短语或句子来记录知识的。信息在大脑中的表现和记载方式统称为知识的表征，其形式有具体形象、概念或命题等。同一个事物可以有不同的表征形式，如"狗"在学生头脑中的表征形式可能是他的宠物泰迪犬，也可以是关于狗的概念命题。不同的表征形式也称为编码。不同表征形式所具有的共同信息称为表征的内容。

(一) 陈述性知识的表征

陈述性知识主要以命题(proposition)、命题网络(propositional network)或图式(schema)来表征。

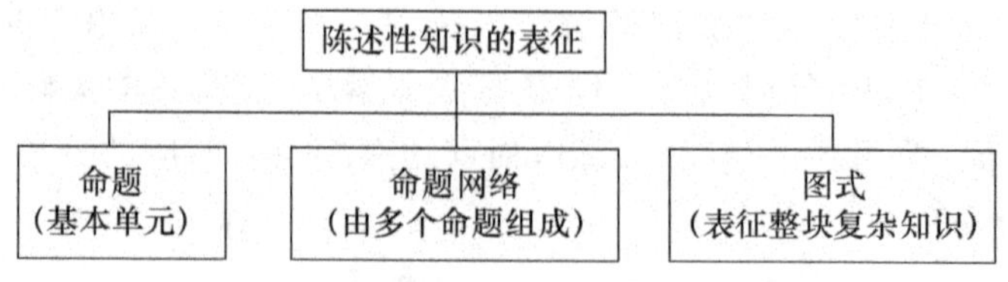

图 2-2　陈述性知识的三种表征形式

1. 命题

知识的基本单元是命题，一个命题相当于一个观念。所谓的命题，是指表达判断的语言形式，由一种关系和一组论题构成，用句子表达。命题不等于句子，而是句子表达的意义。我们大脑记住的不是句子本身，而是句子表达的意义。如：

王睿	看完了	《狼图腾》	这本书。
论题	关系	论题	论题

“王睿看完了《狼图腾》这本书。”这句话中论题是“王睿、狼图腾、书”；关系是“看完了”。论题一般指概念，用名词、代词表达；关系一般用动词、副词、形容词、介词等表达。

2. 命题网络

储存在人长时记忆中的任何信息，都不是孤立存放的。具有共同成分的多个命题，会彼此联系组成命题网络，构成人推理及解决问题的基础。如语文特级教师魏书生曾梳理语文学科知识体系，构建语文知识树，也称“语文知识结构图”(见图 2-3)：将学科知识分为“基础知识”“文言知识”“文学常识”和“阅读与写作知识”四部分：基础知识包括语音、文字、词汇、句子、语法、修辞、逻辑、标点等八个方面；文学常识包括外国、古代、现代、当代四个方面。每个方面又可细分为若干知识点，如语法包括词类、词组、单句、复句四个知识点。若一个高中学生的语文知识是按这样的层级组织起来记忆的，那么可以说该生的大脑中储存的语文陈述性知识，都进入了命题网络。他掌握的知识易被提取，不易遗忘。

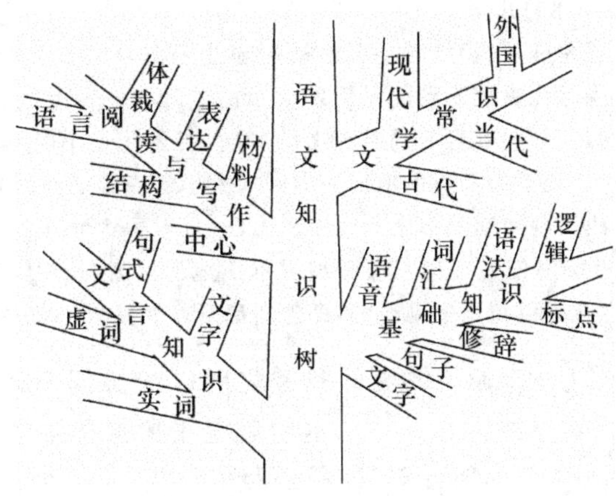

图 2-3　语文知识结构图

3. 图式

如果说，命题网络表征了许多小块的知识，那么图式则表征较复杂的整块知识。所谓的图式，就是指人脑中关于普通事件、客体与情景的一般知识。图式对学生语文知识迁移极为重要。

(1) 图式的类别

从表征的内容来看，图式可以分为客体图式、事件图式、文本图式、学科知识或专门领域知识结构图式、计划和策略图式。

1) 客体图式。是指人们对自然界客观存在的实体的表征。如动植物、汽车、罪犯。也包括由社会文化所造成的一些客观实在的表征，如城市、农村、Ipad、手机等。

2) 事件图式。是指人们对事件中典型活动先后次序的有组织的表征。如去乘坐地铁，该图式所表征的典型次序是：购买地铁卡—刷卡入闸—月台等车—上车—下车—刷卡出闸。这种图式也称"脚本"(script)。

3) 文本图式。是指人们对文章所具有的特征或典型组织结构的表征。该图式引导人们提取信息并加工信息，如运用议论文图式阅读议论文、运用邮件图式阅读邮件。

4) 学科知识或专门领域知识结构图式。是指人们对某一学科或某个专门领域知识的逻辑关系、整体结构的表征。如语文课程内容可以分为五大学习领域：识字写字、阅读、口语交际、作文和综合性实践活动。

5) 计划和策略图式。是指人们从事某个活动或解决某个问题所制订的计划、方案，路径、方法等内部结构及其特征的表征。如学生制订寒暑假计划、社区服务活动方案等。

【案例 3】工程师和他的儿子

初中生郭灵的爸爸是一位工程师，一天他被告知儿子在语文课上看闲书——金庸的漫画书《射雕英雄传》。当时他首先想到的是手掌大小的连环画——上面有图、下面是文字的小人书，就像他看过的连环画《红岩》《铁道游击队》等。因为儿子小时候常要求他讲连环画上的故事。可是，当他从儿子的书包里搜出一本课本大小的漫画书并翻开看时，只觉得图文镶嵌、眼花缭乱，甚至找不到阅读的顺序。他无法想象，儿子居然可以一心两用，边听课边看漫画书。他问儿子：漫画书该怎么读？郭灵滔滔不绝地说，《射雕英雄传》中的人物形象很有特点，根据对话内容就可以猜出是谁讲的，即使对话顺序看颠倒了，也能理解。

按图式理论可以这样理解：郭灵的爸爸之所以会想到连环画，是因为连环画是中年人儿时最常见的一种少儿读物。这也就是说郭灵的爸爸有"连环画阅读图式"——一种做事的图式。当他带着"连环画阅读图式"——上图、下文的方式来阅读当代漫画书，虽然没有不认识的文字，但存在阅读障碍。这是因为他缺失"漫画阅读图式"或称为"文本图式"(在各种文体或文章中出现的规律性)。如我们在阅读报纸新闻时，常按照几个"W"(谁、何时、何地、发生何事、原因、经过)来搜索信息。

(2) 图式的特性

图式具有变量、概括性、知识性和结构性等特点。

1) 图式具有变量。是指图式由变量构成,图式提供给学生的知识是一个框架,围绕这个框架,变量可以与环境的不同方面相联系。从而使当前一定的情境得到解释。上例中儿子和父亲都有阅读图文故事书的图式,显然郭灵的图式变量多于父亲,所以郭灵可以一心两用,而父亲专心致志地阅读都无法看懂漫画书。

2) 图式具有概括性。是指图式是从很多具体例子中抽象概括出来的,不是具体指某一例子在头脑中的贮存,因此具有普遍意义,易于迁移。上例中父子俩有关连环画和漫画书的阅读图式都不是针对具体的某一本书的图式,如《红岩》《射雕英雄传》的阅读,而是适用于任何一本连环画和漫画书的阅读。

3) 图式的知识性。是指图式所表征的是一般知识而不是定义。即我们所具有的图式就是我们所具有的知识,我们所掌握的所有知识都包含在我们所具有的图式里。接受一种图式如同接受了一种理论。上例中父亲缺失的漫画阅读图式,其实质是缺少一种漫画的阅读知识。

4) 图式的结构性。是指图式的各种知识点之间是按一定的联系组成一种层次网络,它由知识的结构性决定,是一种等级结构。即一种图式可以包含在另一个图式中。上例中郭灵的图文阅读图式的结构比其父亲要复杂,即图文阅读图式下分连环画图式和漫画图式;而其父亲的图文阅读图式就只有连环画图式。

(二) 语文陈述性知识的学习

陈述性知识的学习可以分为理解、保持和提取三个阶段。

1. 理解阶段

这个阶段是学生把获得的信息同认知结构中已有的相关知识相联系,从而建构新事物的意义并把它纳入认知结构中的过程。

2. 保持阶段

知识不能在长时记忆中保持即为遗忘,一般将知识不能提取或提取错误作为遗忘的标志。语文陈述性知识的学习难点不在于理解而在于保持。如小学生的识字、初高中学生文学常识的学习,这类知识遗忘速度快,而且遗忘率高。教师在讲授这类知识时,要有意识地教给学生学习和记忆的方法和策略:复述策略、精加工策略和组织策略。

3. 提取阶段

提取就是从记忆库中把所需的知识检索出来,这是陈述性知识学习的目的所在。从长时记忆中提取信息时需要依据一定的线索。一个概念、一种思想、一种组织、一张图片等都可以成为信息提取的线索。提取线索可以激活有关的记忆痕迹,打通搜寻的通路。如一个学生想不起散文《白杨礼赞》的作者,却想起当时学课文时自己曾在作者名字下面划过曲线;作者的名字是出现在页下的注释里;当时语文老师还请自己读过注释;那天自己好像坐在靠窗的座位……这些带有触发性的提取线索最终将长时记忆中处于静息状态的知识——散文的作者是“茅盾”激活起来,达到成功提取的目的。现代认知心理学认为,知识不能回忆或再认并不是说知识从学生的头脑中消失了,而是学生找不到适当的提取线索。因此,语文知识的层次组织是一种最重要的提取线索,它能为学生提供系统性的、有效的检索途径;语文学习情境和学生状态也是提取知识的重要线索。

二、程序性知识

(一) 程序性知识的表征

程序性知识以产生式(production)、产生式系统(production system)的形式表征。

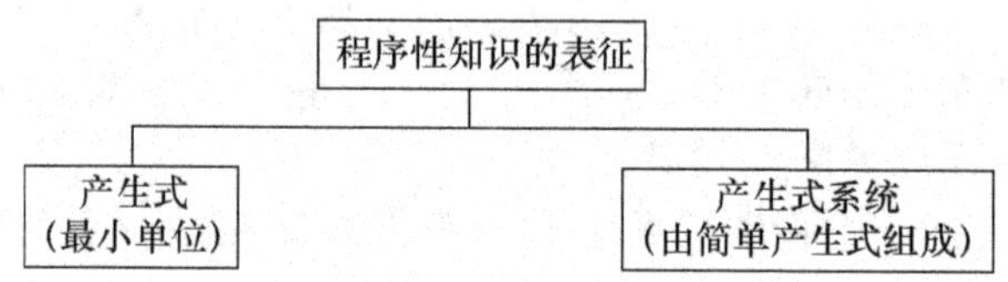

图 2-4　程序性知识的两种表征形式

1. 产生式

产生式是表征程序性知识的最小单位。该术语源自计算机科学,因为计算机贮存了一系列以“如果——那么”的形式编码的规则。人经过学习,头脑中也储存了一系列以“如果——那么”的形式表示的规则,这种规则就是产生式。简单的产生式只能完成单一的活动。

2. 产生式系统

产生式系统是由多个产生式按一定的目标连结成的一个有组织的目标层级的整体。一个产生式系统代表了人在从事某一特定任务时的一系列复杂的行为。如一位高中学生要运用所学知识,分析下列材料中存在的一个逻辑错误。

某报批评某饭店饭菜中有两只死苍蝇,该店答复说:“贵报反映我饭店饭菜内有蝇事,经查基本属实。”

(1) 该生直觉可能是材料中的“反映”一词是错别字;可能是“蝇事”一词简写有误;可能是“基本属实”的词语搭配有误。他再复读题目要求,题目要求分析的是“一个逻辑错误”,于是他排除了“反映”一词是错别字的判断,因为:

如果	我的目标是找逻辑错误, 且错别字是不属于逻辑错误的范畴,
那么	“反映”一词不是答案。

(2) 同理，该生又否定了“蝇事”一词。因为：

如果	我的目标是找逻辑错误， 且“蝇事”一词简写不属于逻辑错误的范畴，
那么	“蝇事”一词不是答案。

(3) 该生对“基本属实”进行分析，认为从语法上副词“基本”可以修饰动词“属实”，无语法错误。因为：

如果	“基本”是副词， 且“属实”是动词， 且副词可以修饰动词或形容词
那么	“基本属实”不存在语法错误。

(4) 该生对“基本”“属实”进行词义分析，发现：“基本”是程度副词，表示“大体上”的意思；“属实”指“是事实”。“基本属实”属词语搭配不当。因为：

如果	我的目标是找逻辑错误， 且“属实”这个动词只存在“是”和“非”两种情况，不存在程度上的差异。 且“基本”是程度副词，表示“大体上”的意思，
那么	“基本属实”这样的搭配存在逻辑上的自相矛盾。

在整个运用语文程序性知识解决辨识问题时，该生运用了多个产生式(人脑中以“如果/那么”形式编码的规则)，见框线内的句子。且多个产生式因“我的目标是找逻辑错误”连成一串，形成产生式系统。

(二) 语文程序性知识的学习

语文学科的程序性知识属于特殊领域的程序性知识，根据自动化的程度，又可分为两种：特殊领域的基本技能(domain-specific basic skill)和特殊领域的策略(domain-specific strategies)。前者指特殊领域的程序性知识中那部分自动化的基本技能，如看着课文大声朗读、抄课文、听写；后者指特殊领域的程序性知识中那部分具有监控或有意注意特征的程序性知识，如概括文章要旨、划分段落、写作等。

学生获得语文基本技能，即程序性知识必须经历三个阶段。

1. 陈述性知识阶段

该阶段学生能陈述该知识。如学生要学会排比修辞手法的程序性知识，在这个阶段，他必须知道并能陈述排比句的构成规则。

2. 转化阶段

该阶段通过运用规则的变式练习，使规则的陈述性形式向程序性形式转变。如在大量的句式练习中，学生能按照排比句的规则将句子正确改写成排比句式。

3. 自动化阶段

该阶段通过反复练习，规则完全支配学生的行为，整个程序本身得到进一步的精致和协调，即能达到运用自如的自动化水平。如学生通过大量的练习，能熟练地运用排比句式来表达。

可见，程序性知识和陈述性知识虽然有着本质的区别，但是两者又有着密切的联系：陈述性知识的获得是程序性知识的基础；程序性知识的获得又为获取新的陈述性知识提供了可靠的保证。如学生掌握书信写作技能这个程序性知识，必须经历三个阶段：

(1) 学生先要正确说出书信的组成部分，以及每一部分的格式，即陈述性知识阶段。

(2) 能完整地写出书信，且每一部分格式正确，此时，学生写信时无需按序背一条书信写作要则，写一点，即转化阶段。

(3) 随着学生对书信写作熟练程度的加深和精通，学生写信时无需对书信的组成和格式作缜密的思考，就能娴熟地写出一封格式正确的信，即自动化阶段。

整个过程是以学生能够正确陈述这些新规则为前提的，而写信的一般技能的掌握又为学习商业信函的陈述性知识提供了便捷。

教师在教学中发现学生语文技能存在问题时，应分析不同学生该技能掌握处于哪个阶段，然后有针对性地加以指导，并促进其尽早进入自动化阶段。

三、学习策略、认知策略和元认知策略

认知策略是一种特殊的程序性知识，其特殊性表现在指向的对象是学习者自己的内部认知过程。有时简称策略、策略性知识。

(一) 认知策略概念之辨

学习策略、认知策略、元认知策略是易混淆的三个概念。

1. 学习策略

学习策略是学习者为了提高学习的效果和效率，在学习活动中用来保证有效学习的规则、方法、技巧及其调控措施。[①] 学习策略既有认知领域的学习，又有情感领域和动作领域的学习，所以学习策略的外延大于认知策略。温斯坦和梅耶(C. E. Weinstein & R. E. Mayer)将学习策略分为五类。

(1) 复述策略

复述策略(rehearsal strategies)指的是通过反复读写所学的材料使信息在记

① 韦洪涛. 学习育心理学[M]. 北京：化学工业出版社，2011：171.

忆中保持的策略。在简单任务的学习中，用这种策略只是按一定顺序重复项目的名称，以此帮助记忆。例如，学生为了记住名家名篇，出声或不出声地重复念文章题目和作者。而在较复杂任务的学习中，例如，通过听课或阅读来学习时，复述策略可能是大声重复关键术语、抄写、做笔记、找出重要部分等。复述策略涉及到以下几个认知过程：一是选择，即把注意放在一定对象上；二是维持，把信息保持在工作记忆中；三是获取，使信息转入长时记忆。复述策略的运用是随年龄的增长而发展的。

（2）精加工策略

精加工策略（elaboration strategies）是对记忆的材料补充细节、举出例子、做出推论或使之与其他观念形成联想，以达到长期保持的目的。在机械学习和简单知识的学习中，在脑中想象所学材料的样子，或利用记忆术通过联想人为地为学习材料附加意义，都属于精加工策略。例如，一个中学生在记忆“镬”这个汉字时，他拆分字形后组成特殊的含义：运用这种金属工具时（金字旁），要睁大双眼（右边上面是两个“目”），因为这种工具很难使用（“难”字左右两部分上下叠放），这个字便记住了。在阅读课文时还包括分段、归纳段意；记笔记时对所学的内容进行补充，找出新旧知识的联系等。

（3）组织策略

组织策略（organizational strategies）是指将学习材料加工成有组织的结构以便长久保持。这是将信息由繁到简、由无序至有序处理、加工的一个重要手段。例如，在小学低年级识字教材中，有按字音归类识字，有按字形归类识字的小集中识字。为梳理课文写作思路，一些学生为结构复杂的课文编制提纲。

（4）理解控制策略

理解控制策略（comprehension-monitoring strategies ）又称元认知策略，是指在学习过程中，学生始终能意识到自己做的是什么（任务目标），意识到自己所使用的策略，以及对这些方法进行相应的控制和调整。它包括读不懂一段话时应采取怎样的行动；自我提问以检查自己的理解程度；预先提出问题来指导学习；设立子目标，同时估计实现这些目标的进展情况；在需要的时候调整自己的策略等。

（5）情感策略

情感策略（affective strategies）指的是消除一切与学习无关的情绪，做好学习准备。它包括产生与保持动机，集中与保持注意，调整对学习成绩的焦虑状态以及有效地使用时间等。①

2. 认知策略

认知策略是指学生用来加工和组织学习材料的策略。学生运用一套步骤对自

① 张承芬．教育心理学[M]．济南：山东教育出版社，2000：217—219．

己的学习、记忆、注意以及高级的思维进行调节和控制。如回答“文章是按什么顺序写的?”学生甲知道要先通读文章理解大概意思;再寻找并分析内容叙述过程中变化的线索,如时间、地点、空间因素;再找出全文反映变化的关键词以确定。而学生乙则盲目地读文章,一遍又一遍,不知从何入手。显然,前者具有分段的认知策略。

认知策略包括复述策略,如重复、抄写、做记录、划线等;精加工策略,如想象、口述、总结、做笔记、类比、答疑等;组织策略,如组块、选择要点、列提纲、画概念地图等。

3. 元认知策略

元认知策略是学习者用来评估自己的理解、安排学习的时间、选择计划有效学习或解决问题,监控自己的学习情况等方面的策略。包括计划策略,如设置目标、浏览、设疑等;监事策略,如自我测查、集中注意、监视领会等;调节策略,如调整学习速度、复查、使用应试策略等。①

对学习策略、认知策略、元认知策略三者之间的关系,存在多种不同的看法。麦基奇(W. J. McKeachie)认为,学习策略可以分为三类:认知策略、元认知策略和资源管理策略。

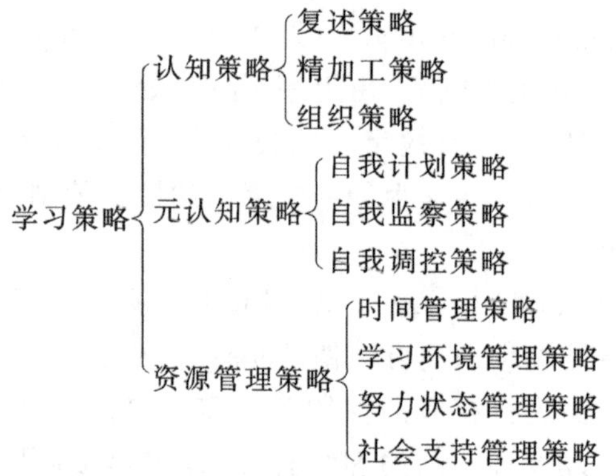

图 2-5 学习策略分类②

资源管理策略是帮助学生管理可资利用的环境和资源的策略。包括时间管理策略,学习环境管理策略、努力状态管理策略和社会支持管理策略。

比较温斯坦、梅耶与麦基奇对学习策略的划分,前者的复述、精加工、组织策略就是麦基奇的认知策略;理解监控策略就是麦基奇的元认知策略;情感策略就是麦基奇的资源管理策略。

① 韦洪涛.学习育心理学[M].北京:化学工业出版社,2011:172.

② 皮连生.教育心理学(第四版)[M].上海:上海教育出版社,2011:126.

(二) 语文认知策略的学习

语文认知策略的学习受原有知识背景、反省认知发展水平、动机水平等多种因素的影响，学习过程包括三个阶段：陈述性阶段、转化阶段、灵活运用阶段。

1. 陈述性阶段

该阶段教师要告诉学生运用某一策略要达到的目的，基于策略运用的具体情境；描述自己是如何运用策略的，帮助学生建构对策略的理解和认识。

2. 转化阶段

该阶段提供运用策略的练习，帮助学生建立该策略的概念、规则和运用程序。练习由浅入深，逐步将策略运用的控制权转交给学生。

3. 灵活运用阶段

该阶段需提供大量的变式练习，针对不同类型的材料灵活运用该策略，帮助学生关注适用该策略的线索，便于学生选择和使用策略。

下面以学生学习两种写作方法：按一定顺序写、抓住事物的特点写为例，看认知策略的学习过程。

【案例 4】小学四年级作文课：按顺序、抓住事物的特点描写

(一) 复习所学课文《我爱故乡的杨梅》

(二) 学生小组合作、完成板书：作者抓住事物的特点描写，以及课文的写作顺序

板书：

我爱故乡的杨梅

顺　序　　　　特　点

树 { 枝条——四季常青；叶——狭长 }

果 { 形——圆、刺；色——红；味——酸甜 }

(三) 讨论总结

(1) 杨梅的特点就是杨梅与同类水果的不同之处，也是杨梅值得赞美之处；

(2) 作者描写杨梅的顺序是：先写事物整体的特点，再分几方面写。

4. 写作练习：仿写一种自己喜欢的水果，按一定顺序写出水果的特点

上述教学设计的顺利实施表明学生的学习经历了两个阶段：第一，初步理解按一定顺序写、抓住事物特点写的方法，并能正确陈述；第二，应用练习。如果学生通过多次写作练习能在状物类作文中做到这两点，且能迁移到其他类型的写作中，如写人的记叙文中，则该项认知策略学习达到了灵活运用阶段。语文学科认知策

略的确定和教学，对学生学会语文学习意义重大，是当下语文教学改革中一项值得研究的课题。

综上可见，知识的学习，首先是获得陈述性知识。这些知识一方面以图式存在于长时记忆中；另一方面通过运用使陈述性知识转化为程序性知识，经过反复练习后形成自动化的智慧技能。有些则形成对内调控的策略性知识（认知策略）。

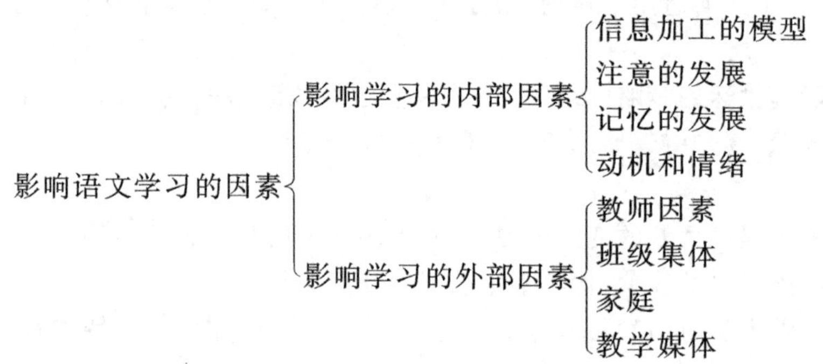

第三节　影响语文学习的因素

学生语文知识学习的过程是其语文能力和倾向变化的过程。在这个过程中，多种因素对其产生影响。一般可分为内部因素和外部因素两大类。其中，内部因素是学生原有的知识结构、认知发展水平、个性差异和学习动机；外部因素是教师、班级集体、家庭和教学媒体。

一、影响学习的内部因素

影响学习的内部因素中，学生已经具有的知识是指广义的知识，它包括信息加工心理学视野中的语文学科的陈述性知识、程序性知识和认知策略，以及杜威强调的语言经验。这里的语言经验可以是学生所看见的事物表象或头脑中储存的图式、样例，抽象的命题网络或者是产生式系统（见本章第二节）。学生的认知发展水平是其加工信息的方式与能力的变化，这种变化是渐进的。

（一）信息加工的模型

20 世纪 80 年代初美国亚利桑那州立大学的罗伯特斯塔尔（Robert Stahl）提出了包括大脑收集、评估、存储和提取信息的加工过程模型（见图 2-6）。该模型起始于我们对周围的环境信息的接触，显示了感觉器官是如何排除或摄取信息以便进一步加工的；揭示了两种暂时记忆，说明它们是如何操作的，并讨论了影响学习结果储存的因素；说明了过去经验和自我概念对学习的影响。该模型有助于了解学生理解和记忆知识的过程，但也有其局限性，它把学习和记忆表征为一种机械加工过程。其实，人脑是一种生物加工工具，可以迅速地对各种记忆材料同时进行加工。记忆是动态和分散性的，但是人脑可以根据经验改变其属性。

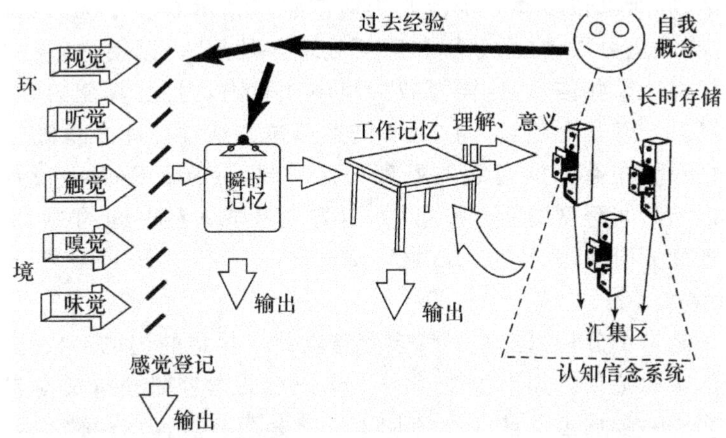

图 2-6 人脑的信息加工模型(在 Robert Stahl 原有模型上有改变)[①]

1. 感觉

我们通过视觉、听觉、触觉、嗅觉和味觉接受环境中的信息。所有感觉刺激以电冲动的方式输入脑，再转化为脑所感知的图像和声音。

2. 感觉登记

除嗅觉外，所有输入的感觉信息先被传送到丘脑，在几毫秒内，丘脑会根据个体过去的经验确定信息的重要程度，不重要的信息被过滤掉，使脑能将注意力集中在重要的事情上。这个过程由包括丘脑、部分脑干组成的网状激活系统(RSA)来执行，该系统又称感觉登记系统。信息只是在这里简单地存放片刻，由个体经验判定其重要与否。若不重要，它将从系统中消失。感觉登记也称瞬时记忆、感觉记忆，是2秒钟之内的记忆。

如，课堂上一些学生注意力不集中，往往老师近在咫尺讲课，但他却感觉老师的声音越来越远，甚至听不到，完全沉浸在自我神游之中。这种现象就是学生将收到的教师的声音信息过滤掉了。而刚开始上课时，他感觉到老师在讲"《小石潭记》作者是柳宗元"。这是因为当时老师的声音信息在他的感觉通道内迅速被登记并保留——瞬间的记忆。过了一会儿他开始神游，就不再注意老师讲课的信息，此时感觉登记是将神经冲动阻挡到意识之外。当回过神时，感觉登记又会将老师讲课的声音刺激传入意识中，这时，他又感觉到教师的声音，获得瞬时记忆。

---

① [美]David A. Sousa . 脑与学习[M]. "认知神经科学与学习"国家重点实验室脑与教育应用研究中心译. 北京：中国轻工业出版社，2005：133—135.

3. 工作记忆

也称短时记忆、操作记忆，是指一次呈现后，保持在30秒以内的记忆，它是人们在从事各种工作时所不可缺少的。因为不论做何种事情，都需要按某种信息或指示来进行活动，所以在活动完毕前必须对信息或指示有所记忆。工作记忆属于有意识过程，在这里可以构建、分解和重新处理各种想法，以便最终将其存储在何处。工作记忆加工某些信息时，需要我们集中注意力，因此，其能力是有限的。工作记忆一次可以处理几个项目，为7±2信息单位。这种功能容量随年龄而变化。同时工作记忆只能在有限的时间内处理记忆材料。Peter Russell(1979)发现，青春期前工作记忆时间跨度约5～10分钟；青春期和成人的时间约为10～20分钟，之后就会出现疲劳或厌烦，注意力随之下降。

4. 长时记忆存储

长时记忆是指1分钟以上直到许多年甚至终身保持的记忆。长时记忆是对工作记忆反复加工的结果。如果学生认为工作记忆的内容能理解又对自己有意义，那么就会对它进一步加工。最简单的加工方式是重复(心理学称复述)，比较有效的方式是把新信息与个体原有的知识联系起来，从而理解新知。这些理解了的新知被长时存储的可能性就大。如要求学生背诵《核舟记》，有的学生对课文意思不理解，就背不出；有的能理解，却觉得对自己没什么意义，也背不出；有的学生既能理解，又知道这是初中升学考必背篇目，为了考所好学校，背《核舟记》就变得有意义了，《核舟记》的内容被尝试记忆存储的可能性极大。这个记忆存储的过程就是大脑将信息编码，并传送到一个或多个长时记忆存储区，按一定的顺序存放的过程。

5. 认知信念系统

我们对世界的总体看法构成了我们的认知信念系统，长时存储区域中的所有内容构成了我们对世界总体看法的基础。从长时存储的信息中产生的思想和理解比单个信息的简单综合要大。即人脑的一个不可思议的能力，在于它可以用许多不同的方式将单个项目整合在一起，随着记忆的积累，项目组合的数量将以幂数级的方式增长。

6. 自我概念

认知信念系统的深层隐藏着自我概念，自我概念描述了我们看待自我的方式。如，有的学生可能把自己看成一个智力中等、写作能力极强，而数学方面较差的学生。自我概念是由过去经历塑造的。作文获奖的经历会提高我们的写作自信；数学考不及格受到父母惩罚，会降低自我概念。这些经历都会产生强烈的情绪反应，脑杏林核将它们跟认知事件一起编码和存储。

该信息加工模型显示了脑以并行加工的方式同时处理许多信息。在信息加工过程中，脑会拒绝或丢失很多信息。如，擅长作文的学生在准备写一篇议论文，查阅到许多资料时，过去经验向感觉登记系统发出信号表示，过去这些信息都有助于自己写作成功，那么这些信息很可能顺利地进入工作记忆。学生清醒地认识到他在写作方面取得的成功，会进一步关注这些查阅的信息并进行深入加工。相反，写作失败者因为过去的作文成绩总是不及格，感觉登记就会阻止查阅到的信息的输入，抵制不愿获得的写作信息，即该生的自我概念拒绝对新信息加以接收。这也就是为什么，学生都会参与那些他们曾经取得成功的活动，回避有失败经历的活动。

这一模型对语文教学的启示是：语文教学要符合人脑加工信息的规律。具体而言：一是信息加工需经过 3 个阶段，即瞬时记忆、短时记忆和长时记忆。短时记忆容量有限，教学内容不应超越；只有理解了的信息才可能长时保存。二是信息加工效果受个人的信念和自我概念影响，提高教学效率应从改变学生的信念和自我概念入手。

（二）注意的发展

学生的语文学习始于注意的选择，注意的稳定性、分配性、广度和转移这些品质影响学生的学习效率。

1. 注意的选择

新奇的事物能刺激学生大脑皮层的兴奋，动态的事物易捕获学生的注意，强烈的刺激，如对比色、音响效果能吸引学生。这些注意是学生的被动注意。若学生有明确的语文学习目标，则会有意识的、主动控制自己的注意。

2. 注意的保持

学生对一个事物持久、稳定的关注，有助于提升学习效果。随着年龄的递增，学生集中注意力的平均时间呈上升趋势（见图 2-7）。

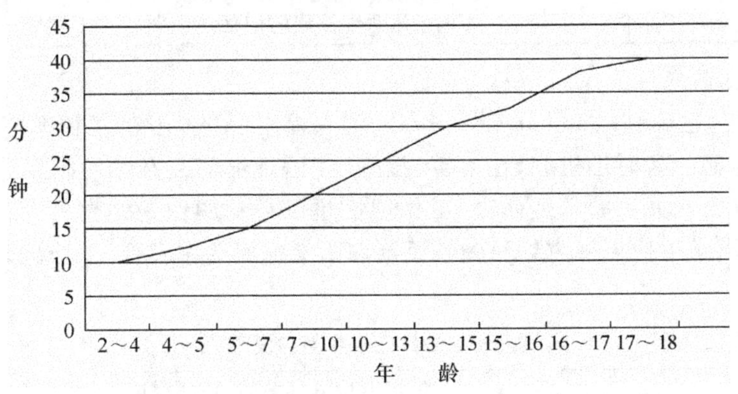

图 2-7　注意力随年龄变化的发展趋势[①]

（三）记忆的发展

记忆是学生学得的信息储存和提取的神经活动过程。按不同标准划分，有多种类别。

① 刘儒德. 学习心理学[M]. 北京：高等教育出版社，2010：92.

1. 记忆的分类

按意识的参与程度，记忆可以分为内隐记忆和外显记忆；按内容，记忆可以分为形象记忆、情境记忆、情绪记忆、语义记忆、动作记忆；按信息保持的时间长短，记忆可以分为瞬时记忆、短时记忆、长时记忆。

表 2-1 记忆的分类

<table>
<tr><th>划分标准</th><th>按意识的参与程度</th><th>按内容</th><th>按信息保持的时间</th></tr>
<tr><td rowspan="5">类别</td><td>1. 内隐记忆—过去经验对学生个体当前活动的一种无意识的影响</td><td>1. 形象记忆—对感知的事物形象的记忆</td><td>1. 瞬时记忆—刺激信息在感觉通道被登记，并保留一瞬间的记忆，一般在0.25～2 秒之间（又称感觉记忆）</td></tr>
<tr><td rowspan="4">2. 外显记忆—过去经验对学生个体当前活动的一种有意识的影响</td><td>2. 情境记忆—对亲身经历过的、有时间、地点、人物、情节的事件的记忆</td><td>2. 短时记忆—信息保持时间在 1 分钟以内的记忆（又称工作记忆、操作记忆）</td></tr>
<tr><td>3. 情绪记忆—对自己体验过的情绪和情感的记忆</td><td rowspan="3">3. 长时记忆—信息保持时间在 1 分钟以上</td></tr>
<tr><td>4. 语义记忆—用词语概括的各种有组织的知识的记忆（又称词语-逻辑记忆）</td></tr>
<tr><td>5. 动作记忆—对身体状态和动作技能的记忆</td></tr>
</table>

2. 记忆的发展

1974 年，巴德利（Baddeley & Hitch）等人提出“工作记忆”的概念，认为这种信息加工和存储的暂时性机制，在心算、推理、言语理解等复杂学习活动中有非常重要的作用。对八九岁的学生而言，工作记忆是以视觉图像为主要的存储形式。随着年龄增长，学生由以视觉编码为主逐渐向听觉编码为主转换，工作记忆的记忆容量也增大了。

表 2-2 工作记忆容量的发展①

年　龄	记忆容量可容纳的组块数量		
	最　小	最　大	平　均
小于 5 岁	1	3	2
5～14 岁	3	7	5
14 岁以上	5	9	7

① ［美］David A. Sousa . 脑与学习［M］.“认知神经科学与学习”国家重点实验室脑与教育应用研究中心译. 北京：中国轻工业出版社，2005：38.

（四）动机和情绪

1. 动机的作用

布鲁纳谈及学习动机与情感的关系，认为最好的学习动机莫过于对所学材料本身具有内在兴趣，有所发现的自信感。在学校里，学生的学习动机对他们的语文学习活动具有重要的意义。弗伦奇和托马斯（E. G. French，F. Thomas）曾在研究中让被试解决复杂的学习问题。结果发现，具有强烈学习动机的学生比学习动机低的学生有较高的学习劲头和直到把问题解决为止的学习毅力。相当多的研究发现，动机水平高低影响学生任务的选择。动机水平高的学生能积极地向中等难度的任务挑战，并选择有可能完成的学习任务；动机水平低的学生可能选择不适当的学习任务，即或者太难或者太易的任务，并且经常变动所选择的学习任务。此外，学生的动机与语文学习成绩的归因方式联系在一起。动机低的学生往往把成功归因于运气好，把失败归因于自己能力低。这类学生，由于认识不到自己的潜力，常常对学习丧失信心，放弃努力，不愿接受挑战性的学习任务。动机高的学生，则把自己的成功归因于个人的能力和努力程度，把失败归因于努力不够。对这类学生来说，失败并不能降低他们的自信心和对将来成功的期望，反而会促使他们加倍努力取得好成绩。

总之，动机是决定学生个体努力程度的动力因素，在语文学习中起很大的作用，并与学生的学习毅力、学习效率和学习成绩正相关。

2. 动机的构成

奥苏伯尔指出，学校情境中的动机，至少包括三方面的内驱力决定成分：认知内驱力、自我提高的内驱力和附属内驱力。

（1）认知内驱力

认知内驱力是要求了解与理解知识、阐述与解决问题的需要，是一种内部动机。在学习中，学生具有认识和理解周围环境的需要，并驱使个体独立地思考有一定难度的课题，乐于从事智力活动，并试图合理地解决问题。认知内驱力具有先天的成分。但是学生时期的认知内驱力在很大程度上是可以塑造的。学生对语文学科的认知内驱力主要是后天形成的，适当的教育环境、成功的学习经验是可以提高学生的认知内驱力的。

（2）自我提高的内驱力

自我提高的内驱力指学生因自己的胜任能力赢得相应的地位的需要，属于外部动机。学习中内驱力不是指向学习任务和学习目标，而是指向在集体和他人心目中赢得怎样的地位。学生在学习上的失败可能导致他在集体中地位的降低、自尊心丧失等。

(3) 附属内驱力

附属内驱力指的是学生为了保持长者们(教师、家长等)和同伴们的赞许或认可而表现出来的一种搞好学习的需要,属于外部动机。这种需要不是指向学习任务或学习目标,也不是指向自我地位的提高,而是对长者和同伴在感情上的依附。

一般学生的动机所表现出来的认知内驱力、自我提高的内驱力和附属内驱力在学习活动中的作用不是固定的,各部分随着年龄、性别、个人在群体中的地位、人格特征等因素的不同而变化。附属内驱力在童年早期、小学低年级阶段比较突出:学生热衷于追求父母的赞许或认可为基础的派生地位。由于教师被看做是父母的化身,所以他们也会以同样的态度对待老师。因此,在小学低年级阶段,附属内驱力是学习的重要动机。认知内驱力的作用随年龄的增长而提高。自我提高的内驱力在青年和成年人中具有相当重要的作用,是动机的决定部分。

上海市曾举办过一次全市中小学生作文竞赛,结果有 23 位同学获得一等奖。该市一个课题组对 23 位学生做个案研究,以期获得他们成功的因素。下面两个案例充分说明学习动机对语文学习的作用。

【案例 5】剪贴和获奖

徐××,小学六年级学生,母亲是某印刷厂资料员,父亲是某机械厂干部

徐××自述:上幼儿园的时候,有一天妈妈从厂里带回来《看图说话》《小朋友画报》《唐老鸭》等杂志。那上面有许多有趣的动物、人物图像,我就把它们剪下来,贴在本子上,觉得很好玩。从那时起,我就喜欢书了。上小学认字后,我开始看童话书,《安徒生童话》《格林童话》《世界童话名著》等,读完后常令我想入非非。三年级时我写了一篇《心目中的不夜城》想象作文,文中我想象自己带着一条电脑狗重返地球,参观不夜城:首先来到了餐厅,只见餐厅里到处是一朵一朵祥云,服务员踩着云朵飘来飘去给顾客上菜,四周墙壁不时散发出诱人的香味……所有这些胡思乱想都来自童话书。没想到这篇作文竟获得了闸北区小学生作文比赛三等奖。从此以后我就对作文有了信心,也开始爱看作文书了。《小学生作文》《作文入门》《500 字作文》等等,阅读这些书中的作文,常使我打开写作思路。

这位同学对作文的兴趣和信心来自作文比赛三等奖,属于自我提高的内驱力,是一种外在动机。这种外在动机是在外部的客观因素(如分数、竞赛、教师和家长的奖罚等)的影响和要求下产生的学习动机。外在动机的效应是短暂而微弱的,不可能从根本上激起学生对学习活动的兴趣。但多次获奖的刺激,使学生对作文学习更加投入,如爱看作文书等。从而诱发学生对写作认知的内驱力,形成一种稳定的和持久的内部动机。

【案例 6】两个要求

李×,初二学生,母亲是某公司职员,父亲是某五金厂工程师

三十多年前李×的父母作为知青到北方插队,1993 年初,李某的父亲依据“引进特殊人才”这一政策携妻女由南昌返沪。李×,这位原南昌某中学中队长转学到上海后便遇到了意想不到的困难:人生地疏,言语不通,偶有老师夹一两句上海话,她便茫然不知所云。再加上教材不同,有时连完成作业也有困难。当时又恰逢住房拆迁,三代四口人在外借居一室,一年半中竟搬了三次家。一个月后,当李×拿到语、算七十几分的考试卷后,伤心地哭了。“我要回南昌!”听着女儿发自内心的恳求,看着以床板为书桌的居住环境,李×的母亲想了很久,最后一字一句地告诉李×:“现在的条件是艰苦的,但是以后一定会好的。你要回南昌是绝不可能的。其他的条件你可以提。”李×向妈妈提了两个要求:一是买书,尤其是作文书;二是找老师谈谈,请他们在课堂上讲普通话。李×妈妈都做到了。不久,李×就有了《日记精选》《中学生作文精选》《作文大观》《作文大全》《各类记叙文丛书》《童话选》《中国文化小百科》……她说:我在那些书上,学到了许多写作方法。像五年级上学期要求写植物,我就参考了《作文大全》上的例文“宝石花”,写了一篇《月季花》,从中我还学会了植物的写法:将一枝花分成几个部分,然后抓住特点,从外形,颜色、大小、香味等不同的角度写具体,最好运用一些修辞手法。妈妈也对我提了两个要求:一是回家要谈谈学校里的事,二是每天记日记。这样,我就不用愁作文内容了,有时,一个作文题,我可以在日记中找到两三个合适的素材,而且在日记里还可以倾吐自己内心的甜酸苦辣。

这位同学在原校是一名中队长。写作动机是由她内在认知——求知欲和需求——渴望成功转化而来的。她对作文本身感兴趣,写作活动本身使学生获得满足,无需外力而自愿写作。这是一种内部动机。这类学生在原有的学习需要得到满足后,又会产生新的学习需要,引起新的学习动机。正是为了不断地满足新的需要而产生新的学习动机,也就不断地加强和维持了学生学习的积极性。即使出现暂时的失败和落后,只能引发更努力地学习。

学习的内在动机比外在动机表现为更持久而强有力。但是,学生学习的内在动机不是天生的,它需要外部教育创造有利条件进行不断强化,依赖外界诱因加以激发。如上例中母亲的帮助:和老师沟通、提供参考书籍、每天和孩子交谈、建议孩子以日记的形式发泄内心的痛苦等,一旦该生付出的努力得到了回报,她的语文学习的动机就得到进一步的强化。总之,只有内在动机和外在动机相互结合,彼此交替,才能充分发挥其推动和维持语文学习积极性的作用。

3. 情绪和情感

(1) 情绪与情感主要是以需要的归属不同而加以区分的

情绪是有机体的自然需要是否获得满足而产生的一种反映,它是一种层次比较低的情感,是人和动物所共有的。学生的情绪常表现出情境性、易变性和偶然性。而情感是人所特有的一种心理现象,是人的社会需要能否获得满足而产生的

一种体验。其特征表现为稳定、持久，带有一定思想倾向性。二者的内在联系表现为：一方面情绪依赖于情感，并制约于情感；另一方面情感又是在情绪的基础上产生和发展的，它对情绪存在着较强的依赖性，并从个体的喜、怒、哀、乐的变化中表现出来。所以情绪是情感的外在形式，情感是情绪的内在内容。

学生情绪高涨时，会全神贯注、专心致志地听课；学生情绪低落时，则会心不在焉，心情烦躁。小学生的情感兴奋性表现比较突出，在外因的影响下，情感很容易激动，往往是"喜怒哀乐溢于言表"，自我调节控制能力比较差。随着年龄的增长，学生大脑发展日趋成熟，自我概念的发展逐渐完善。到了中学以后，其情感的兴奋、冲动等特征逐渐趋于稳定，自我调节、控制的能力都有较大的发展，即自控能力相对提高了。但是初中生对自己情感的调控能力比高中生相对差一些，他们往往不善于使自己的情感受时间、地点、场合等条件的支配，去克制自己的情感表现。他们往往容易受情境支配，情绪波动性较大，他们的"成人意识"往往会使他们"半成熟半幼稚"的心理徘徊在人生的"十字路口"，他们冲动，不够冷静，甚至会意气用事。

(2) 焦虑、抑郁、恐惧、倦怠等是课堂学习中常见的影响学习效率的负面情绪

我们要引导学生学习管理和调控自己的负面情绪，激发积极情绪。

1) 学习焦虑。学习焦虑是指学生对学习活动所产生的紧张、不安、忧虑、烦恼等不愉快的、复杂的情绪状态。在语文学习中常表现为：怀疑自己的能力、夸大失败，紧张、失望、不安，过分依赖、独立性差。过度的学习焦虑令学生无法集中注意力。

2) 学习倦怠。学习倦怠是指学生因为长期的学习压力，过度消耗精力，而丧失学习热情、感情冷漠、成绩不如预期的一种现象。

专栏 2-1　学习拖延行为

拖延是指不必要地推迟任务以至于产生主观不适体验的行为，具体可以分为特质拖延和状态拖延。前者是一种人格特质，指无论在什么情境下都表现出拖延行为；后者是在具体情境或任务中表现出拖延行为，如要写作文了，就开始出现畏惧、不肯动笔等拖拉行为。

学习拖延则是学生在学业活动中的一种拖延行为，也是一种十分常见的现象。如，暑假作业能拖则拖，直到最后几天才做。虽然制订了学习计划，但总想着"明天再做也不迟"，结果总是来不及完成。学生一方面厌恶拖延行为，因为拖延给他们自己带来了不良后果，造成了困惑；另一方面很难自我纠正。

学习拖延存在着许多不良的影响：首先，拖延使学生真正花在学习任务上的时间和精力减少，势必影响任务完成的质量和学业成绩；其次，拖延会激发学生的负向情绪，越接近最后期限，学生焦虑、沮丧的情绪就越严重，产生巨大的心理压力；

再次，对整个社会造成资源浪费，导致效率低下。

研究者从不同角度对学习拖延行为的成因进行了分析。

(1) 学习拖延与完美主义等人格特质相关。有研究（Walsh, *et al*.，2002）发现，完美主义倾向与拖延之间存在着正相关，这是因为具完美主义倾向的学生往往对任务的完成有着相当高的标准，这本身就需要很长的时间。而在自己没有十足的把握时迟迟不能着手于任务，导致了拖延行为。研究者还发现，抑郁、悲观等特质也会导致拖延。

(2) 拖延是回避或减少焦虑的一种方式。有研究者（Lazarus & Folkman，1986）提出了3A理论来解释拖延：人们面对任务或情境时会先做出评估（appraisal），当感到任务或情境会对自己造成威胁时会产生焦虑（anxiety），进而选择回避（avoidance）。另有研究者（Solomon & Rothb1um，1983）的拖延模型认为，随着期限的接近，人们将体验到更多的焦虑，而为了减少这种焦虑，人们选择了拖延，因此拖延是减少焦虑的一种方式。

(3) 父母的教养方式会影响孩子的拖延行为。有研究（Pychyl，2002）显示，母亲专制的教养方式与孩子拖延行为之间存在显著负相关，而父亲专断的教养方式与女孩的拖延行为之间存在显著相关。

(4) 教师过于专制，要求过严，不体察学生的需要，布置的学习任务过多、过难。心理动力学认为，拖延行为带来的在最后时刻完成任务的快感，是对教师布置任务的一种反抗。学生由此发泄自己的愤怒。这是学生追求自由、不受约束的内心需要。

(5) 学习拖延是强化的结果。研究者（McCown & Johnson，1991）间接证实了一个假设是：一方面学生在学习拖延期间所从事的大多是娱乐活动，并从中直接获得了乐趣，这些乐趣又强化了拖延行为。另一方面，拖延的结果可能是学生在短时间内就能完成任务。这就使学生存在侥幸心理，以后还会继续出现学习拖延行为。

{摘编自刘儒德. 学习心理学[M]. 北京：高等教育出版社，2010：295—296.}

二、影响学习的外部因素

影响语文学习的外部因素包括教材内在的逻辑结构、课文篇数、篇幅、教材难度、进度；教师的专业素养、教学艺术、人格特征；班级集体中的师生、生生的关系；学生家庭的社会阶层和民族文化背景等。

(一) 教师因素

1. 角色转换

教师是语文教学的规划者，他应具备挖掘和运用教育资源的能力；确立课堂教学目标的能力；实施课堂教学策略的能力；营造宽松教学氛围的能力。教师是语文学习中的对话者，他应正确认识自己和学生的交流风格；了解与不同风格学生交流的策略；建立顺畅的师生沟通渠道。教师是语文课堂环境中的“监护人”，应建立稳定的班级管理平台；形成明确的班级管理规则；建立严格的纪律约束和干预措施。

2. 师生关系

师生关系是在师生互动过程中形成和发展的，由于地位的差异，这一关系有一定的特殊性。

(1) 师生关系的特点

教师与学生所处的地位是教育者和被教育者，决定了师生关系有下列特点。

1) 师生关系的教育性。它是教育的目的，因为学会处理人与人之间的关系是学生学习的一个重要组成部分，它也是教育的手段。因为它是一种有效的激励手段，更是“传道、授业、解惑”的渠道。

2) 师生关系的非对等性。在师生关系中，教师起着主导作用，教师热爱学生，不限于学生目前的表现(聪明、爱语文课程、品德好等)所引起的感情体验，更主要的是受教师的理想、信念、教育的观点、职业道德和事业心支配，因此具有理智性的特点。而学生尊师，是对教师爱生的反应，往往是学生根据自己的主观判断和直接情绪体验来决定的，所以具有情绪色彩，具有片面性和不稳定性。

3) 师生关系的多重性。师生之间同时具有领导者和被领导者、成熟者和未成熟者、长辈与晚辈等等角色关系。

4) 师生关系的不可选择性。师生之间一般不能自由选择，因此教师所面临的学生不可能个个都爱好语文，或写作能力强。因此教师要一视同仁地对待学生，避免教育的不公正性。

5) 师生关系的相对纯洁性。学校是传播人类精神文明、文化传统和现实中一切真善美的组织，教师的为人师表，学生的相对天真和纯洁，使师生关系相对其他人际关系更规范。

(2) 师生角色

教师和学生是课堂里最不可或缺的角色。他们又可再分为正式角色和非正式角色。所谓的正式角色，指为完成课堂教学任务而明确规定的角色，该角色的承担者自己和他人都明确地意识到其在课堂教学中的职责和权利。而非正式角色则指课堂教学中，参与者自觉或不自觉地扮演着无明确规定的角色(见下表)。

表 2-3　课堂上的社会角色

身份＼角色＼分类	正式角色列举	非正式角色列举
教　师	学习动机的激发者 学习资源的指导者 教学过程的组织者 课堂行为和学习效果的评价者	知识的传递者 学生交往的监控者 课堂气氛的营造者 社会标签的张贴者
学　生	既定课程的学习者 课堂活动的参与者 群体规范的遵守者	主体地位的谋求者 展示机会的竞争者 肯定评价的寻求者 同伴及教师行为的制约者

我国中小学语文课堂，由于教学空间狭小、封闭、简陋，不利于语文教师进行教学方式的改革，只能扮演语文知识分配者的角色；由于知识垄断的绝对化与社会影响源的一元化，教师角色被染上神圣的光环，教师权威得以畅通无阻。不少语文教师在潜意识中充当着社会标签张贴者的角色。

3. 课堂行为类型

美国心理学家德雷克斯根据教师的行为表现，提出专制型、放任型和民主型三种比较典型的课堂行为调控类型。①

(1) 专制型

在专制型课堂上，教师是课堂的绝对权威，学生必须听命于教师；教师事无巨细地为学生安排好一切，压抑了学生的独立思考，抑制了学生创造性的发挥，使学生丧失了学习应当如何对待自己的人生课题、应当如何待人接物的机会。

(2) 放任型

在放任型课堂中，教师无限度地宽容学生的一切言行，使他们可以“为所欲为”。在这样的课堂里，学生学不到社会生活中所需要的规则，更学不到不遵守规则的后果。

(3) 民主型

在民主型的课堂上，教师和学生是平等的。民主型的班级虽然也有规则，但制订规则的是学生自己。在民主型的课堂上，教师维持课堂秩序的方式是：通过教学内容的有用性和趣味性，来培养和激发学生的学习动机；通过精心设计的活动和问题，来引发和保持学生的注意力；通过充分发挥学生的自主性和自律性，来实现学生的自我监控。

① 张向葵. 课堂教学监控[M]. 北京：人民教育出版社，2004：270.

英国一项最新教育心理学研究表明：赞扬更能使学生遵守纪律。[①] 英国《泰晤士报》报道，英国利物浦一所大学教师发现，教师中断授课、花时间批评学生，并不会使情况好转。而一位教师在一个调皮捣蛋闻名的班级上课，创造性地运用表扬彻底扭转班级纪律。他经常表扬学生，曾经在50分钟内表扬了学生78次，责备了2次。心理学家在6所学校培训数百名教师，主持这项研究。发现学生得到表扬的频率从以前的54%上升到85%，受责备频率从46%下降到15%，94%的学生愿意顺从教师。在2006年1月5日教育心理学年会上，该研究的学者宣布他们设计的方案已经产生效果。杰里米·史文森提出教师学会表扬、激励学生好行为的4个步骤：清楚地向学生说明每一项要求以及禁止的行为；记住要在学生身上发现你想看到的，而不是去寻找你不想看到的；学生按要求做时，要经常给予适当的肯定，对学生个别行为要私下反馈；给予学生反馈的频率要有变化。

4. 教学个性

教师的教学个性是指语文教师在生活实践和教学实践中形成的相对稳定的、独特的个性气质、人格精神、学识才能、艺术追求和审美情趣等方面的特点的总和。这一切决定了一位教师与众不同的个人风貌和独特的教学创造力。它不仅体现在教师的教学思想、教学方法等方面，而且反映于教师的语言、举止、风度。

语文教师的个性特点包括兴趣爱好、性格、气质、思维方式等。语文教师的气质性格、兴趣爱好决定了教师的审美情趣，一定的审美情趣又决定了教师在潜意识中对某类教材产生不同的选择倾向性。并发挥自身的优势，对这类教材的教学过程进行艺术加工、教学创新。在这种自我选择、自我扬弃的过程中形成自己独特的教学方式。例如，有的教师擅长理性分析、善于运用严密推导的方式展开教学，于是就有了“理智型”的教学风格。有的教师谈吐幽默、性格开朗，尴尬之处插科打诨调节氛围，于是就形成了“诙谐型”的教学风格。这些在潜移默化中影响学生的语文学习兴趣、审美感受、趣味和情操。

（二）班级集体

班级集体是学生在学校学习和生活的主要场所，学生在学校的绝大部分时间是在班级里度过的。班级对学生的影响是其他集体不可替代的，班级活动和气氛对学生的行为、认知能力和个性发展都产生着重要的影响，是一种和学生的学习与发展休戚相关的微观环境。班级集体是学生语文学习必须凭借而不能摆脱的一个重要因素。从教学环境论的视点看，它是一个物质环境，也是一个社会心理环境。

① 赵夏凡. 赞扬更能使学生遵守纪律[G]. 新民晚报，2006-01-08.

1. 物质环境

（1）时间和空间

在班级集体这个环境里有特定的时间分配、空间组合形式及空间密度。如上海市教委规定从 2004 年 9 月 1 日起，上海所有小学每节课统一由 40 分钟缩短为 35 分钟。这迎合了低年级学生学习持续时间短的年龄特点。又如，大部分学校根据人的心理活动能力在一天的不同时间中的不同表现，将语文、数学等知识类课安排在上午，技能类的体育、美术等则安排在下午。这些特定的安排，都属于通过改变物质环境的时间因素，来影响学生的学习。此外，中国一些发达城市近年来尝试的“小班化教育”，其实质是通过缩小班级规模(class size)，为学生创设一个宽敞的学习空间，使学生拥有轻松的学习情绪；通过改变座位编排方式(seating patterns)，使教学空间具有相对的伸缩性、灵活性和开放性，以满足个性化教学活动对教学空间的不同需求。也就是通过改变物质环境的空间因素，来影响学生的学习。

空间拥挤可以引起行为异常和生理上的不良反应，这是在人类和其他动物身上都得到验证的普遍规律。心理学家卡尔霍恩 (Colhoun)通过拥挤对老鼠和其他动物的影响的经典实验发现，处于数量稠密的环境中的动物，表现出大量敌意行为，雌性动物和幼小动物的死亡率较高，并出现肿瘤一类的疾病。社会心理学家们的有关研究也发现，单位空间内人口数量过多会带来空间密度过大和空间拥挤问题，而过分拥挤又会进一步给人的生理和心理造成损害。例如，在空间拥挤的情况下，人们经常表现得烦躁不安、好斗、富有攻击性，心理上产生无助感和压抑感，生理上由于机体过分紧张而容易诱发各种疾病。① 因此，在条件允许的情况下，适当调整和缩小班级规模，以保证每个学生有足够的学习空间，是有利于学生保持健康的语文学习心理状态的。

（2）大班、小班和个别教学

美国教育学教授伊德·特朗普根据教育学和方法论原理，研究大班、小班和个别教学三种教学形式结合的课题。大班课就是将两个或几个平行班合在一起上课，讲课时应用现代化技术手段，由优秀教师担任讲课任务。然后安排上小班的课(约是普通教学班人数的一半)，学习大班授课的材料，进行讨论，让学生发表补充意见。负责小班的可以是教师，也可以是优秀学生。个别教学时，一部分作业由教师指定，一部分由学生自选，其目的是促进学生个性发展。这三种教学组织形式的时间分配大致是大班 40%、小班 20%、个别教学 40%。

（3）座位安排

座位的安排也是形成教学环境的一个重要因素。学生对座位的选择也是有差

---

① [美] E·P. 霍兰德. 社会心理学原理和方法[M]. 广州：广东高等教育出版社，1988：323.

异的。美国教育学家魏拉德·沃勒(Willard Waller)经过观察研究发现：一般愿意坐在教室前排的学生，大多是些学习上过分依赖教师的学生，也可能有部分是学习热情特别高的学生；愿意坐在后排的学生，往往是些捣乱或不听讲的学生。坐在不同区域的学生与教师和同学的交流情况是不同的。亚当斯(Adams)和比尔德(Biddle)曾对"秧田式"座位排列进行过研究，他们发现：教师前排到中间地带，其课堂气氛比较活跃，坐在这个区域的学生参与课堂活动、与教师交流的时间和次数明显多于教师后排的学生。因为这个区域正好处于教师课堂监控的有效范围内，学生自然能较好地约束自己的行为，认真听课。教师可以无意中通过眼神、表情、举止将自己对学生的关注和期待传递给他们，使学生产生心理上的共鸣，积极配合教师教学。

2. 心理环境

相对班级集体的物质环境而言，心理环境是一个看不见、摸不着的无形环境。但它对学生的心理活动、社会行为、学习效果有着不容忽视的、巨大的潜在影响力。其中尤以人际关系和班风影响较大。

(1) 人际关系

人际关系是指学生在学习交往活动中所形成的各种关系。这里主要指学生和学生之间的关系。

1) 人际关系的构成成分。人际关系是多种心理因素的复合体，由认知因素、情感因素和行为因素构成的一个动态系统。[①] 学生在直接交往过程中，相互感知、理解、判断和评价，并在此基础上产生相应的情感。情感因素是人际关系的主要成分，是人际关系好坏的重要标志。一般可分为两类：结合性情感，它能驱使人们相互喜欢、友好、合作，使人际交往的双方都感到满意；另一类是分离性情感，它能驱使人们相互厌恶、敌对、憎恨，使人际交往的双方都感到不满。行为因素包括行为的模式、活动和举止的作风、表情、手势、语言等。学生在教育活动中所表现出来的行为模式，如果是劝导、同情、支持、赞扬、友好、合作、尊敬、信任、礼貌的，就有利于形成良好的人际关系；反之，怀疑、惩罚、攻击、拒绝、炫耀、自夸等行为模式，则导致不友好、反抗甚至敌对的人际关系。这些成分调节着人际关系的稳定性、深度和亲密性。

2) 三种目标的人际关系。任何一个群体都有目标。德徐 Deutsch(1962)和约翰逊等(1975)指出：教师在教学中可以构成三种目标相互依存的关系：合作的目标结构(目标之间是肯定的相互依存关系)、竞争的目标结构(目标之间是否定的相互依存关系)、个人主义的目标结构(目标之间无相互依存关系)。合作的目标结构就是学生感到只有和自己有关的其他同学达到了目标时，他自己的目标才能达到。

---

① 张承芬.教育心理学[M].济南：山东教育出版社，2000：575—576.

竞争的目标结构就是学生感到只有和自己有关的其他同学不能达到目标时，他自己的目标才能达到。个人主义的目标结构就是学生感到，自己和其他同学，在实现各自的目标上毫不相干。

各种目标结构对于学生的学习成绩、适当的社会行为、认知发展、社会发展和一般社会化都有影响。而具体的影响各有不同。主要体现在使学生产生不同程度地被同伴接受、支持和喜爱的知觉；与他人的信息交流；学习动机；在学习中的情绪投入。合作的目标结构为学生提供了积极相互作用的机会，而竞争的目标结构造成谨慎、带有防卫性的相互作用。个人主义的目标结构中，学生自己去掌握要求的技能和知识，没有与其他同学的相互作用，具体差异见下表。

表 2-4　不同目标下的学生之间的关系

合作的目标结构	竞争的目标结构	个人主义的目标结构
大量的相互作用	很少相互作用	无相关作用
有效的意见沟通	没有意见沟通，或欺骗性、威胁性沟通	
得到他人的帮助，指导，分享他人的成绩和来自同伴的有利于成就的影响	他人的成绩是自己的障碍，来自同伴的不利于成就的影响	
处理问题解决中的冲突，高度发散性思维和冒险性思维	处理“输-赢”冲突，低水平的发散性思维和冒险性思维	
同伴之间高度信任	同伴之间低水平信任	
得到同伴高度承认和支持	很少得到同伴的承认和支持	
几乎全体学生都高度投入学习并承担义务	有胜利希望的少数学生高度投入学习并承担义务	
充分利用其他学生的聪明才智	不能利用其他学生的聪明才智	
可以进行分工	不可能进行分工	
减少对失败的恐惧	增加对失败的恐惧	

课堂教学中学生之间行为的主要属性是竞争与合作。他们总是交替出现或者互相渗透。所谓的竞争行为，是指学生在课堂上为达到某种目的而与同伴展开较量的行动。诸如：语文课上争先恐后地举手发言以展现自我，不外借课外参考资料以保护自身利益，揣摩教师的意图以取悦教师等均属于竞争行为。这种竞争行为是一种普遍的课堂现象。它是学生的天性使然，也是教师教学方法强化的结果。竞争行为一般以如下三种形式出现：学生个体与学生个体之间展开的竞争（如班级默词比赛）、学生群体与学生群体之间展开的竞争（研究性学习课题组间的竞赛）、学生个体与学生群体之间展开的竞争（名言诗句擂台赛）。课堂教学中的竞争行为有促进学生学习的功能。国外学者研究发现，学生群体竞争有诸多利处：不仅使学生的学科成绩明显提高，而且还有利于学生情感和社交方面的发展。但是

课堂上的竞争行为，尤其是学生个体之间的竞争，易使失败的学生放弃努力。如课堂上教师引导学生的个体竞争语言：谁能比她读（说）得更好？学生纷纷举手，我比他读得更响，我比他读得更有感情，我比他……那些自认为能力差的学生是绝对不参与这类学习活动的。

学生之间的合作行为是指学生之间为了达到某一共同的目标而彼此配合、互帮互助的一种行为。学生之间的合作行为是有条件的。内在的条件，如群体有否共同的目标、相近的思想。外在的条件，如课堂上有否相应的学习小组、教师有否安排专门的小组活动时间。

教师要成功地进行教学，必须决定采取哪种目标相互依存关系来组织教学。在理想的课堂上，教师能适当地使用这三种目标结构，使所有的学生都学会怎样和其他同学合作地工作；怎样为利益和乐趣而竞争；又怎样独立地进行学习和工作。

3）人际关系的功能。教师的一切课堂行为，都是发生在学生与同伴群体关系的环境中的。例如：一个学生按照教师的要求做出某种反应，在这样做的同时，这个学生清晰地意识到自己置身于同伴群体之中，受着这个群体中同伴的共同情感、态度和相互关系的影响。在课堂上，学生之间的关系比任何其他因素对学生学习的成绩、社会化和发展的影响都更强有力。如语文课开始前，老师发现黑板没擦，问哪位同学帮忙擦一下。这种情况下，班干部和语文课代表往往会主动上来。促使他们上来的动力来自于这个群体的关系：班级集体对干部、课代表的要求，和班干部、课代表意识到集体对自己的要求。学生之间的关系是儿童健康的认知发展和社会化所必须具备的条件。事实上，与同伴的社会相互关系作用是儿童身心发展和社会化赖以实现的基本关系。

社会心理学家们经过研究发现，学生-学生之间的相互关系，对儿童和青少年的认知发展、社会发展和一般社会化发生影响，主要表现在以下几个方面。

- 同伴关系影响儿童价值观、态度、能力和认识世界方法的社会化。施穆克指出（1971）：与学生和教师的相互关系相比，学生和学生之间的相互作用更经常、更亲切、更认真、更丰富多变。在和同伴的相互交往中，儿童和青少年直接地学习态度和价值观，并且获得从成人那里得不到的一些消息。
- 同伴关系是儿童未来心理健康水平预报因子。建立和保持与他人相互依赖的关系、合作关系的能力，是我们经常列举的心理健康的基本表现形式之一。考恩（Cowen）和他的同事（1973）发现：小学三年级时的不良同伴关系，是成年早期情绪障碍的极重要的标志。大量的研究结果表明，小学和初中阶段的不良同伴关系，预示着高中阶段的心理变态；而小学和中学的不良同伴关系，又预示着成年的心理变态。

- 同伴关系是儿童学会减少社会孤独感所必备的社交能力。有研究表明：社会隔绝与缺乏社交能力有关，建设性的同伴相互作用，有助于提高儿童的社交技能。
- 同伴关系影响儿童是否在青春期会出现问题行为（如：吸毒）的可能性。和什么样的人交朋友，加入什么样的同伴群体，对青少年是否出现吸毒和其他问题行为有很大的影响。
- 同伴关系给儿童提供了学会控制攻击冲动的环境。哈图波（1978）指出：在同伴关系中，儿童学会控制自己的攻击冲动。在与同伴的相互作用中，儿童达到了平等的相互攻击的实验机会。从而，我们可以推想，在与他人接触中，某些儿童表现出普遍的敌意和与众不同的攻击行为方式，某些儿童在攻击面前表现得异常怯懦等，都是缺少与同伴的这种交往。
- 同伴关系影响性别角色同一性的发展。哈图波（1978）指出：虽然儿童可能首先是在他们的父母的相互作用中，对人的差别做出区分的。但同伴文化使这种认识进一步扩展和具体化。
- 同伴关系影响儿童理解他人能力的形成。约翰逊（1978）提出：用他人眼光看问题的能力，就是理解他人怎样看待一个情境，并且设想他会在认知上和情绪上做出什么样的反应的能力。心理学家认为，用他人眼光看问题的能力影响到以下几个方面：有效地取得信息，有效地综合信息，建设性地解决冲突，有效地进行群体问题的解决、合作，对同一情境中他人的积极态度，自主的道德判断，智力发展，认知发展和社会顺应。弗拉维尔（Flavell，1963）指出：儿童在和其他儿童的交往中，特别是在争论和冲突中，越来越感到自己不得不根据他人的情况来重新考虑自己的想法和看法。在这个过程中，他们逐渐摆脱了认知上的自我中心。
- 同伴关系影响儿童的教育抱负和学业成绩。弗里德曼（Freedman，1967）进行了一项广泛的文献研究，认为同伴比其他学校因素对学生的教育抱负和实际学习成绩影响更大。索尔、斯托林斯和卡斯科维茨等人的相关研究表明：年幼的学生学习技能不佳时，和同伴的相互作用，能够极大地提高学习成绩。

（2）班风

班风指班级同学在长期交往中所形成的一种共同心理倾向。它往往以心理氛围的形式出现，且一旦形成就成为影响整个群体学习生活的规范力量。它既塑造了学生语文学习的态度和价值观，又影响到学生在教室里的语文学习活动。

【案例 7】小作者群

上海市语文特级教师金志浩，长期从事高中语文教学，在议论文教学方面，形成了极为鲜明的教学特色。他执教的曹杨二中的学生经常在全市、全国作文竞赛中获奖；他们的作品还经常发表在《新民晚报》《青年报》等有影响的上海市级报刊上，且几个学生还偷偷用起笔名。有一天《新民晚报》"流行色"副刊上同时登出他执教的一个理科班三名学生的文章，"流行色"上掀起了一次曹杨二中"流行潮"。直到后来一位同学发表了题为《他们是谁》的文章，学校才发现这个理科班居然有个"小作者群"。

"小作者群"现象的出现，与金志浩鼓励学生大胆地发表自己的作品，为学生创设自由、支持性的写作氛围休戚相关。理科班里的"小作者群"现象，是其作文教学艺术的成功写照。

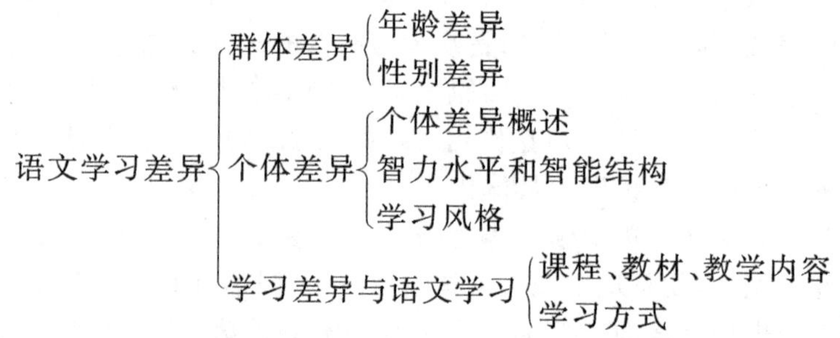

第四节　语文学习差异

课堂教学中的学习差异主要包括学生群体差异和个体差异。由于社会生活经验和知识积累基本趋同，一定年龄阶段的学生在生理和心理发展上具有一定的共同特征。而不同学生群体间，如小学生和中学生、中国学生和美国学生、男校和女校的学生，由于他们生理、心理、环境、学识、经历等不同，造成他们群体心理的差异。

一、群体差异

群体差异包括种族、民族、阶层、性别和年龄间的心理差异。其中年龄差异和性别差异是语文学习过程中很重要的群体差异。

（一）年龄差异

学生言语能力依年龄的递进呈现出阶段性特征。幼儿时期，一～一岁半为理解言语阶段。一岁半～三岁为积极言语活动阶段。三～六岁为情境性言语到连贯性言语过渡阶段，言语能力的发展主要表现在：

（1）语音的声韵发音逐步准确、清晰；

（2）词汇数量不断增加，词类范围不断扩大，积极词汇不断增加；

（3）从言语实践中逐步掌握语言结构，言语表达能力进一步发展；

(4) 从有声的外部言语逐步向无声的内部言语过渡，出现了自言自语现象。[①]

整个小学阶段，学生内部言语发展经历了出声思维、过渡思维和无声思维三个阶段。进入中学阶段，学生书面言语能力获得突飞猛进。初中二年级以后，学生的出声思维越来越少。高中学生的内部言语水平和思维的智力品质日益提高。

1. 母语习得的年龄差异

国外学者研究发现，儿童出生以后马上进入一个观察、内化语音的阶段。从出生到生命的头 3 个星期，婴儿只有有限的发声技能，主要是哭叫，可能是因为冷了、饿了或身体不舒服。从第三周开始到四五个月止，此时婴儿产生假哭（pseudo cries）。这一阶段的婴儿还不能有意识地产生人类所特有的语音，但语言知觉有很大的发展。从半岁到快满 1 岁时，在不同文化环境生活中的婴儿，他们发出的声音大致是相同的；1 岁时，文化的差异出现了：一个英国的儿童开始发出英语的声音，而一个中国儿童开始发出汉语语音。1 岁后，模式化的、真正的语言产生了。儿童说出的句子由一个单词构成，随语境的不同可以表示各种意义。例如“妈”在幼儿语言中可以表示“妈妈，到这儿来。”“我要妈妈。”“妈妈，抱我。”“我要撒尿。”“我饿了。”等等。

大约一岁半以后进入双词阶段。组成双词句的词可以分成两类：一类是轴心词，它们的数量少，使用频率高；另一类是开放词，它们数量多，但使用频率低。这两类词的组合方式有两种：轴心词 + 开放词，如，再要些牛奶；开放词 + 轴心词，如，推开它、关上它。

大约在两岁半时候进入实词句阶段。实词句是只用实词不用虚词组成的句子，字数可以超过两个。例如：奶喝完了，爸爸再见，琳琳的玩具。

到了 3 岁，幼儿出现了说话高潮，好像突然之间孩子说话了，而且是完整的句子，且常常一连几句，有时还说个不停。不过这时是典型的自我中心语言，为了表示自己会说，什么话都说，甚至对着妈妈说“打死妈妈”。如果幼儿在 2 岁时由保姆全天照应，而保姆使用的又是地方方言，这时如果保姆离开了，孩子说的话竟全是保姆的方言，且十分地道。只有父母不再用这一方言，孩子才会用普通话说话。[②]

3 岁以前，幼儿是在一种“照顾人语言”的环境里习得语言的。所谓“照顾人语言”主要指父母和保姆适应孩子学话的语言，这种语言不是有计划的“教一句学一句”的语言，而是生活交际语言，只是适当“照顾”而已。父母（或保姆）一般只求幼儿懂得话语的意思，而不要求孩子马上学说；说话内容大都与当时当地有关，看得见、摸得着，采用诸如手势、面部表情或实物帮助理解。母亲多用疑问句，父

① 韩雪屏. 语文教育的心理学原理[M]. 上海：上海教育出版社，2001：45—46.

② 胡春洞. 英语教学交际论[M]. 桂林：广西教育出版社，1997：115—116.

亲多用祈使句。当发现孩子听不懂，父母会用放慢速度或夸张语调的办法重复。一般情况下，要求孩子应答时，常用短句；不需要孩子应答时多用长句。父母一般都会不自觉地加大说话的难度，以帮助孩子语言的发展。可以说幼儿所获得语言信息主要来自母亲（或保姆），而每位母亲、保姆都是天才的语言教师。3 岁以后，幼儿的生活范围扩大，语源扩充，习得速度加快，表达方法也丰富了。一个 4 岁幼儿就会说："我终于吃到了奶油蛋糕。""昨天他来的时候，我还没有起床。"

大约 5 岁左右进入成人句阶段。这时儿童习得语言的过程已基本完成。虽然他们掌握的词汇为数还很有限，但基本的语法已经掌握，已经能分辨正确的表达方法和错误的表达方法，能区别语句的同义关系和歧义关系。这时儿童对语言的运用已不限于表达眼前的事物，他们已经能够谈论以前发生过的事情，也能谈论他们计划要做的一些事情，甚至谈论一些实际上不存在的事情。母语习得研究的大量资料表明：幼儿有惊人的学习能力，习得方法科学，注意在观察基础上的总结规则，并且善于创造性地运用。

2. 母语习得的阶段差异

从小学至高中，学生言语发展有三个"敏感期"，也称"快速发展期"。它们是：小学四年级、初中三年级和高中三年级。其中以初三年级最为显著，女生比男生的高峰期要早一年。小学四年级是抽象思维发生期，初中三年级是抽象思维从从属地位转化为主导地位的转折期，高中三年级是抽象思维进一步完善并显示出逻辑性的时期。可见，学生言语发展的三个"敏感期"与学生的思维发展阶段特点密切相关。

从小学至高中，学生言语发展还有三个"低潮期"，也称"停滞发展期"。此阶段学生的言语发展进步不快，甚至后退。它们是：小学三年级、初中二年级和高中二年级。其中影响程度最深、波及范围最广的是初中二年级，且城市学生比乡村学生明显，男生比女生明显。①

表 2-5　语文分项能力发展特殊时期

分　　项	敏感期	低潮期
识字	小一、小三	——
词汇	——	初二、高二
分析句子成分	高一	高二
分析复句	高一	初二、高二
逻辑错误	高中	——

① 朱智贤.中国儿童少年心理发展与教育[M].上海：中国卓越出版公司，1990：54.

续表

分　　项	敏感期	低潮期
朗读	——	初中
默读	小四、初一、初二	——
读写、标点	——	初二、高二
调整段落	——	初二
抄写、写读后感	——	初二、高一

3. 一些学者的研究结论

苏联心理学家维果斯基对口头语言和书面语言的相互关系曾做过深入的研究。他认为从产生语言功能的心理本质来看，书面语言是完全不同于口头语言的另一种过程。

法国学者泰勒尔研究了小学低年级学生口头语言和书面语言的差别后曾这样断言：“不能够说这是同样的心理现实通过两种方式来表现。相反，我们发现了两种很不相同的活动：一种活动表现得自由、轻松、生气勃勃，另一种活动则表现得拘谨和困难。”

法国学者吕尔萨经过研究找到了一些判断低年级学生书面语言独立形成的根据。例如在他们的书面叙述中对对象特征的描写比口头语言多，在他们写的文章中动词有时被遗漏，但是在他们的口头叙述中动词却占据中心位置。

为了弄清楚低年级学生的书面语言是否从口头语言中产生，法国学者西蒙对一～五年级的学生进行了跟踪研究。他根据简单句和复杂句的数量、句子成分副词的数量等参数，对数据进行比较分析，结果发现口头语言和书面语言之间存在重大差别。他的结论是：如果仍然要求我们回答我们在这项研究开始时提出的问题，即书面语言是不是从口头语言过渡来的？那么我们宁愿回答：不是。我们最可能成为一种新的功能产生的见证人。

美国学者哈雷尔对 9～15 岁学生的口头语言和书面语言进行了研究。他发现句子长度、形容词和副词的相对数、句子结构模式等参数的值，书面语言要比口头语言增长得快。在比较不同年龄学生的情况后，他做出这样的结论：小学低年级学生的口头语言和书面语言没有本质的差别，这两种语言活动的本质差别只是在少年期才出现。

法国学者伯德雄和斯塔洛克就词、句、动词、形容词、名词的数量，词语的多样性，以及从口头表达迁移到书面表达的各种错误的数量等因素，对低年级学生口头语言和书面语言进行比较分析。结果证明，对学龄初期的儿童来说，书面语言还刚刚出现雏形。只有到了 11～12 岁，当学生能够根据不同的交际效能区分两种语言表达的形式后，书面语言才成为完全符合要求的活动。①

不同年龄段的学生的学习策略也有较大特征。以复述策略为例，有研究表明，5岁以下的儿童缺乏足够的、合适的复述策略；6～10岁的学生可以在一定的指导下使用复述策略，而不能自发地使用；11岁以上的学生则可以自发地使用这种策略，并且能够不断改进自己的复述行为。

（二）性别差异

1. 性别差异的表现

国内外关于性别心理差异的研究显示：男女智力存在差异。从整体上看，在男性群体中智力较高的人和智力较低的人都较女性略多；从智力特点来看，男性在视觉、空间知觉能力和数学推理能力上占优势，女性则在听觉、语言能力和知觉速度上较男子强；从思维方式而言，女性形象思维占优势，男性逻辑思维占优势，演绎推理能力男优于女，归纳推理男女基本持平。

近年来有学者对语言发展的男女差异做研究表明：女性在语言能力上具有优越性。女婴的说话要比男婴早一个月；且学字快、词汇多；达到发音完全清晰的年龄早；开始灵活运用句子的年龄、会使用较长较复杂句子的年龄也比男孩早。男孩中患有口吃的人数要比女性多得多。

有学者对学前期至青春期前的男女儿童（约3～11岁），在语文能力方面是否有显著的差异问题进行了研究。结果发现，在句子的长度和句子的复杂性方面并未发现有显著的两性差异。在语言的流畅性方面，基本上是女孩占优势；词汇、阅读理解等方面的两边差异并不趋于一致。这些学者据此认为，男女两性在语文能力方面并不存在显著的差异，而这个结论和以前的传统看法似乎是不同的。

麦考比和杰克林通过分析其他科学家的研究发现，在语文测验中，女孩的成绩要比男孩的成绩高0.25个标准差；而在文字能力方面，则显著地要好。有一研究发现9～12年级的女生不但在拼音发音方面，而且在较高层次的对复杂文章内容的理解力、用文字表明复杂逻辑关系的能力等方面亦显著优于男性。因此，麦考比认为：在3岁前女孩的语言能力明显优于男孩；3岁后男孩追了上来，双方水平相当；从大约11岁开始直至高中毕业，女孩的语言能力又逐渐占据上风，无论是高层次语文能力（类比推理、理解、作文），还是低层次语文能力（语言流畅、拼音等），女孩都要好于男孩。

也有许多研究者不同意此观点。北京师范学院林传鼎教授根据澳大利亚教育学会的TOLA测验所改编成的“少年儿童学习能力测验”材料进行测查，该材料由三部分组成：找同义词测验、数学推理测验、语言类比测验。测试结果得出相关

① ［苏］B. R·列乌杜斯等. 小学作文教学心理学［M］. 上海：文心出版社，1991：42—43.

的结论：男女生的语言能力无显著差异，语言能力发展速度男女生几乎相等。我国台湾省心理学家杨国枢认为，性别与年龄对语言发展的影响是互动的，即性别差异的关系依年龄而定。如果混合分析，则很少发现差异。另一位学者谭天瑜在研究台湾小学生的语言行为与性别的关系时亦发现，男女生在语言编码、句子的组织层次、语意表达程度、语句结构、修饰词的总字数等方面均无显著差异。他指出，就现代儿童所处的语言环境看，过去女孩发展所以较优是因为与母亲的接触机会多，受母亲早期语言训练的机会多。现在由于大众传播工具、娱乐工具的增多，特别是电视的影响，加上母亲外出工作的家庭越来越多，女孩已失去了接受此种训练的条件，使两者的差异不复存在。①

归纳各种观点，大多数研究仍倾向于认为女性的语言能力占优势，这与我们日常生活中的感受是一致的。

专栏 2-2　空间能力的性别差异

一群朋友到陌生的城市旅游，常常是男孩子带领大家走东走西，女孩子安静地跟着。平时，一些女孩子也常感叹自己的方位感差。这是为什么呢？难道是男孩子更聪明？女孩子记忆太差了？

其实，男女空间能力的差异是普遍存在的。从进化的角度就可以解释这种差异。有研究者(Silverman，et al，，2000；Silverman & Eals，1992)提出空间能力的狩猎者-采集者理论。认为男性专司狩猎而女性专门采集，因此，男性和女性各自擅长的是相应的空间能力。具体而言，男性狩猎，需要到很远的地方寻找猎物，还要在狩猎之后找到回家的路，否则就无法生存下来，所以男性在辨别方向、解读地图和心理旋转方面的能力更强；女性采集果实，需要更强的“空间方位记忆”能力，以便更好地记住果实的具体位置，并在不同的成熟季节采集不同的果实。

研究者(Silvermall & Phllips，1998)的很多研究也证实了男性和女性的空间能力差异。女性在涉及方位记忆和物体排列(见下图)的空间任务上表现得比男性更好，在定位记忆测验中的成绩也更好。研究者假设这种性别差异的存在，是由于女性拥有一种用于采集的适应器，这种优势记忆能力还扩展到不常见的和不熟悉的没有言语标记的物体上。

相反，男性在一些需要心理旋转和辨别方向的空间任务上表现更出色。在一项实验中，研究者带领被试穿过一块陌生的丛林，途中路经一条蜿蜒曲折的小道。研究者在途中不时停下来，让被试说出目前自己的所在位置(与出发地点相对的)；之后，又要求被试返回出发地点，且必须走最直的线路。结果表明，男性的表现普遍更胜一筹。

---

① 余谋悦．差异心理学[M]．上海：上海教育出版社，1994：159—160．

{摘编自D.M·巴斯.进化心理学：心理上的新科学(第二版)[M].熊哲宏译.上海：华东师范大学出版社,2007：102.}

2. 性别差异归因

20世纪70年代,美国芝加哥大学杰瑞·赛里在研究中发现两性的大脑在特性和能力方面存在差异。①

(1) 结构方面的差异

男性左半球灰质(薄的皮层覆盖物)的比例显著高于女性,女性左右半球灰质的比例相当(Gur等,1999)。男性大脑皮层有更多神经元,女性的神经元之间有更多连接(Rabinowicz, Dean, Petetot, and de Courten-Myers,1999)。大多数男性和女性的语言区都在左半球,但女性在进行语言加工时,其右半球也有明显的激活。

(2) 表现方面的差异

女性在速度感知、口语流畅性、客体定位(序列的)、辨别物体特定属性、精巧的手工任务和算术等方面比较好。男性在空间任务,如三维物体的心理旋转、目标导向的动作技巧、复杂图形中的测点定位和数学推理等方面比较好。在情绪回忆方面,女性比男性更多地使用边缘系统。女性在判断不同的情绪类型方面也比较好。大量关于青少年的心理测验表明,男孩在数学、科学、社会研究方面的得分比较高,女孩在阅读理解、速度感知、事实和概念等方面的记忆比较好。男孩的得分差距很大,而且他们的写作得分显著低于女孩(Hedges和NoweH,1995)。各种研究都告诉我们,女性更多呈左半球优势,男性更多呈右半球优势。

(3) 差异形成的原因

下面的几种理论对这种差异进行了解释。

1) 激素理论。这种理论认为,激素、睾丸、雄性激素等,影响着不同性别的脑的发育。睾丸激素似乎延迟了男孩左半球的发育,于是女孩比男孩使用左半球更

① [美] David A. Sousa.脑与学习[M].“认知神经科学与学习”国家重点实验室脑与教育应用研究中心译.北京：中国轻工业出版社,2005：132—133.

早，男孩被迫更多地依靠右半球。个体早期受到这些激素的影响似乎导致他们脑的其他功能（比如语言获得和空间感知等）也永久性被改变了（Kimura，1992）。在青春期阶段，激素的再次作用使青少年的心理进一步得到重组，同时这个阶段他们还面临着产生的各种社会压力并伴随着自身情绪的调整。

2）自然选择理论。这种理论认为随着人类在自然选择过程中的不断进化，人脑特征也受到影响。数千年来，男女的劳动分工是非常明确的。在很早以前，男人负责集体外出狩猎、制造武器、抵御外来的掠夺者或野兽对自己部落的侵犯；女人则负责照顾家庭、抚育后代、准备饮食、缝制衣服等。这些特定的分工需要男人和女人用不同的大脑功能来完成。男人需要更多的线路识别能力、空间辨别能力和寻找目标的技巧；女人则需要更多的精细运动能力、时间管理技巧以及操持家务能力。履行好了各自任务的男人和女人们幸存下来，并且将他们的基因传递给了他们的后代。与此同时，新的基因组合最终导致了大脑结构以及身体其他部分的改变，从而形成性别特异化。

3）环境理论。该理论强调两性发展过程中的不同方式及其与环境之间的交互作用的共同影响。首先，对婴儿感觉的研究表明，不同性别的婴儿感觉的灵敏性发展不同。女婴的听觉和触觉（由左半球控制）发展得更快，而男婴的空间感觉（右半球控制）发展得更快。第二，父母倾向于以不同的教养方式对待男婴和女婴。第三，男孩与女孩在6～12岁的成长过程中，他们在课外时间里所进行的活动完全不同。女孩多在室内度过。在这种结构性的环境中，女孩通过电视和广播接触到了更多语言刺激。而由于家里的钟表、大众传媒或其他家庭成员相继回家，她们会对时间有更多的意识。心理学家认为，这样的环境促进了左半球的加工。另一方面，男孩们更多地在户外度过。在这些非结构性环境中，男孩更多地依赖空间（方位）而非时间；设计自己的游戏；在游戏中主要运用视觉的技巧而不是语言技巧；他们很少使用语言，仅仅在与完成任务有关时才会用到。这些行为促进了大脑右半球的加工。

从理论以及事实来看，我们不应将天性和教养对立起来思考，而是应该将这两方面的关系看做是循环的。遗传因素影响行为，而在儿童生长发育过程中行为影响基因功能的发挥。因此天性和教养两方面综合起来才导致了男性和女性在学习过程中不同的优势。环境因素导致男性和女性的脑在生长早期就以不同的方式并贯穿于形成期阶段，导致在学习和其他活动中的不同优势。

二、个体差异

19世纪下半叶，英国学者弗朗西斯·高尔顿（Francis Galton，1822－1911）创立了差异心理学。100多年来，心理学视野中与学习活动相关的个体差异变量，主要有能力、智力、兴趣、动机、气质、性格、学习风格和能力倾向八项。

(一) 个体差异概述

1. 个体差异和个性

个体差异也称个别差异,可以理解为学生个体之间存在的,影响学生学习结果的比较稳定的品质,通常用和学习关系密切的能力倾向来表示。与此概念相关的词语是"个性"(personality),个性是区别个体的重要标志,也是个体所表现出来的与众不同的心理特征和精神面貌的总和。个性既代表一个人所具有的一定意识的倾向性,表现为个体的兴趣、爱好、需要、动机、意志、信念等不同,还体现了个体在人与人之间的能力、气质、品德、性格等方面存在的个别差异。① 据此,"个性"一词的内涵和外延都比"个体差异"来得宽泛,个体差异是个性的学习差异。

2. 个体差异的表现形式

学生的个体差异多种多样,有些对学生的学习影响不大,有些则直接影响学习进程和效果。影响学生学习的主要差异有以下四类:准备差异、兴趣差异、智力差异和学习风格(learning style)差异。

(1) 准备差异

准备差异是指学生掌握的,与新学内容相关的已有知识、技能和经验背景的多少。如学生要学习20以内的进位加法,这与他/她先前所学的个位加法知识掌握程度密切相关。

(2) 兴趣差异

兴趣差异是指不同的学生在同一学习活动中,所产生的一种力求认识世界、渴望获得知识,并带有强烈情绪色彩的心理倾向的强弱。比如,有的学生企盼上英语课,总希望英语教师对西方语言文化讲得深一点,课外经常阅读原版英文小说;而有的学生就盼着不上英语课,不背单词,不练听力。这就是学生对英语学科上的兴趣差异。

(3) 智力差异

智力是以思维力为核心的观察力、记忆力、思维力、想象力和注意力的有机结合,常用智商(IQ)来反映。智力差异既表现为"智力水平"的差异,比如传统智力测验测得的智商的高低;又表现为"智能结构"的差异,即学生各种智力成分以不同的方式组合在一起,形成结构上的差异。

(4) 学习风格差异

学习风格的差异是指学生持续一贯的、带有个性特征的学习方式和学习倾向的不同。如有的学生喜欢听老师滔滔不绝地讲课,他觉得听老师讲更容易理解和记忆;而有的学生则喜欢通过阅读文字和图片来获取知识,这是两者感官偏爱的

① 史爱荣. 教育个性化和教学策略[M]. 济南:山东教育出版社,2001:4.

差异。

上述差异对学生学习的不同方面产生不同的影响。学生的“准备差异”对学习活动起根本性的影响；“智力差异”决定了学生的学习速度；“兴趣差异”影响学习过程中的坚持性和努力程度；“学习风格差异”对学生参与和调节学习活动起作用。“准备差异”和“兴趣差异”是教师较熟悉的学生差异表现。下面就“智力差异”和“学习风格差异”展开论述。

（二）智力水平和智能结构

心理学史上有关智力的研究成果丰厚：1904 年斯皮尔曼的双因素论、1938 年瑟斯顿的群因素论、1949 南伯特和弗农的层次结构模型、1967 年吉尔福德的三维结构模型、1971 年卡特尔的流体智力与结晶智力、1983 年加德纳的多元智力理论、1996 年珀金斯的真实智力以及 1997 年斯滕伯格提出的成功智力理论等。各种理论流派给予我们如下启示：

（1）智力既受遗传因素的制约，也受后天环境的影响；

（2）智力具有一般性，又具有多元性和特殊性；

（3）个体智力差异可以表现为智力水平的差异和智力结构的差异。

学生智力差异主要表现在两个方面：一是智力水平的差异，表现为智商的高低；二是根据加德纳、斯藤伯格等提出的多元智力理论，表现为智能结构（profiles of intelligence）上的不同。

1. 智力水平差异

智力水平差异一般可通过智力测验的智商（IQ）数的高低来表示，常用的智商量表有斯坦福-比奈智力量表、韦克斯勒儿童智力量表（Wechsler Intelligence Scale for Children，WISC）。韦氏量表是美国心理学家大卫·韦克斯勒（D. Wechsler）编制，1949 年出版的，是继比纳量表之后，世界上应用最广泛的个人量表之一，其适用对象是 6～16 岁的少年儿童。1974 年韦克斯勒发表了韦氏儿童智力测验的修订本。中国心理学家林传鼎、张厚粲在 80 年代初主持了韦氏儿童智力测验中文版研究。

大量研究表明，人类智力分布呈正态分配，即两头小、中间大。智商数高于 130 的人数占 2.28%，低于 70 的人数也只有 2.28%；68.2%的学生智商数在 85～115 之间，智商数介于 70～85 的人数占 13.59%，智商数介于 115～130 之间的也占 13.59%。

学生智商与学科知识成绩的相关性研究表明：智商数与他们在学校里的学业成绩的一致性存在中等相关，相关系数大致为 0.53。伯特（C. I. Burt）的学科成绩与智商的研究结果如下。

表 2-6 学科成绩与智商关系①

学 科	作文	阅读	算术	缀字	书写	手工	图画
相关系数	0.63	0.56	0.55	0.52	0.21	0.18	0.15

Payne (1963)研究发现,五年级和二年级的阅读成绩相关系数为+0.75;布卢姆综合多位学者的相关研究得出以下的结论:二年级与十二年级的成绩相关为+0.60;六年级与十二年级的成绩相关为 0.78;十年级与十二年级的成绩相关为 0.90。即三年级以后就可以预测出 70%的十二年级的成绩。

(1) 智力超常学生在学习中的表现特点

1) 求知欲强,兴趣广泛。

2) 注意力集中,能较长时间全神贯注地从事紧张的学习或其他活动。

3) 观察力特别敏锐,且能发现一般儿童很难发现的问题。

4) 记忆力强,善于在理解基础上进行记忆。

5) 思维敏捷,理解力强。善于掌握事物本质,抓住问题的关键。

6) 富有独立性和创造性。他们不迷信教师和书本,常有自己独立的见解,喜欢用新的方法解决问题。

7) 强烈的好胜心和顽强的意志。他们往往充满自信,在各项活动中争强好胜,富有进取心,为了达到预定目标,能克服种种困难,表现出坚毅顽强的意志品质。

(2) 轻度的智力低下学生的特点表现

1) 知觉方面。知觉速度慢,范围狭窄,内容笼统、贫乏。

2) 记忆方面。识记缓慢,遗忘快,再现不正确。

3) 言语方面。言语出现较迟, 发展慢,词汇贫乏,意义含糊,缺乏连贯性。

4) 思维方面。即思维带有很大的具体性,只能认识客体的表面特点, 缺乏概括能力,很难形成抽象概念,数的概念差, 计算困难。

2. 个案分析

这是一个进入小学读书刚两个月的女生,用韦克斯勒智力量表测量后的数据报告。

整个量表分言语量表和操作量表两部分,包括常识、类同、算术、词汇、解释、背数、添图、排列、积木、拼图、译码、迷津等 12 个分项测验。

(1)“常识”。主要测试一般常识性知识的广度、一般学习能力、对学习材料的记忆以及对日常事物的认识能力。

(2)“类同”。要求说出每对事物的相同点,主要测量逻辑思维和抽象思维能力。

① 华国栋. 差异教学论[M]. 北京:教育科学出版社,2001:16.

韦克斯勒儿童智力量表（WISC—R）
测验结果报告单

学校 大附小　班级 一(2)　学号 45　教师评定____

姓名		性别	女	主试	赵军秋
智力分数和等级	言语智商分数等级 中上(聪颖) 操作智商分数等级 中上 总体智商分数等级 中上			年 月 日 测验日期 1998 11 2 出生日期 1992 7 24 实际年龄 6岁 3月 8天	

测验结果　智力剖面图

语言测验	常识	类同	算术	词汇	理解	背数	操作测验	填图	排列	积木	拼图	译码	迷津
	11	13	10	12	13	9		15	8	11	18	9	19

图 2-8　儿童智力测验结果报告单

(3)“算术”。主要测量运算技巧、数学推理、解决问题、记忆及抗分心的能力。

(4)“词汇”。测量言语理解能力和言语发展水平，也能了解被试的知识范围和文化背景。

(5)“理解”。主要测量运用常识解决问题的能力和普通常识，以及理解、判断和言语表达能力。

(6)“背数”。包括顺背和倒背，测量短时听觉记忆能力和注意力。

(7)“填图”。要求被试指出图中缺失的部分，主要测量视觉敏锐度、视觉再认和辨认能力，以及区分重要特征与不重要细节能力。

(8)“排列”。要求被试按事情发展顺序重新排列图片顺序，主要测量对结果的预期和时间序列化概念，以及直觉组织、言语理解能力。

(9)“积木”。要求被试按呈现的图案拼摆积木，测量把整体分解成部分的能力、知觉组织和视动协调能力。

(10)“拼图”。要求被试把一套切割成几块的图形板拼成一个熟悉物体的完整画面。主要测量把整体与部分关系和直觉组织能力，以及灵活性和视动协调能力。

(11)“译码”。要求被试按所给的数字与对应符号的样例，尽快在每个数字下填上相应的符号。测量抄写速度和精确度，短时记忆与视觉能力、一般学习能力和抗分心的能力。

(12)“迷津”。要求被试用笔从迷津图的中央向出口画出路径。测试视觉搜索、预见及知觉能力。

从上面的数据报告的点图发现,该生填图、拼图、迷津三项得分较高,尤其是迷津获得最高分;而背数、排列、译码处于平均数之下。从各分项测验来看,该生抽象概括能力、语言表达能力、理解与判断能力属中上水平;观察力、计划能力、空间推理及视觉组织能力和视觉与动作协调能力较突出;但是短时记忆、心算能力以及注意力稍欠缺。

这里的短时记忆、心算能力和注意力欠缺是先天素质因素在起较大的作用。在随后的小学生活中,也证实了这些差异的存在:该生怕记知识,如识记生字字形;不喜欢数学学科,尤其是做听磁带口算练习;回家做作业时很分心。显然,这些先天差异对学生最初的学校学习会产生极大的影响。

3. 智能结构差异

学生的智能差异在加德纳看来,是每个学生智力强项的不同,每个学生多元智能组合的不同,表现出个体间的智力差异。每个学生都或多或少拥有不同的八种多元智力,加德纳强调所有的人都具有八种智能:语言智能、数理逻辑智能、视觉空间智能、音乐智能、身体运动智能、人际关系智能、自我认识智能、自然智能。在不同的情境下运用每一种智能,则每一种智能都可以发展。但是,在实际生活中没有哪种智能可以单独存在,各种智能往往以错综复杂的方式相互交织在一起,共同发挥作用。而且,大多数人只在一两种智能上表现特别出色。不同智能组合是人与人之间存在差异的主要根源。学生各种智能成分以不同的方式组合在一起,就形成了智能结构上的差异。

上文中进入小学读书刚两个月的女生,用韦克斯勒智力量表测量后的数据报告,若以多元智能理论加以分析,可以发现该生视觉空间智能占优势,所以在填图、拼图、迷津三项能得高分,尤其是迷津;而数理逻辑智能较弱,所以在背数、排列、译码项目表现较差,处于平均数之下。据 12 年的跟踪调查,该生从小学四年级起出现数学学科学习障碍;初中和高中 6 年学习期间,数学成绩难以达到及格水平。初中毕业考取美术特色高中,最后参加艺术类高考,考取美术专业的本科,但高考时满分 150 分的数学学科只考了 68 分。可见,学生智能的优势、劣势对学科学习影响较大。

专栏 2-3　课堂上的智能检测

多元智能理论有助于我们了解学生学科优势和弱势,并有针对性地进行教学。但目前心理学界尚未有全面、详细检测学生多元智能的工具,评价学生多元智能最好的办法是课堂观察。此外,可以查阅学生成绩单、评语,和家长交谈,和学生聊聊，甚至依据多元智能理论设计一堂课，分别采用下表中八种不同的方式，记录每个学生对每项活动的不同反应获得相关信息。下表条目并非测验项目，但可以帮助教师收集学生多元智能信息。

课堂上评价学生的多元智能量表

学生的名字____________

测验项目

语言智能

____比同龄人平均写作水平高
____能够讲笑话和故事
____对姓名、地名、日期和琐碎的事情有较好的记忆力
____喜欢文字游戏
____喜欢读书
____能准确地拼写单词（如果是学龄前儿童，拼写能力比同龄人发展得快）
____欣赏韵文，讲绕口令等
____喜欢听讲话（如故事、广播中的评论、谈论、书籍等）
____有相当多的词汇
____与别人交流有较高的口头表达能力

数理逻辑智能

____询问许多事物是如何工作的问题
____喜欢用数字工作和玩耍
____喜欢数学课（如果是学龄前儿童，喜欢数数和用数字做其他游戏）
____对数学和计算机有兴趣（如没有计算机，喜欢其他的数字或科学游戏）
____喜欢玩国际象棋、跳棋或其他的战略游戏
____喜欢游戏迷宫或谜语（如果是学龄前儿童，喜欢听有逻辑而无意义的事情）
____喜欢给事物分类、分层次或其他的逻辑形式
____喜欢在科学课上或课外做实验
____对与科学有关的课程有兴趣
____较好地完成逻辑思维的皮亚杰评价

视觉空间智能

____清晰地描述可视的形象
____阅读地图、表格、图表比文章容易（如果是学龄儿童，比较喜欢看图表）
____喜欢幻想
____喜欢艺术活动

____擅长绘画

____喜欢看电影、幻灯或其他可视的表演形式

____喜欢走迷宫或可视的活动

____喜欢建造三维的建筑物(像乐高建筑)

____阅读时,从图片中获得的信息比文字多

____喜欢在书上、布上或其他材料上绘画

身体运动智能

____在一至两项运动项目上有特长(学龄前儿童表现出比同龄人超长的运动能力)

____在一个地方坐久了,会表现出好动、敲打、烦躁等现象

____喜欢模仿人们的姿态和行为

____喜欢拆拼东西

____把所有他看到的东西都摸一遍

____喜欢跑、跳、投或其他活动(或如果是大一点的孩子,他们会在受限制的地方显示这些爱好,如在教室里跑来跑去、跳越椅子)

____手工娴熟(例如木工、缝纫、机械)或在其他方面有较好的活动协调能力

____以戏剧化的形式表达自己

____在思考工作时,有不同的身体感受

____喜欢用身体和触觉经验工作(例如手指画)

音乐智能

____当音乐走调或在某方面受到干扰时会提示你

____对歌曲有很好的记忆力

____有很好的嗓音

____能够演奏乐曲或在唱诗班、合唱团唱歌

____说话或动作有节奏感

____工作时有节奏地敲打桌子

____对周围环境中的噪音有敏感性(如雨击屋顶的声音)

____当音乐响起的时候,有喜悦的感觉

____哼唱在课外学的歌

人际关系智能

____喜欢和同伴进行社会活动

____感觉像天生的领导

____给有问题的朋友提出建议

____看起来有创造力

____是某个俱乐部、委员会、组织或非正式团体的成员

____喜欢教其他的孩子

____喜欢和其他孩子玩游戏

____有两个或更多的亲密朋友

____对他人有同情心

____他人把他(她)当做伙伴

自我认识智能

____独立性强或有主张

____对自己的能力和弱点有自知之明

____独立学习和娱乐时做得更好

____采用与他人不同的学习和生活方式

____不喜欢说太多自己的兴趣和爱好

____有很好的自我方向感

____更喜欢一个人独立地工作

____能正确地表达自己的感受

____能够从他人的成功和失败中吸取教训

____有较强的自尊心

自然智能

____较多地谈论喜爱的宠物和喜欢的自然风光

____喜欢到大自然中旅行,如去动物园或自然博物馆

____对自然事物有敏感性(如在室外散步,会留意山脉、白云;在郊区,会注意到当地的流行文化,像运动鞋的样式以及汽车的款式)

____在教室里喜欢水和植物

____喜欢去沙鼠笼、水族馆、动物饲养所

____对学习生态学、自然、植物和动物有兴趣

____在课堂上为动物的权利和保护地球呼吁

____喜欢与自然有关的活动,像观察鸟、蝴蝶或收集昆虫,研究树木和小动物

____把花、叶子或其他的生物带到学校与同学和老师分享

____较好地完成与生物有关的课题(如科学中的生物课题、社会学中的环境课题等)

{摘编自[美]Thomas Armstrong．课堂中的多元智能——开展以学生为中心的教学[M].张咏梅等译.北京:中国轻工业出版社,2003:38—42.}

(三) 学习风格

学习风格(learning styles)是学生持续一贯的带有个性特征的学习方式,是学习策略和学习倾向的总和①。有关学生学习风格的理论观点很多,表述也不同,但纵观这些理论,可以发现实质性的共识。

1. 学习风格界定

学习策略是学习者为了提高学习的效果和效率,在学习活动中用来保证有效学习的规则、方法、技巧及其调控措施。其中一些特定的步骤就是学习方法。学习倾向是每个学生在学习过程中表现出来的不同偏好,包括学习情绪、态度、动机、坚持性以及对学习环境、学习内容等方面的偏爱。

有些学习策略和学习倾向会随着学习环境、内容的变化而变化,有些则表现出一贯性。那些具有一贯性的学习策略和学习倾向就是学习风格,如:有的学生喜欢一个人独立阅读文学作品,若让他在图书馆和他人一起看书,会觉得难以集中注意力。有的学生考前复习阶段喜欢和他人一起讨论学习,觉得这样有助于理解和记忆。有的学生即使独自学习时,也要求周围环境绝对安静,家人不许看电视、交谈;而有的学生却喜欢在背景音乐中学习,如听着音乐抄课文、练字。有的学生认为自己清晨背课文效果最好;而有的则喜欢在晚上或深夜临睡前背课文。有的学生即使对数学学科兴趣不大,但也能在喧闹的教室里坚持认真、仔细地做习题;而有的学生虽然对语文学科兴趣浓厚,但是听到他人高谈阔论时,他必定会停下正在写的作文,参与其中。针对诸如此类的现象,1954 年哈伯特·塞伦提出了"学习风格"(learning style)的概念,至今中外研究者从不同角度进行了多种理论建构。

2. 学习风格分类

科尔布(Kolb)提出了发散型、同化型、聚合型、顺应型四种类型的学习风格。邓恩夫妇(Dunn R & Dunn K)提出影响学习风格的因素原理。格拉沙(Grasha)和里奇曼(Riechmann)鉴别出三个有关学习风格的两极维度:参与式与回避式、合作式与竞争式。格里乔克(Gregorc)提出具体序列型、抽象序列型、具体随机型、抽象随机型四种根本不同的风格。席尔瓦(H. F. Silver)和汉森(J. R. Hanson)根据荣格提出的心理类型学理论,提出了以过程为导向的学习风格模式理论:感官-思考型、感官-感受型、直觉-思考型、直觉-感受型。

科恩和韦佛从感知方式、认知方式和个性特点几方面对学习风格做了分类,并提出相匹配的学习策略(见表 2-7)。

① 谭顶良.学习风格与教学策略[J].教育研究,1995(5).

表 2-7　学习风格列表[①]

(一) 感知方式		
类　　型	学习者的特点	应选择的学习策略
A. 视觉型	喜欢图形、图表、图片等；喜欢阅读	使用卡片、录像和其他的视频辅助
B. 听觉型	喜欢听讲座、录音和谈话等	创造机会听讲座，参加讨论
C. 动觉型	喜欢通过借助别人的演示来学习；喜欢通过绘画和模仿来学习语言	寻找实践的机会理解语言和文化(如通过非言语交际的方式交流)
(二) 感知方式		
类　　型	学习者的特点	应选择的学习策略
A. 整体型	善于抓住大意，即使遇到不认识的词汇或不懂的概念也能很好地进行交流	学会理解听力或阅读材料的大意，懂得细节并不妨碍理解整体意义
B. 细节型	需要通过具体的例子才能完全理解；注意具体的事实和信息；善于记忆新词和短语	意识到关注细节对理解很重要，练习“填充缺失信息”等活动
C. 综合型	善于发现和归纳要点；喜欢猜测意思，预测结果；能够很快发现事物间的相似点	学会归纳大意、猜测意思和预测结果，发挥整合信息的能力
D. 分析型	喜欢思考和分析；喜欢做对比分析和排除法的练习；对社会情感因素不敏感；关注语法规则	做分析性的练习，参与逻辑分析和语言对比的任务；寻找一本好的语法书来帮助学习
E. 尖锐型	在记忆的过程中善于发现项目之间的差异；分开储存项目，分别提取项目，能够区分语音特征、语法结构和词义的细微差异	在最开始接触学习材料时，留出足够的时间
F. 齐平型	分块记忆材料，往往忽略它们之间的差异而更多地注意相似点；在社交情境中经常为了提高流利程度而忽略差异；经常会混淆记忆，把新的经历与以往的经历结合	多进行交际，不必在意语言和结构的细微差异；注意某些好的表达方式
G. 演绎型	喜欢由一般到具体的方式，把结论应用到实践中；愿意从规则和理论入手，而不是从具体的例子入手	利用语法和其他规定了规则的学习材料；找到能给自己解释规则的学习伙伴
H. 归纳型	喜欢由具体到一般的方式，从具体的例子而不是从规则和理论入手	通过直觉学习规则，不关心具体细节
I. 场独立型	能够同时注意语言的细节和整体，而不受它们的干扰；善于同时处理多个语言部分	参加需要多种检测手段的任务

① 韦洪涛. 学习育心理学[M]. 北京：化学工业出版社，2011：160—161.

续表

类　　型	学习者的特点	应选择的学习策略
J. 场依赖型	需要一定的情境来帮助理解信息,因此只关注语言的某一部分或方面;同时处理语言的多方面特征会有一定困难	参加一次只关注几个概念的活动或任务
K. 冲动型	加工材料的速度快,但准确性低;愿意冒险和猜测	创造一些即兴表达的机会
L. 思考型	加工材料的速度慢,但准确性高;避免冒险和猜测	参与"冒险性"的活动,如口语等
(三) 个性特点		
类　　型	学习者的特点	应选择的学习策略
A. 外向型	对外部世界感兴趣,积极,善于交际,性格外向,通常兴趣广泛	参加一系列社交的、互动的学习任务(如游戏、对话)
B. 内向型	对内部世界感兴趣,能够集中注意力,善于理解概念;兴趣较少,但是精通,善于自我反思	参与独立完成的任务(如自学、阅读或使用电脑学习)或者是与另一个比较熟悉的学习者完成活动
C. 随机-直觉型	喜欢学习抽象的概念和建构模型,面向未来;爱推测可能性,喜欢随机的方式	参与面向未来的活动,如推测可能性
D. 具体-程序型	喜欢按部就班地学习,严格按指令办事,有很强的感性和程序性,面向现在	按步骤完成任务,在完成每个步骤后从同伴、教师那里得到反馈信息
E. 封闭型	愿意做决定和采取行动;能制订并且遵守计划;有很强的控制力;对歧义的容忍度低;经常为了尽快找到答案而妄下结论;重视时间期限	事先计划,确定时间期限。接受特定的指导,多问问题
F. 开放型	善于收集信息;通常在广泛地获取信息和经验的基础上才下结论;认为学习是愉快的;有很强的灵活性,对歧义的容忍度高;不关心规定的时间期限	寻找和发现学习的机会和收集信息的机会

3. 学习风格的特点

虽然各种理论视点不同,表述也不同,但有实质性的共识。认为学习风格具有如下特点:

(1) 独特性

学习风格是在学生个体神经组织结构及其机能基础上,受特定的家庭、教育和社会文化的影响,通过个体自身长期的学习活动而形成,具有鲜明的个性特征,因人而异。比如说,我的学习风格肯定是我的,别人不能模仿。

（2）稳定性

学习风格是学生在长期的学习过程中逐渐形成的，但一经形成，就具有持久稳定性，很少因学习内容、学习环境的变化而变化。比如说，我的学习风格是习惯于晚上在明亮的灯光下，周围环境是安静的，一个人独自学习，并且习惯于对学习材料先整体感知，再具体分析。那么，在任何情况下，我的风格都不会轻易改变，读小说是整体阅读，再仔细品味；同样，看到数学题，也是整体把握，看它三遍五遍再说。

（3）兼有活动和个性两种功能

学生的个性特征本身对学习的影响是间接的，它们都必须通过一定的媒体作用于学习过程，充当这一媒体的正是学习风格。学生用他个性化的学习风格去学习，既能使学习顺利进行，又能保证整个学习是个性化的、独特的。

4. 学习风格的构成要素

美国纽约圣·约翰大学学习与教学风格研究中心主任邓恩夫妇，有关学习风格构成因素原理是探讨中小学生学习风格的一个重要的分析框架，具有较强的普适性。他们从环境、情绪、社会、生理、心理五个维度对学习风格的要素进行分析（见表 2-8）。

表 2-8　邓恩学习风格要素及学习者表现[①]

维　度	具体要素	学习者表现
环境	声音	学习者对背景音乐的要求—是喜欢安静，还是有背景声音；
	光线	学习者对照明程度的要求—是喜欢柔和的，昏暗的还是明亮的；
	温度	学习者在学习或活动时对温度的要求；
	坐姿	坐姿与学习者所处环境及陈设有关—是喜欢正式的桌椅，还是非正式的环境及陈设。
情绪	动机	学习者学习的动机是内部驱使—是对同伴交往感兴趣而学习，还是出于成人的反馈；
	坚持性	学习者在某项任务上的注意持久性—是喜欢把任务一件件做完，还是同时开始做多项任务；
	责任	开展任务时是否需要成人的少量监督、指导和反馈—是独立完成任务，不需要成人任何监督、指导和反馈；还是需要成人及时的反馈和指导；
	学习内容的组织程度	喜欢组织良好的学习活动（被具体地告知如何进展），还是喜欢只提供目标的活动（由自己决定达习目标的过程步骤）。
社会	自我	喜欢单独行事；
	结伴	喜欢有同伴；
	同伴，团队	喜欢作为团队里的一员参加活动，喜欢和小组在一起；
	成人	喜欢和家长/教师等成人一起开展任务；
	多样性	喜欢程式化的任务，还是过程不确定的任务。

① 刘儒德．学习心理学[M]．北京：高等教育出版社，2010：332—333．

续表

维　度	具体要素	学习者表现
生理	感知觉 摄食 时间 活动	通过视、听、动觉来学习，对呈现的材料也有不同偏好； 喜欢在学习的时候吃零食/饮料/嚼口香糖； 对一天中不同时间段的偏好； 开展某项任务时，是偏好静坐着，还是需要不停起身、运动。
心理	分析与综合	关注任务整体的意义、结果和大图景，还是关注细节，把细节组合起来理解大图景。
	大脑左右半球	倾向左脑的是分析型的、偏好相继任务的学习者；倾向右脑的是统揽型的、偏好同时进行多个任务的学习者。
	沉思与冲动	对思考速度的偏好—是偏好迅速做出决定，还是偏好在做决定前深思熟虑。

(1) 环境维度

环境维度是指向学生对学习环境的适应与偏爱。该维度包括声音、光线、温度和坐姿五个要素。

1) 声音。这是学生抵抗噪音的不同水平。有的学生需要安静的环境，一有干扰就会分心。有的学生在一些背景音乐下，学习效率比较高。还有的学生能够容忍一定程度的噪音，在嘈杂的环境中也能够集中注意力学习。

2) 光线。这是学生对光线强弱的不同要求。有的学生喜欢明亮的灯光，有的学生喜欢光线暗一点。

3) 温度。这是学生对环境温度的特殊要求。一般而言，适宜的温度有利于学习效率的提高，但适宜的温度是多少度则因人而异。

4) 坐姿。这是学生对环境设计的要求。有的学生偏爱正式的学习环境，如教室、图书馆、书房；有的偏爱非正式的学习环境，如厨房、客厅。有的喜欢坐在木制椅子上，而有的喜欢塑料、钢质的。有的喜欢在床上、地毯上、躺椅上学习。

(2) 情绪维度

情绪维度指向学生的学习动机、坚持性、责任心，以及对学习内容的要求。

1) 动机。有的学生有很强的成就动机，自觉、积极、主动地学习；有的则动力不足，缺乏主动性、自觉性。

2) 坚持性。有的学生能坚持不懈地做一件事，直到完成任务；有的则缺乏恒心，做事虎头蛇尾。

3) 责任心。有的学生愿意为自己的学习承担责任，有的则不愿意。有的比较顺从，别人让他做什么，他就做什么；有的则反叛性强，我行我素，不喜欢按别人的要求或指令做事，只做自己想做、喜欢做的。

4) 学习内容的组织程度。这是学生对学习内容的要求。有的学生希望教师能明确告知学习步骤；有的则喜欢教师只提供目标，不限定过程和步骤。

(3) 社会维度

社会维度指向学生学习的社会性。包括自我独立学习、同伴学习、与成人或其他不同的人一起学习等。

1) 学习小组。有的学生喜欢单独学习；有的喜欢和同伴一起学习。有的喜欢不出声音的独立思考，有的喜欢出声讨论。

2) 权威人物。有的学生喜欢没有权威人士在场的学习环境，有的则喜欢有公认的权威在场，并与他们一起学习。

3) 成人。有的学生喜欢和家长或老师一起开展学习。

(4) 生理维度

生理维度包括听觉、视觉等感官刺激的爱好，习惯性的生理反应、时间节律等。

1) 感知觉偏爱。面对环境刺激，不同的学生习惯于运用不同的感知觉通道做出反应。有的偏爱视觉，学习时以看为主，如阅读、看图表，他的大脑就像一台摄像机。有的偏爱听觉，如听演讲、讨论，他的大脑好像一台录音机。还有的偏爱触觉或运动知觉，通过做事、触摸、运动、亲身经历来学习，他就像一台发动机。一般可以通过下面的感觉偏爱测查表检测，该测查一般在学生从事长时间和复杂学习任务中才表现明显。

专栏 2-4　感觉偏爱测查表

指导语：在大多数情况下若同意下面的陈述，请在“A”上画圈，如果不同意则在“D”上画圈。要尽快回答每个问题，你的第一反应通常是最准确的。

1. 与听别人讲述相比，我更喜欢阅读故事。　A　D
2. 与听收音机相比，我更喜欢看电视。　A　D
3. 与记忆名字相比，我更容易记住面孔。　A　D
4. 我喜欢教室里有很多招贴画和图片。　A　D
5. 我很看重字写得好不好。　A　D
6. 我常常以图画的方式思考问题。　A　D
7. 我常常会因为丰富多彩的视觉图像或视觉运动而分心。　A　D
8. 我难以记住那些口头指导。　A　D
9. 与参加运动项目相比，我更喜欢观看体育比赛。　A　D
10. 我倾向于用书面文字的方式来组织我的思路。　A　D
11. 我的面部表情是我情绪的最好反映。　A　D
12. 与记忆面孔相比，我更倾向于记住名字。　A　D
13. 我喜欢演戏或其他类似的活动。　A　D

14. 我倾向于默读和出声思考。 A D
15. 我很容易被声音搞得心烦意乱或分心。 A D
16. 我容易忘记我所读的内容,除非我把它讲出来。 A D
17. 与看电视相比,我更喜欢听收音机。 A D
18. 我的字写得不好。 A D
19. 在遇到困难时,我会把它讲出来。 A D
20. 我会口头表达情绪。 A D
21. 与阅读某个主题相比,我更喜欢小组讨论。 A D
22. 与写信相比,我更喜欢打电话。 A D
23. 与看体育比赛节目相比,我更喜欢参与体育运动。 A D
24. 我喜欢去可以触摸展品的博物馆。 A D
25. 如果写字的空格变小的话,我的字会写得很糟糕。 A D
26. 我的心理图像常常伴随着运动出现。 A D
27. 我喜欢在户外运动,比如骑自行车、野营、游泳和滑雪等。 A D
28. 与记忆看过的或谈论过的事情相比,我做过的事情记得更牢。 A D
29. 在遇到困难时,我常常选择那些需要更多身体活动的解决办法。A D
30. 我喜欢做模型或其他手工艺品。 A D
31. 与阅读相比,我更喜欢做实验。 A D
32. 我的肢体语言是我情绪的最好反映。 A D
33. 如果我不把它做出来,我就难以记住口语指导。 A D

得分解释:

项目 1～11 中选择 A 的数量,这是你的视觉得分

项目 12～22 中选择 A 的数量,这是你的听觉得分

项目 23～33 中选择 A 的数量,这是你的触觉或运动知觉得分

如果你在某一方面的得分比较高,说明这种感觉通道是你的优势通道。如果你在某一方面的得分比较低,说明这种感觉通道可能不是你的优势。如果你在三方面的得分相当,说明在学习过程中,你可以使用任何感官。[①]

2) 摄食偏爱。有的学生喜欢边学习边吃东西,有的则不喜欢。

3) 时间偏爱。有的学生是清晨型,喜欢闻鸡起舞早读。有的是上午型,上午九点以后学习效率高;有的是下午型,一般从下午三点进入学习高峰;还有的是夜晚型,喜欢日落而作。

4) 活动偏爱。有的学生学习时,喜欢静坐一处;有的则相反,不时地起身走

① 谭顶良. 学习风格论[M]. 南京: 江苏教育出版社,1995: 22.

动、运动。

(5) 心理维度

心理维度指向学生认知方式，是对信息加工方式的偏爱。包括分析与综合、大脑左右半球、沉思与冲动等要素。

1) 分析与综合。分析型的学生具左脑优势，擅长分析和归纳。他们常常集中注意于一两个部分而无视其他方面。能将信息分析成部分，并善于找出相似性和差异性，这使得他们能够快速地进入问题的核心。综合型的学生具右脑优势，擅长整体思维方式。他们对情境有整体的看法，考虑当前情境时，能看到整体的“图景”。

2) 沉思与冲动。前者深思熟虑，后者思考速度快，能迅速做出决定。

三、学习差异与语文学习

以学习差异的视点看语文学习，我们应通过语文课程内容、教材内容和教学内容设计，以及教学实施方式的选择，关照不同学生的学习需求。

(一) 课程、教材、教学内容

1. 课程内容与学习差异

语文课程内容属于课程层面的概念，在课程标准中得到明确规定和表达，其终极目标就是学生语文课程的习得素质——语文素养。它具体描述了学生经过一个阶段学习后，在知识与技能、过程与方法、情感态度与价值观三个领域的学习结果。因此，课程内容具有法定的地位，不能轻易改变。课程内容应明确告知教师“教什么”，也告知学生“学什么”。

学生先天的素质、遗传素质，诸如短时记忆容量、注意力维持时间等，教育基本上是无法改变的。那么语文课程内容的制订，就应尊重人体的各种先天素质的限度，不要超越限度；也应关照学生先天素质的差异。课程内容应面向全体学生，以中等学生的水准为依据，不能随意提升语文课程标准的难度和量化要求，如识字量、阅读速度、单位时间的写作字数等。

2. 教材内容与学习差异

教材内容是教材层面的概念。课程内容通过描述学生的学习结果(即课程目标)来间接影响教材的编写；语文教材则是语文课程内容的具体化，是课程内容物化的过程。这个过程可借助各种手段或途径来完成，因此，体现语文课程内容的教材版本可以有多种。当下国内各种版本的语文教材具有共同的特性，即都凭借不同体裁和题材的选文和相关的学习活动来实现这个物化过程。这样，选择怎样的文章，编制怎样的学习活动就是教材层面研究的内容。教材内容是教师帮助学生达成语文课程学习目标——语文素养的媒介。

因为发展中形成的素质，对语文教育有一定的影响和制约，而语文教育却难以影响学生发展中形成的素质，所以语文教材应该适应学生发展中形成的素质。如，学生的智商差异是影响学生语文学习速度的重要因素之一，从理论上说，学校的语文教学应让IQ高的学生学得快一点，IQ低的学生学得慢一点。但我国现有的经济条件决定了学校大班教学形式一时难以改变，日常语文教学只能按中等水平设计教学内容、确定教学进度并加以实施。那么，语文教材在充分反映课程内容的同时，必须建立适当的补救措施：赋予教材内容以弹性，为教师对教材的自主开发提供开放的空间，如选文系统中划分必读课文和选读课文、学习活动区分必做和选做，以免语文拔尖学生受到压抑，学习速度慢的学生反复受挫。

3. 教学内容与学习差异

如果说语文教材内容是相对静态的、稳定的；那么教学内容就始终处于动态变化之中。从文本预设的角度而言，同一位教师对同一篇课文教学内容的设计，去年和今年就不同；从文本实施的角度而言，同一位教师在不同的班级实施过程中，教学内容也是可变的。因为教师对教学内容的创设必须满足教学情境和学生习得素质、发展中形成的素质的差异的需求。但是，教师教学内容的个别化创设不是随意的，是以课程内容为终极目标、学习差异为依据、教材内容为媒介、教学环境为条件的创造过程。

教师教学内容的预设要以多元智能观看待学生习得素质的差异。教学内容的实施更应考虑学生发展中形成的素质的差异，分层教学和分层评价、多元教学方法的运用，都有助于每个学生的语文素养尽其所能发展得最好。

综上所述，教师领会并准确把握课程内容，科学运用教材内容，个性化创设教学内容，可以实现课程、教材、教学不同层面的统整。这个统整的基点就是学生语文学习的差异。

（二）学习方式

适应学习风格差异的教学就应包括两个方面的内容：

(1) 采取匹配策略。采用与学习风格中的长处或学生偏爱的方式相一致的教学对策；如为了照顾自我学习、同伴学习的学生，课堂教学中可以提供学生选择学习方式：小组同伴学习、自主独立学习。

(2) 采取失配策略。针对学习风格中的短处进行有意识弥补的教学对策。从学生的角度而言，学生也应调整自己的学习方式、策略，以适应不同教学风格教师的教学。

针对以往我国中小学课堂讲授教学为主的教学现状，本次课程改革提出了：反对“听老师讲，跟老师学，把老师讲的、课本上写的记住，背熟。”这种是刻板的以记忆、重复为主的教学方式。要求根据不同学段学生的特点、不同的教学内容，采取合适的教学策略。并除了接受学习的方式之外，相应地倡导自主学习(self-regulated learning)、合作学习(cooperative learning)、探究性学习(inquiry learning)的学习方式。

学习方式(learning approach)是一个组合概念，若从学习的内在品质、获取知识的方式和学生学习的组织方式，这三个维度进行分类，学习可以分为：自主学习与被动学习；研究性学习与接受学习；合作学习与独立学习。

1. 自主学习

(1) 含义

自主学习是指学生自己主宰自己的学习，是与他主学习相对立的一种学习方式。自主学习可分为三个方面：一是对自己的学习活动事先计划和安排；二是对自己的实际学习活动进行自我监察、评价、反馈；三是对自己的学习活动进行调节、修正和控制。自主学习具有能动性、反馈性、调节性、迁移性、有效性等特征。[①] 从学习活动的整个过程来看，学习活动前，学生自己确定学习目标、制订学习计划、做好学习准备；学习活动中，学生对学习进展、学习方法进行自我监控、自我反馈和自我调节；学习活动后，对学习结果进行自我检查、自我总结、自我批评和自我补救。

(2) 心理学依据

班杜拉(A. Bandura)对自我调节行为进行系统研究。他的行为调节论认为，人对行为的自我调节主要包括三个过程：自我观察、自我判断、自我反应。

1) 自我观察。自我观察是个体对自身行为的某些方面的关注。人们的行为活动可能在许多纬度上发生变化，如质量、速率、社会性、偏常性等方面。依据自己的机制观和活动的重要性，人们会对自身行动的某些方面有选择地予以注意，忽视那些无关的方面。如一个对写作感兴趣的学生，即使当天作业很多，人很疲劳，他也会在准备参赛作文时，在内容、立意、结构上争取有新意，在文字的表达上反复推敲。一个在家娇生惯养的一年级学生，在家可能对家人没有礼貌、让家人理书包。可是到了学校，走进教室，他会主动向老师问好，自己整理书包。前者是学生在成就情境中，监控学习的质量、数量和创造性。后者是在人际情境中，监控自己行为的社会性和道德性。

班杜拉认为，自我观察是自我调节的基础。自我观察在自我调节过程中至少起两种重要作用：为确定现实的行为标准提供信息，为行为评价提供信息。成功的自我调节在很大程度上依赖于自我监控的精确性、一致性和时间上的接近性。自我观察要做到精确、可靠，需要个体把注意集中在行为的某些方面持久地进行监

① 董奇等. 论学生学习的自我监控[J]. 北京师范大学学报(社科版)，1994(1).

控。当有清楚的证据表明已取得进步时，自我观察能改善行为；但是，当进步的标志模糊不清时，自我观察对行为几乎没有影响。即时的自我观察提供连续的信息和自我评价的最好时机，使自我评价对正在进行的行为产生影响。但自我监控过程并不是对自身行为作出简单的、机械的核查。

2）自我判断。班杜拉认为，自我判断是个体以个体为自己所制订的标准为依据，或以他人的行为水平为参照；还可以社会规范为基准，对自身行为质量的做出判断：可奖励的或是可惩罚的。

人们如果拿成就较差的人作比较，积极的自我评价会增加；如果拿那些更具有天赋的人的成就行为作比较标准，积极的自我评价就会减少。学生易于采纳那些能力不太强、又满足于平庸表现的榜样的标准，或者采纳那些能力中等、其标准在自己能力范围之内的榜样的标准。学生会排斥那些高能力榜样的高标准，而对自己提出力所能及的要求。

自己以前的行为表现也常被人们当做评判行为的参照标准。因为，人们总是试图超越过去的成就，以追求进步的方式来寻求新的自我满足。因此，当人们获得成功后，会提高行为的标准。而重复失败后，则会降低行为标准，使之更接近现实的水平。

3）自我反应。班杜拉认为，个体根据对自身行为的观察和评判做出自我反应，是通过两个途径实现的：一是为自己的行动创设激励条件，二是通过与自身行为和内部标准的比较。这样，达到或超过了标准，就是可奖励的，产生自我肯定的体验。否则就是可惩罚的，会产生自我否定的体验。

人的自我激励主要通过动机来影响行为。当人们的自我满足或物质满足建立在某种成就行为之上：无论是对期望成就的预期性满足，还是对不能完成任务的预期性不满足，都能成为动力，令他付出必要的努力。自我激励物可能是实体性的结果，如安排自由支配时间、休息时间、娱乐活动或其他类型的与行为进展联系在一起的自我奖励。自我激励物也可能是自我评价性反应。

2. 合作学习

(1) 含义

合作学习尚未有统一的界定，美国明尼苏达大学合作学习中心（Cooperative Learning Centre）的约翰逊兄弟俩（Johnson, D. W. & Johnson, R. T.）认为“合作学习就是在教学上运用小组，使学生共同活动以最大程度地促进自己和小组成员的学习。”美国合作教育研究专家尼尔·戴维森（Davision, N.）认为合作学习的定义应当有七个要点。

- 小组共同完成、讨论、解决难题；
- 小组成员面对面地交流；

- 小组中的合作、互助的气氛；
- 个人责任感；
- 混合编组；
- 直接教授合作技巧；
- 有组织地相互依赖。

合作学习研究者有这样一些共识，那就是：合作学习强调课堂教学的组织构成是“学习小组”；小组成员的人际关系是“合作”；教学活动最基本的形式是“合作学习”。因此，美国学者大都同意，合作学习应包含五个主要内容。

1）积极互赖（positive interdependence）。必须给学生一个明确的任务和一个小组目标，以便于学生确信，他们“生死与共”。当小组成员确信在某种程度上，他们彼此是联系在一起的，一荣俱荣，一损俱损时，积极互赖就成功地构成了。

2）编组（team formation）。依学生的学习能力、性别、种族及社会经济背景等将学生分配到不同的小组中，彼此互相指导，互相学习。

3）责任制（accountability）。小组成员要对自己和组内其他成员的学习负责。

4）合作技巧（social skill）。在合作学习小组，学生要学习理论主题，也要学习人际关系和小组活动的技巧。

5）小组自审（group processing）。当小组成员分析他们的目标完成得怎样，有效的工作关系保持得怎样时，哪些成员的行为有助于目标的达成宜保持，哪些需调整时，小组自审就在进行之中。

（2）心理学依据

1）团体动力学原理。社会心理学的团体动力学（group dynamics）认为，教师的一切课堂行为都是发生在学生与同伴群体关系的环境中的。例如：一个学生按照教师的要求做出某种反应，在这样做的同时，这个学生清晰地意识到自己置身于同伴群体之中，受着这个群体中同伴的共同情感、态度和相互关系的影响。在课堂上，学生之间的关系比任何其他因素对学生学习的成绩、社会化和发展的影响，都更强有力。学生之间的关系是儿童健康的认知发展和社会化所必须具备的条件。事实上，与同伴的社会相互关系作用是儿童身心发展和社会化赖以实现的基本关系。①

社会心理学家们经过研究发现，学生-学生的之间的相互关系，对儿童和青少年的认知发展、社会发展和一般社会化发生影响，主要表现在以下七个方面：同伴关系影响儿童价值观、态度、能力和认识世界方法的社会化；同伴关系是儿童未来心理健康水平预报因子；同伴关系使儿童学会减少社会孤独感所必备的社交能力；

---

① 詹姆斯・H・麦克米伦. 学生学习的心理学[M]. 北京：人民教育出版社，1989：145.

同伴关系影响儿童是否在青春期会出现问题行为(如吸毒)的可能性;同伴关系给儿童提供了学会控制攻击冲动的环境;同伴关系影响性别角色同一性的发展;同伴关系影响儿童理解他人能力的形成;同伴关系影响儿童的教育抱负和学业成绩。

2) 社会互赖论。社会心理学流派的约翰逊兄弟将德徐(Deutsch,M.)的合作与竞争的理论拓展为"社会互赖理论"(social interdependence perspective)。社会互赖理论假设:社会互赖的结构方式决定着个体的互动方式,依次也决定着活动结构。积极互赖(合作)产生积极互动,个体之间相互鼓励和促进彼此的学习努力;消极互赖(竞争)通常产生反向互动,个体之间相互妨碍彼此取得成绩的努力;在没有互赖(个人努力)存在的情境下,会出现无互动现象,即个体之间没有相互影响,彼此独立作业。约翰逊兄弟明确地指出,教师在教学中可以构成三种目标相互依存的关系,合作的目标结构(目标之间是肯定的相互依存关系)、竞争的目标结构(目标之间是否定的相互依存关系)、个人主义的目标结构(目标之间无相互依存关系)。各种目标结构对于学生的学习成绩、适当的社会行为、认知发展、社会发展和一般社会化都有影响。而具体的影响各有不同。

在理想的课堂上,教师能适当地使用这三种目标结构,使所有的学生都学会怎样和其他同学合作地工作;怎样为利益和乐趣而竞争;又怎样独立地进行学习和工作。

3. 研究性学习

(1) 含义

研究性学习是指学生在教师的指导下,从自然现象、社会现象和自我生活中选择和确定研究专题,并在研究过程中主动获得知识、应用知识、解决问题的学习活动。[①] 国外尚未有与"研究性学习"相对应的术语,相近的学习概念有:布鲁纳的发现学习(discover learning)、问题的学习(problem-based learning)、项目学习(project-based learning,PLB)、探究性学习(inquiry learning)。这些概念虽然名称不同,但其本质上是同一种学习形式——基于问题的探究而进行的学习,与研究性学习基本相同。实质上就是一种以问题为依托的学习,学生通过主动探究解决问题的过程,也就是一种与借助教师或他人呈现问题、讲解问题、得出答案的问题解决过程相对的一种学习形式。

(2) 心理学依据

1) 巴娄斯(Barrows,1980)。在阐释了以问题为基础的学习及教学思想时,他指出:以问题为基础的学习是通过理解或解决问题所进行的学习。在这种学习过程中,个体首先面临的是问题,然后以问题为中心或诱因来选用问题解决策略、推

① 钟启泉等.基础教育课程改革纲要(试行)解读[M].上海:华东师范大学出版社,2001:130.

理技能，最终获取解决这一问题所需要的知识和技能。以问题为基础的学习包括自我定向的研究和把新习得的知识运用到问题解决中的两个基本过程。

2）布里基斯和豪林格（Bridges & Hallinger，1992）。他认为，以问题为基础的学习具有如下特征：

- 问题（真实世界中的问题）是学习的起点；
- 学生要获得的知识围绕问题来组织，而不是围绕学科来组织；
- 学生，作为一个团体或个体，被认为对他们的教学和学习负主要责任；
- 许多学习活动发生在团体情境中，而不是发生在讲解的情境中。

3）布拉门费尔德（Blumenfeldetal，1991）等。他们认为：以项目为基础的学习是一种综合性的课堂教学和学习方法，它旨在使学生通过亲身参与对真实问题的研究来获得学习。在这样的活动方式下，学生要通过提出和限定问题、观点的争论、作出预测、决策计划，或者是实验、收集和分析材料、得出结论、把自己的研究结果和观点与他人交流、提出新的问题、得出研究结果等过程来得到对重要问题的解决。在以项目为基础的学习中，要求学习项目具备两个关键成分：第一，含有能够组织和推动学习活动的问题；第二，这些学习活动要带来一系列思维产品，最终达到对问题的解决。

4）布兰斯福特等（1999）。他们认为：探究性学习是这样一种学习活动。在学习活动中，学生自己或者集体探究一个虚拟的或真实的现象并得出结论。它是一种需要学生设计研究、收集信息、分析资料、建构证据，然后围绕从证据中得出的结论进行争论的一种学习方法。与传统的关注课本和实验室演示的学习相比，这一完整的学习过程能够提供更为丰富、建立在更科学的基础上的经验。

5）雷斯尼克等人（1997）。他们也指出：探究性学习是一种提出问题、计划探究活动、得出结论并评判结论的学习过程。探究性学习可以使学生逐步确信问题是可以分析的，问题的解决往往来源于分析，他们能够进行这种分析；有利于学生获得问题分析的方法和好的直觉，知道何时对问题进行分析，如何提出问题，寻求帮助，并且收集足够的信息来解决问题；这种学习方式还有利于学生形成一种主动探究和解决问题的习惯。

基于学习差异的语文学习设计，是一种教学创新实践。

第三章　识字学习心理

世界上的文字可分为拼音文字和非拼音文字，汉字是唯一的非拼音文字。一个汉字代表一个音节，表示一个语素。汉字以外的文字都是形音结合，唯有汉字是音形义三结合。既每个汉字都有一个完整的字形，它的两维结构及不同的字音，并有相应的字义，从而使知觉上具有整体性。同时汉字的结构规则简明，形声字较多。这些特点导致了人们思考汉字的认知加工与其他文字的认知加工的不同。①

- 识字心理概述
  - 识字的含义
    - 艾伟的解释
    - 心理学的解释
  - 识字学习要求与识字心理
    - “四会”和“两会”
    - “四会”和“两会”的心理学含义

第一节　识字心理概述

识字心理是指学生在一定条件下掌握汉字过程的心理特点和规律，识字学习是一个复杂的心理过程。

一、识字的含义

（一）艾伟的解释

什么叫识字？艾伟（1890—1955）曾给出一个经典的解释：“所谓识字者谓见形而知声、义，闻声而知义、形也。斯二者可用下图表示之。”②

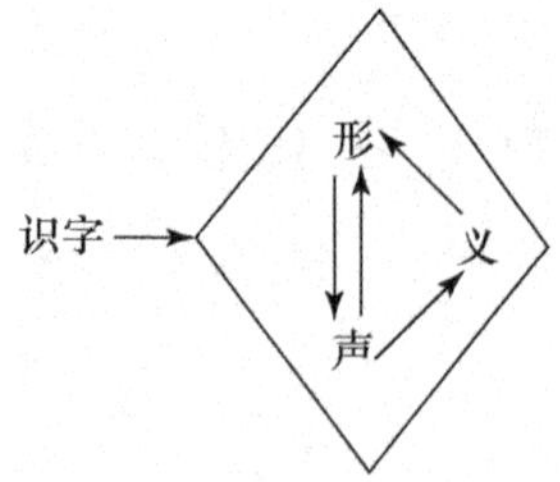

图 3-1　识字的含义

① 胡平.汉语儿童识字的心理机制及其给教育的启示[J].华东师范大学学报（教育科学版），2001(1).

② 艾伟.汉字问题[M].上海：中华书局，1949：5.

(二) 心理学的解释

从心理学的角度而言，学生识字的本质就是记住汉字的音、形、义，并且使三个因素相互沟通，使神经联系过程可以在任何一方进行。即当感知汉字的某一因素时，能够准确地再现其他两个因素。

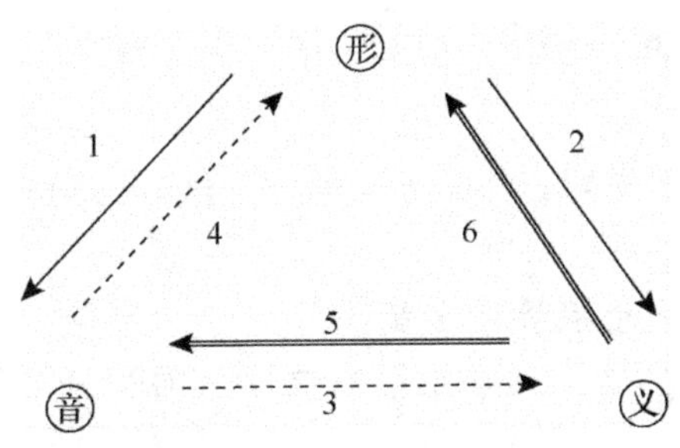

图 3-2 识字的 6 种心理联系

具体而言，识字就是在汉字的音形义之间建立起 6 种心理联系：

(1) 看见字形，知道该汉字的读音。如当你在读报时看到“酷”字，知道该字的读音是“kù”。见上图箭头 1 所示。

(2) 看见字形，知道该汉字的字义。如当你在读报时看到“酷”字，知道该字的意思是“前卫、时尚”。见上图箭头 2 所示。

(3) 听见字音，知道该字音所表达的意思。听别人说“你今天很酷!”，明白是在夸自己时尚。如上图箭头 3 所示。

(4) 听见字音，知道该读音所代表的汉字的字形。如听别人说“你今天很酷!”，知道句中的“酷”字左边是个“酉”、右边是个“告”。见上图箭头 4 所示。

(5) 想表达一个意思，能发出该汉字的读音。如看到朋友染了一头红发，想用一个字来形容，能发出“kù”音。见上图箭头 5 所示。

(6) 想表达一个意思，能写出汉字的字形。如看到朋友染了一头红发，想用一个字来形容，能写出“酷”字。见上图箭头 6 所示。

生活中，文盲不识字，但也能正常的生活，可以传情达意。从识字心理的角度来分析，文盲们只能借助音、义二者之间的心理联系来表情达意。如箭头 3、5 所示。如他们在火车站，听到旅客在议论“huǒ chē”晚点，立刻会想到“火车”的实物或意象，即建立起“音→义”的联系。想把“火车要晚点”的信息告知同行者，也能准确地发出“huǒ chē”的读音，即建立起“义→音”的联系。而对识字的人而言，不仅有音→义的联系，还能发短信息告知他人，准确写出“火车”两个字，建立“音→义→形”的联系，即“听音知形义”。当他们在阅读情境中，看到“火车”两个字，能直接想到火车的实物或意象，也能发出“huǒchē”的音节。呈现“字形→字义”或“字形→字音”或“形→音→义”的状态，即“见形知音义”。

对中国儿童来说，生活在母语环境中，建立汉字音、义间的联系（如箭头3、5所示）并不难，难的是建立音→形（如箭头4所示），义→形（如箭头6所示）之间的联系。所以，字形教学是汉语识字教学的关键，也是识字教学的重点和难点。

二、识字学习要求与识字心理

1.“四会”和“两会”

长期以来，我国识字学习以“四会”：会读、会讲、会写、会用，作为学生识字的质量要求。

(1) 会读。指看到字形能读准字音。

(2) 会讲。指了解字（词）义并用语言文字解释意思；后调整为了解字词在语言环境中的意思。

(3) 会写。指认清字形，正确书写。

(4) 会用。指能把写过的字（词）在实际语言环境中加以应用，如说话、造句等。这是识字最高的质量要求。

2001年中国教育部颁布的《全日制义务教育语文课程标准（实验稿）》（简称“新课标”）提出简化识字教学要求为“认识”和“会写”两种。并且在课程标准第三部分“教学建议”中，明确提出实施建议：识字与写字的要求应有所不同，一～二年级要多认少写。①

(1)“认识”汉字。要求能读准字音，大致懂得字的意思。

(2)“会写”汉字。要求能读准字音，了解意思，会书写，还能在读写中运用。

2.“四会”和“两会”的心理学含义

(1)“会读”。看到字形能读准字音，就是建立形→音的联系。如箭头1所示。

(2)“会讲”。了解字（词）义并用语言文字解释意思，就是建立形、音→义的联系。如箭头2、3所示。

(3)“会写”。指认清字形，正确书写，就是建立音、义→形的联系。如箭头4、6所示。

(4)“会用”。指能把写过的字（词）在实际语言环境中加以应用，如说话（包括想表达一个意思，能发出该汉字的读音，建立义→音的联系。如箭头5所示）、造句。这是要求掌握汉字（词）的程序性知识。

可见，传统的识字要求包括两个方面：一是掌握有关汉字音、形、义的陈述性知识——建立汉字三因素之间的6种联系；二是掌握汉字（词）的程序性知识——

① 中华人民共和国教育部．全日制义务教育语文课程标准（实验稿）[S]．北京：北京师范大学出版社，2001：16.

在生活中应用汉字词表情达意。前者是后者的基础，而后者能进一步巩固前者的掌握程度。

新课标中“认识”和“会写”的要求，从识字心理的角度来看，“认识”汉字就是建立形→音、义和音义之间的联系。如箭头1、2、3、5所示。“会写”汉字，就是达到“四会”的要求，建立6种联系并掌握其程序性知识。可见，“认识”汉字降低了识字学习的要求（只要建立形→音、义和音义之间的联系，如箭头1、2、3、5）。其中学生最难建立的心理联系，如箭头4、6所示，无需完成。

表3-1　识字学习要求与识字心理

建立联系 / 要求 / 图	四会要求				新课标中的要求	
	会读	会讲	会写	会用	认识	会写
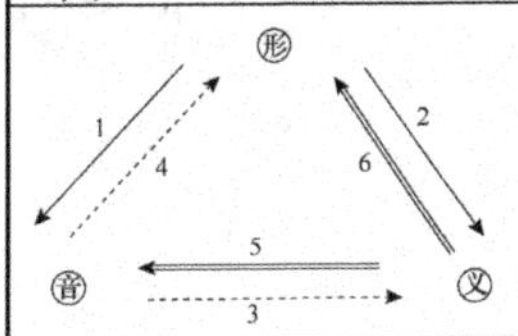 形 音 义 1 2 3 4 5 6	1种	2种	2种	1种	4种	6种
	箭头1	箭头2、3	箭头4、6	箭头5	箭头1、2、3、5	箭头1、2、3、4、5、6

- 儿童识字的心理机制
  - 学习字形的过程
    - 认识字形的过程
    - 记忆字形的过程
  - 学习字音的过程
  - 学习字义的过程
    - 一字一义的学习
    - 一字多义的学习
  - 建立音、形、义的联系
    - 建立音-形、义的联系
    - 建立形、音、义的联系

第二节　儿童识字的心理机制

识字过程也就是建立联系的过程，即形音义之间的联系。具体说来就是音义联系、音形联系、形义联系和完整的音形义联系。识字的心理机制就是研究这些联系是如何建立起来的。

一、学习字形的过程

学生掌握汉字的音、形、义时，字形是最难掌握的。这即与汉字本身的特点有关，也和学生的心理发展水平密切相关。

（一）认识字形的过程

儿童学习汉字字形的心理过程大致经过：整体感知字形→字形拆分→字形重

组→再次整体感知→达到记忆，从而认识了一个字的字形。

1. 认识字形

儿童在识字过程中不是囫囵吞枣式的学习每一个汉字，而是要经过一个精细辨认各个组成成分的阶段。

（1）整体感知字形。学生最喜欢学习“凹凸”这样的词，因为一眼看过去，字形特征非常明显，且字义都一目了然了。

（2）字形拆分阶段。字形拆分往往按照左右、上下、内外等结构拆分成部件，再将部件拆分为笔画。比如，学习“旮旯”，上下结构很明确；学习“户枢不蠹”的“蠹”，字形拆分就相对困难多了。

（3）将拆分的字形重组。这时往往由笔划组成部件，由部件再重组成整字。

（4）通过拆分和重组建立汉字的空间结构，从而记住它。拆分与重组的过程都需要分析综合等思维活动的参与，同时也是记忆的过程。

2. 字形识别的相关研究

汉字字形识别的相关研究表明：

（1）小学生在开始识别汉字时，必须经过视觉线索这一步。曹传泳、沈晔发现，从整个辨认汉字过程来看，小学生首先辨认的是字形的大致轮廓，然后才是组成部分。在合体字的辨认中，首先辨认的是字的组成部分，然后才是部分与部分的关系，字的细节部分被忽略了。如：学生看到“邻”这个字，先辨认的是“邻”的两个组成部分：“令”和右耳旁；其次是两者的左右关系，对“邻”的左边到底是“令”还是“今”，会忽略。儿童在对汉字字形的精细感知能力，有随年级升高而递增的趋势；学生已有的汉字字形结构的经验是影响学生感知、辨认字形的重要因素。这种影响随年级升高而影响增大。如学生已掌握“令”和左耳旁，所以学“邻”时，对这个字的字形组合不感到困难。但一部分精细感知能力较弱的学生会受已有的左耳旁的影响，将“邻”的左右两部分换位。

（2）刘鸣探讨了汉字主要字形形体特征和心理特征及两者之间的关系。结果表明：汉字分解组合的视觉表象操作的速度和准确性与汉字字形学习水平具有密切关系，高水平者明显优于低水平者；不同汉字字形学习水平者在汉字分解组合的表象操作的错误类型上不尽相同，低水平者以顺序错误为主，中上学习水平者以部首替换错误为主。这说明学生识别字是以视觉表象操作为基础的，是一个与学习（经验）有关的过程。

（3）Peng（1995）对组字规则信息在小学生汉字识别中的作用进行了探讨。结果表明，三年级小学生已经初步了解汉字组字规则，并能在词汇判断作业中使用组字规则。更多研究均发现，三年级小学生已经意识到形旁与词义的关系，并能利用形旁学习和推理生字；六年级小学生已经获得汉字形旁知识。舒华等对小学生的形旁意识也进行了研究，结果发现：小学生的汉字形旁意识随年级而发展，三、五年级学生已能自觉利用形旁信息帮助学习和类推生词；并且言语能力高的小学生，其汉字的形旁意识优于言语能力低的小学生。形旁意义的熟悉程度、生字概念的熟悉性等影响小学生对汉字形旁信息的利用。

(4) 曹传泳、沈晔对以小学生分析、概括汉字字形能力的发展作了分析。他们得出的结论是小学生分析、概括汉字字形能力的发展具有两个转折点：第一个转折点特点是对汉字字形大致的分析，概括力有了发展；第二个转折点特点是学会习得汉字的方法(如对比、归类等)。汉字字形的分析概括能力的发展与图形的认知不尽相同，后者的分析概括能力的发展是渐进的；汉字字形的分析、概括能力与辨别能力相关。汉字字形分析概括能力可能有两个水平：一种是大致、泛化的分析概括；另一种是精细、比较高度分化的分析概括。

(5) 潘菽、朱作仁等共同认为，儿童识字学习的关键问题是儿童分析、概括汉字字形和结构方式的能力。①

3. *研究启示*

综合上面的研究，认知心理学给予我们的启示是：

(1) 学生在识字初期，最适宜的材料是轮廓区分度大的材料。

(2) 在学习的初期出现的缺笔、漏笔和误笔的现象，是正常的认知水平的表现。拆分与重组字形时出错，是学生知觉的笼统性使然，未形成精确的分化能力，不完全归结于不专心和学习不良。

(3) 在开始进行识字教学时，教学重点应放在对字形的分析和归纳。

(4) 如果小学生能学会分析字形，掌握字形结构的方式，自觉将生字与熟字作比较，小学生学习汉字是不困难的。

(5) 在进行识字教学时，有意识地教给学生有关汉字组合规则的知识，有助于学生尽早地利用组合规则进行学习。

(二) 记忆字形的过程

认识字形并不意味着学生已经记住字形。类似“旮旯”看似结构简单，都是由“九”和“日”两部分构成。但是“旮”字“九”在上还是在下，学生未必就记得清楚，更不用说笔画结构繁复的“蠹”字。所以，儿童记忆汉字字形，一般需要经过这样三个阶段：泛化阶段、初步分化阶段、精确分化阶段，才能最终准确掌握。

1. *泛化阶段*

经过初步的生字教学，学生对汉字这一复合刺激物的字形轮廓建立了模糊的暂时联系。表现在新授课后、阶段复习前再认和再现时，常呈现波动和泛化现象，

① 胡平. 汉语儿童识字的心理机制及其给教育的启示[J]. 华东师范大学学报(教育科学版)，2001(1).

以致产生种种错误。字形错误或混淆有两种形式：

(1) 对字形结构的各个组成部分尚未建立正确完整的联系，泛化现象严重，常因联系的模糊而出现偏旁部首“张冠李戴”，基本字“移花接木”等结构混淆和增减笔画的细节错误。如“示”字旁和“衣”字旁不分等。

(2) 对汉字音、义、形三者尚未建立牢固的联系，常常因三者联想的错误，把这一字形与该字近似生字的某一因素相混淆。例如，在选择性再认时，把音近字、形近字或义近字混作某一要求挑选的正字，默写时不是误写了同音或音近字，就是写成形近字或义近字。

这个阶段学习字形的特点，主要体现了初入学儿童大脑皮层对复合刺激物缺乏完整精细的分析综合能力，反映了他们感知汉字时的不够完整性和缺乏精确性，识记的不随意性和机械性还占相当地位。

2. 初步分化阶段

这一阶段，学生对汉字的形、音、义已初步建立暂时的联系，不再出现上述形、音、义某一因素的相互混淆现象，对字形结构的各部分基本上已全部把握，不再有结构上的混淆和遗漏。但是，虽然分化，仍然综合不全，主要表现在对字形结构某些细微部分尚有遗漏或添补，再认和再现时偶尔出现波动(猜测)和泛化(遗忘)现象。其错误几乎都是细节上的问题，如“春”下面部分的“日”错写成“目”，“武”少一点。这个阶段儿童对汉字字形的分析综合活动已进入高一级的水平，只是由于掌握程度不够牢固，偶尔对某些细微部分因遗忘把握不定而产生泛化现象。这时学生的有意识记和意义识记已起主导作用。

3. 精确分化阶段

首先，表现在掌握的牢固程度上。学生在再认和再现时，不再像前一阶段那样把握不定，偶尔还要出现泛化现象，而是熟练而牢固，词义讲解也较清楚、恰当。

其次，精确分化表现在掌握的深刻和精确程度上。这时，学生不仅已能辨析字形，揭示字与字之间的异同，而且也能在学习几百个字的基础上初步认识一般的构字规则，了解偏旁部首表义的含义，偏旁部首不再混淆，而且能指出用某种偏旁部首的道理。例如，在分析“滴”和“摘”两字时，学生说：滴是“三点水”旁，右边是摘棉花的“摘”字的右半部分。一滴水的“滴”是讲水的，所以用“三点水”旁；摘棉花是用手的，所以用“提手旁”。这个阶段学生对字形的记忆已经达到精确、完整和熟练的水平，意义识记开始占优势。①

① 朱作仁.小学语文教学心理学导论[M].上海：上海教育出版社，2001：69—70.

【案例 1】一年级学生安妮

安妮的妈妈每天晚上给她默词，安妮每次能默对 90%。可是，睡了一觉第二天去学校，老师让大家听写生词时，她的正确率却只有 50%。

从认识字形阶段来看，安妮已经较好地经历了这个阶段，这样她才可能在家默出生词，且有 90%的准确率。但是，显然安妮记忆字形并未经历精确分化阶段，当晚默写时，可能由于强记或刚抄写完生词，但睡了一晚，遗忘了。且由于字形记忆未达到精确分化，就出现了泛化现象，错误率高。

安妮的妈妈告诉老师，家人没有教过“肯德基”三个字，学校也没有学到。但是，安妮看到店名能准确读出这三个字。有一次造句，她居然准确无误地写出了这三个字。

老师分析，这是由于肯德基的美味引发安妮自动认识“肯德基”三个字形，整体感知字形→字形拆分→字形重组→再次整体感知。不仅如此，安妮还自主、自觉地完成了掌握字形的过程：从泛化、初步分化、直至精确分化。显然，兴趣是安妮学习“肯德基”三个字的老师。

二、学习字音的过程

儿童学习字音的心理过程主要经历：感知音节的形体→对音节结构进行拆分(声、韵、调、字母等)→进行重组，从而认识一个音节。

有关汉字语音作用的研究显示，音节经过一个语境开关可分出不同的线路。

(1) 一条线路是由音节直接到事物。如，在火车站，听到“huǒ chē”的音，立刻会想到“火车”的实物或意象，即“音→义”联系。

(2) 一条线路是由音节直接到字形。如，在听写词语时，听到“huǒ chē”，马上想到的是“火车”的字形。由此，想到火车的实物或意象。显现的是“音→形”联系，或“音→形→义”联系，即“听音知形义”。

三、学习字义的过程

1. 一字一义的学习

一字一义是建立汉字与事物之间的联系。联系的建立主要是刺激反应。在学习和建立了第一信号(客观事物)与第二信号(字词)的联系后，再用于实践，字义就掌握了。

2. 一字多义的学习

一字多义的学习有两种方式。

(1) 并列式

即在原来字义的基础上增加一个与之并列的字义。这一新字义的学习是在掌握了形音基础上，再掌握字义。建立起形、音-义的联系。

1) “赤”。先学习其义为“红色”，后来学习另一个义“空无所有”(赤手空拳)。两个词义之间找不到联系，于是心理词条中呈现并列式排放。

2）一字多音。在掌握字形的基础上，再增加音义联系。建立起形-音、义的联系。如：“曾”，在学习了一个音“céng”（曾经，从前经历过）之后，又学习这个字还可以念“zēng”，是“中间隔两代的亲属，曾孙”。学习后者是借助了原先的字形，后加上“zēng”的音义。

（2）引申式

指词条的增多。例如，“软”，原来指物体内部组织疏松，与硬相反。后来引申为“懦弱”“没力气”“容易动摇”“质量差或能力弱”。所以最后建立的心理词条呈现出引申式的特点，是音、形-义联系的。

四、建立音形义的联系

（一）建立音-形、义的联系

学生汉字音-形、义联系的建立，有多种途径。

（1）先建立音-义联系，再建立形-音、义联系。如“侬”，先建立音（nóng），告知义是“你”。反复练习建立起“侬”的音-义联系，再建立“侬”的形-音、义的联系。

（2）已建立音-义联系的，主要是建立形-音、义联系。如“旮旯（gā lá）”，学生知道（gā lá）这个音节所表达的意思是“角落、狭窄偏僻的地方”。但是看到“旮旯”一词，却不知“旮旯”的读音“gā lá”，意思就是“角落、狭窄偏僻的地方”。于是帮助学生建立形-音、义的联系。

学生在识字过程中的形-音联系（见形读音），与形-义联系（见形解义）的建立，在识记过程中依条件不同而有差异。在汉字学习遍数相同的情况下，如果没有插入其他学习材料，形、音联系比形、义联系保存得好。而在有材料插入学习时，情况正相反，形-义联系比形-音联系保存得好。这说明，检查识字联系的巩固性，要考虑学习后是否受干扰等条件。也说明了形、音联系是机械的神经联系，只要通过简单的重复（如反复认读）就容易建立，却经不起干扰，容易忘记，即不容易在受干扰的情况下巩固；而形、义联系虽然难以建立，但一经建立，能经得起干扰，保存也久。

（二）建立形、音、义的联系

学生在建立形音义联系的过程中，往往依赖于经验的联想，其表现方式有七种。

（1）通过多次简单反复的认读，直接建立字形与音、义之间的联系。

（2）利用字形所在的位置，即以字在书页上所处的相对位置作为中介，联想起这个字的发音。例如，“旗”是课文某一页红旗图下的第二个字，由“旗”所在的位置，而想起它的读音。

(3) 通过该字与某一熟字常在一起出现而引起的联想。例如,看到"学校"二字,由于认识"学"字,于是联想起它后面是个"校"字。

(4) 通过学生自己独特的经验联想作为记忆的支柱而联想到字音。例如,有个学生认读"宽"字时说:"看到'宽'里面的'见',就想到草坪很宽的'宽'。"

(5) 把字形与某一些具体事物联系起来,使字形本身形象化或赋予字形本身以意义来帮助辨认与记忆。例如,有的教师教"灭"字,指着字形说:"把一块东西往火上一盖,火就熄了。这就是'灭'。"于是学生一见"灭"字,就很容易联想起它的意义。

(6) 借形声字已经建立起来的形、音关系,联想它的相关字的读音。例如,认识了"胡",就很容易辨认与识记"糊、蝴、湖、猢"等字。

(7) 借形声字形、义之间已经形成的联系来帮助辨认与识记。例如,已掌握形声字的"形旁表义"的特点,学生看到"晴"字就说:"见到'日'就想到太阳出来了,这就是'晴'字。"

专栏 3-1　错别字的心理因素

造成错别字的原因很复杂,既有汉字本身(特点、性质)和教学方法等方面的客观原因,也有学生的主观原因。造成错别字的主要心理因素如下。

1. 字形知觉

汉字是由各种形状的点和线组成的,写字时总是先看后写。看时,对组成汉字的各种点和线的感知要准确,否则就会出现错误。这种错误主要有三种情况:

(1) 凡是笔画相似的知觉为一组。例如,"州"字被知觉的"川"和"八",所以,书写时不是先写"川",后写"八";而是先写"八",后写"川"。就违反了从左到右的笔顺规则。

(2) 凡是相同或相似且对称的部件知觉为一组。例如,"斑"字被知觉为两个"王"和一个"文"。书写时不是先写左右两个"王",后写中间的"文",就是先写中间的"文",再写左右两个"王"。

(3) 凡是具有闭合倾向的均知觉为一组。例如,"医"被知觉为"匚"和"矢",书写时或先写"匚",后写"矢"。若先写"矢",后写"匚",违反了从外到内,先里头后封口的笔顺规则。

2. 对学习规则的理解

对学习规则的理解,是一个认识汉字规律的思维过程,而不仅仅是规则的记忆过程。对学习规则机械的理解,是产生错别字的重要心理因素之一。其主要表现是:

(1) 不能区分一般和特殊的关系

基本的书写规则，是针对一般汉字而言的，但是也有少量特殊的字，其中某些笔画就不能按照基本笔顺规则去写。如，“戈”“戒”“成”等右上角有一点的字，如果按照“从上到下”的规则，最后一笔立该是“撇”。但习惯写法都是最后写“点”。这种特殊笔顺书写顺手，约定俗成。如果不能区分笔顺规则中一般和特殊的关系，机械地将一般笔顺规则用于特殊字形字例上，就会导致笔顺错误。

(2) 孤立地理解笔顺规则

有的学生只是孤立理解一条条的笔顺规则，不善于把各种规则放到一个汉字中去分析和理解它们之间的相互联系。因此，不能综合地应用笔顺规则，往往出现笔顺错误。例如，根据“从左到右”的规则，就会把“业”字写错。实际上写“业”时，是几种笔顺规则的综合应用。就两竖两点而言，要“先中间，后两边”；从“两竖”或“两点”本身来看，要“从左到右”；就字的上下部分而言，要“从上到下”。

3. 学习负迁移

学生已有的知识，对学习新知识既能产生积极影响，也能产生消极影响。负迁移就是对学习新知识产生干扰作用。识字量的增加，一方面为学习新字打下基础，使学生在学习新字时能举一反三、触类旁通；另一方面也会产生干扰。例如，学生会写一些“竖心旁”的字，往往会把“博”字也误写成“竖心旁”。又如，学生习惯于写“曰”和“日”。而学习“冒”“帽”字时，容易把“曰”旁误写成“日”旁。同样，在运用词语时也会产生类似的问题。例如，学生熟悉“促进”“急促”的“促”字，当书写“触动”一词时，也往往会误写为“促动”。

陈邦安在调查中发现，由于负迁移干扰，小学高年级学生写错“临”字的人很多，错误形式有四种：

(1) 结构写错。把左右结构写成上下结构。

(2) 笔画写错。一是把左边的“第二竖”误写成“撇”，二是把最后一笔短横写成长横，三是上述两种情况都有。

(3) 与“监”字相混’，误写成“监”。

(4) 添上个别笔画。调查发现，在课文出现“临”字之前(第五册一课)，学生已学过“师”“盆”“蓝”“温”“筛”“篮”“盒”“猛”“归”“血”“狮”“盛”“盏”等字。学生把“临”字写成上下结构，是受“蓝”“篮”的负面影响。同理，把“临”与“蓝”混淆。这是书写负迁移干扰的典型例子。

4. 学习情绪

一般来说，学生试卷上的书写错误(特别是错别字)比平时作业上要多，限时作文上的书写错误比不限时的作文要多。究其原因，是学生答题时把注意力集中在回答内容上，忽视了字的写法。更重要的是书写时受急躁情绪的影响。有些学生见考题多或考题难，就慌乱起来，书写时连本来很熟悉的字也会误写。据有关试验证明，有的学生作文中一半的错别字，在其集中注意的条件下，是能够自己发现并纠正的。所以，为了预防书写错误，要训练学生善于调节自己的情绪，始终保持心情平静，不慌乱，从容答题。同时要养成答题后自我检查，改正书写错误的习惯。

5. 协调能力

书写是一种眼、脑、手的协调活动。写字时，眼要看(看字形)、脑要想(分析字形结构，在头脑中形成字形的完整表象，回忆有关的书写规则等)，手要动(运笔动作)。只有当眼、脑、手相互协调时，才能把字写好。

儿童眼、脑、手的协调能力较差，腕、肘、指的小肌内运动的灵活性较低，往往出现"力不从心""手不由己"的现象。本想写字不出格，结果还是出了格；心里想把字写端正，可是写出来的字又歪又斜。这种自相矛盾的体验在小学生书写过程中经常发生。眼、脑、手的不协调，是小学生产生书写错误的主要心理因素之一。

(摘编自汪潮. 语文学理[M]. 杭州：浙江大学出版社，2013：265—267.)

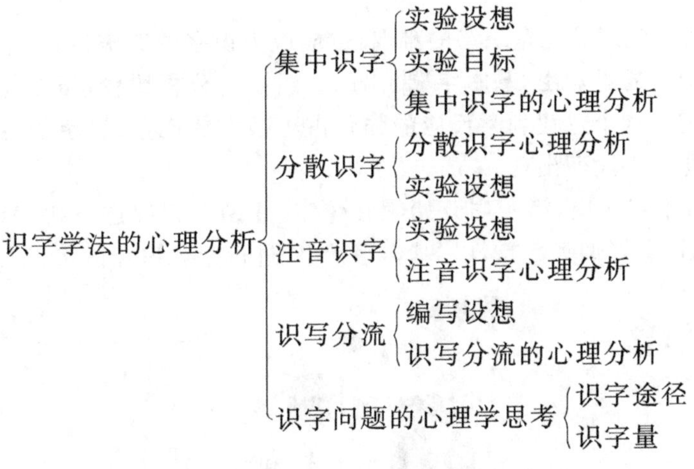

- 识字学法的心理分析
  - 集中识字
    - 实验设想
    - 实验目标
    - 集中识字的心理分析
  - 分散识字
    - 分散识字心理分析
    - 实验设想
  - 注音识字
    - 实验设想
    - 注音识字心理分析
  - 识写分流
    - 编写设想
    - 识写分流的心理分析
  - 识字问题的心理学思考
    - 识字途径
    - 识字量

第三节　识字学法的心理分析

1949 年以来，我国众多的识字教学试验取得了丰硕的成果，其中影响较大的有集中识字、分散识字和注音识字。

一、集中识字

"集中识字"实验始于 1958 年，最早的实验基地是辽宁省黑山县北关实验学校，最终形成“集中识字，大量阅读，分步习作”的教学体系。现行多套语文教材中可见其改良后的形式：小集中识字——在一套教材中以课文的形式安排一二次集中识字。如下例：

> **【案例 2】按部首　认一认（第 4 册）**
>
> 握　　握手
>
> 擦　　擦桌子
>
> 搬　　搬家
>
> 扶　　搀扶
>
> 拖　　拖地板
>
> 接　　迎接

（一）实验设想

（1）儿童集中学会一批汉字是可能的。集中识字的方法为“基本字带字”。基本字是指一组合体字中，在字形结构上共同具备的，又是最基本的那一部分。如“放、防、房、仿、芳、纺、访”这组合体字中“方”字是它们共同具备的最基本的部分，即基本字。

（2）认为“字形”是儿童识字的难点，也应成为识字的突破口，识字的关键是对“字形”的识记。通过对由“基本字”带出的一组字的分析比较，帮助儿童达到对汉字的精细识记。这个过程刺激反应的强化占了很大的比重，汉字的音义特征只是作为一种强化的手段而出现。

（3）拼音学习 3 周，第 4 周开始学独体字，并结合识字进行拼读练习；掌握一定的独体字后，学好偏旁部首，以“基本字带字”进行归类识合体字。

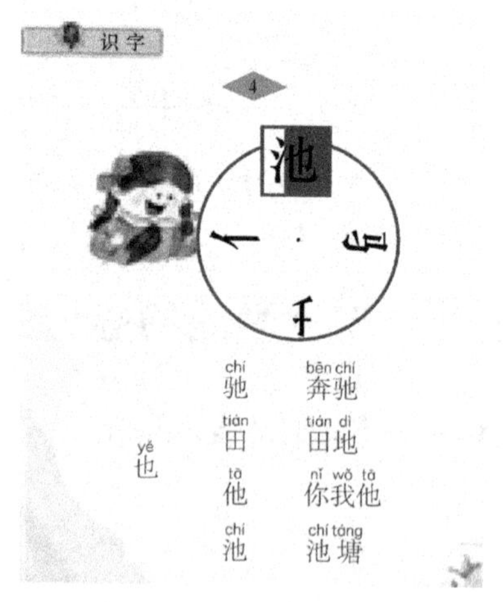

图 3-3　语文教材中的集中识字

(二) 实验目标

集中识字的目标可以概述为：集中大量识字；终极目标是提高识字量，以此来提高阅读教学的效率，从而改进整个语文教学。“集中识字”逐步发展形成了“集中识字——大量阅读——分步写作”的教学体系。即低年级以识字为重；中年级以阅读为重；高年级以写作为重。识字部分的具体目标如下：

(1) 集中学习最常用的500个汉字，要求四会，即会读、会写、会讲、会用，要求学习者能够读准字音、写清字形、讲明字义、正确使用，便于尽早阅读。

(2) 打好识字四大基础，即汉语拼音、笔画笔顺、偏旁部首、基本字，为学生能自学生字打下基础；在小学低段识字量达到2000个以上，识词量在5000个左右。

(三) 集中识字的心理分析

集中识字是帮助学生先建立基本字形音义的联系，再通过拆、合、加、减和反复比较的办法，由已建立联系的基本字的字形，带出同类字形的新字，然后建立新字的形-音义的联系。形声字归类、同旁部首归类、形近字归类、基本字带字等方法都出于同一原理。如学“炎”，帮助学生建立“炎”的形音义的联系；再引导学生分别比较“炎”同“谈、痰、毯”在字形上的差异；接着分别建立“谈、痰、毯”形-音义的联系。在集中识字过程中，形旁、声旁、部件和作为构成成分的简单字被视为一个心理认知单元在单位时间内得到了有效的重复，强化了记忆。

二、分散识字

“分散识字”实验始于1958年，最早由南京师范学院附属小学斯霞老师进行随课文分散识字的实验。“随课文分散识字”是现行各套语文教材中最主要的识字的形式。

(一) 实验设想

(1) 通过改编教材，大量增加看图识字，多编短语和句子，补充短文，使生字的出现和讲解都在具体的语言环境中进行；再结合课文的语言训练来促进生字新词确切意义的掌握，从而注重字(词)义的掌握。

(2) 通过改进教法，如分散教、集中练等多种方法，巩固识字。在随文识字的过程中坚持“字不离词，词不离句，句不离文”，随文识字与讲授汉字规律的知识相结合；“边识字边阅读，寓识字于阅读”。

(3) 先进行汉语拼音教学，但降低教学难度；教完笔画笔顺，进行独体字教学；开始随文识字。

(二) 分散识字心理分析

认知心理学认为，人的知识是以减轻工作记忆负担的形式来表征的。“随课文”识字为学生提供了丰富的语言环境。这为学生沟通汉字音、形、义的联系，为学生日后提取该汉字音形义因素提供了多种信息，有利于保持和提取。如学生要回忆“追”这个字，它可以通过“追”所在的课文中的句子来回忆“小蜜蜂追飞机”。若这句话无法提取，他还可以通过课文《稀奇歌》中的其他句子如“稀奇稀奇，真稀奇。小蜜蜂追飞机，蚂蚁踩死老母鸡。”等多种信息帮助回忆。该实验是帮助学生建立由义-音形的联系的方式来学习汉字。

三、注音识字

“注音识字”实验始于1982年，最早由黑龙江教育学院教师提出，并在黑龙江佳木斯市第三小学、拜泉县育英小学和纳和县实验小学进行试验的。实验结果学生在第一年平均识字1050个，三年平均识字3000个，课内外阅读总量平均300多万字。该实验全称为“注音识字，提前读写”。

（一）实验设想

（1）在儿童识字以前，运用汉语拼音进行提前读写，在阅读大量的注音读物，即汉字和拼音双行文过程中，那些在拼音下面的某些汉字反复出现，因此读拼音、看字形、想字义的过程不断重复，儿童就会对这些刺激做出反应，并得到强化，以此建立牢固的连接，达到识字的目的。

（2）以学好汉语拼音并发挥其多功能作用为前提，于读写之中进行日积月累的分散识字。在尚未识字或识字不多的情况下，开始系统地听、说、读、写训练。

（3）7～8周学完汉语拼音；大量阅读（纯拼音课文——汉字注音课文——汉字难字注音课文——汉字课文），在阅读中识字；提前作文，大量作文，联系写字和用字。

（二）注音识字心理分析

该识字形式基于学习行为经历刺激、反应和强化的过程。借助汉字和拼音这两个刺激物的复现，来强化该汉字音形间的联系。所以这是一种借助拼音建立汉字由音-形义的联系的汉字学习方式。

上述三种识字方式已成为我国识字教学的重要经验。它们的共性是：从汉字三因素中的某一个因素起步，建立与其他两个因素的联系，最终形成汉字音、形、义的心理沟通。集中识字是形识，即以字形作为识字记忆的线索，建立字的形-音义的联系；分散识字是义识，即以字义作为识字记忆的线索，建立义-音形的联系；注音识字是音识，即以字音作为识字记忆的线索，建立音-形义的联系。

四、识写分流

2001年教育部颁布《全日制义务教育语文课程标准（实验稿）》后，各地陆续出版语文新教材。在全国多套语文教材中，低年级识字教材呈现“识写分流”的编写形式。“识写分流”策略又称“多认少写”。

（一）编写设想

“识写分流”即“多认少写”的策略，可以从数量和时间两个维度加以理解。

1. 数量的差异

在识字总量中，要求“认识”的字量多于“会写”的字量，故有“多”和“少”之分。课程标准分学段目标（见下图）。

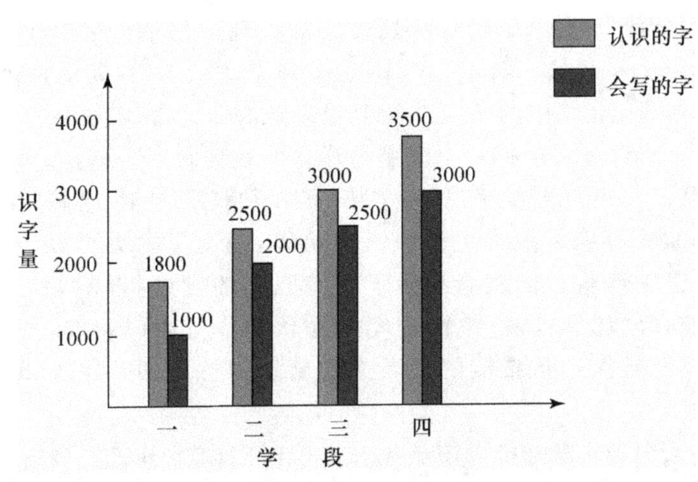

图 3-4 课标中“认识”和“会写”字量的学段要求

一～二年级的识字教材（见下图）均有体现。

认识的字：13 个

古 诗 首 眠 处 闻 村 居 醉 烟 童 散 忙

会写的字：6 个

古 多 知 声 处 忙

图 3-5 人民教育出版社版小学《语文》一年级下册第 4 课识字要求

2. 时间的差异

一些汉字在识字要求和写字要求的达成时间上存在先后差异，往往先要求“认识”该字，后要求“会写”该字（先认后写）。如人民教育出版社版小学《语文》“童”字，在一年级下册第 4 课中作为“认识”的字出现；随后，在第 13 课中以“会写”的字出现。

故“识写分流”又称之为：多认少写、多识少写、先识后写等。

3. 重视低年级教育

低年级是儿童识记汉字的黄金时期，但是这一年龄段的儿童由于手部肌肉和神经发育不够完善，写起字来比较费劲。①

4. “识写分流”策略

其取向在于提高识字效率，使学生尽可能早地进入阅读阶段。

（二）识写分流的心理分析

（1）“识写分流”中的“认识”汉字所需要的心理过程是记忆中的“再认”，也称“识别模块”(pattern recognition)，其实质是要求建立汉字形-音义的联系。而写字所需要的心理过程是记忆中的“回忆”，尤其是表象的回忆，其实质是建立由义-形、音的联系。“识写分流”是将掌握一个汉字需建立的6种联系分解：先建立2种联系形→音、义的联系，即“认识”汉字；再建立剩下的4种联系，达到“会写”汉字。

（2）人体肌肉存在大肌肉生长快于小肌肉，先躯干中央再到四周的生长规律。显然，学生手部肌肉的发展滞后于手臂肌肉的发展，握笔写字有困难。但是写字是一种心因动作技能（笔画和笔顺是认知成分，抄写和默写是在一定认知指导下的技能操作），该技能的发展需要反复训练。即写字有助于动作技能的形成和熟练。

可见，“识写分流”策略可以使学生在单位时间内“认识”更多的汉字，便于阅读，扩大阅读量。但是，“识写分流”策略有助于学生提高识字总量的结论之说，存在概念混淆之嫌：“识字总量”只是达到“认识”汉字要求的总量，而非“会写”要求的总量。因为“认识”汉字只要求学生建立某个汉字的四种心理联系，所以“认识”的汉字数量增加的同时，质量（另两种联系未建立）也随之降低。

五、识字问题的心理学思考

1. 识字途径

语文课堂是学生学习识字的主要途径，是毋庸置疑的。但是随着中国物质生活水平的提升，市民不断提出提高精神文化生活质量的新追求。尤其是中国实行独生子女政策，使家庭关注的核心更多地落在下一代身上：普遍希望并全力争取子女的学校生活质量，尽其所能在家庭生活中为孩子提供教育资源。因此，学生的识字途径几乎渗透到生活的每个空间。下面是中国南京一所小学对一年级某班42名学生识字途径的一次调查。②

① 吴忠豪.小学语文课程与教学论[M].北京：北京师范大学出版社，2004：208.

② 冯晔等.社会也是课堂，生活也是老师[J].小学语文教师，2005(4).

表 3-2 学生识字途径统计表(对家长的调查)

识字途径	父母教的	通过看课外书认识的	在幼儿园和校园环境中认识的	生活中无意识字			请教父母和其他人认识的	翻字典认识的	其他途径认识的
				在生活情境中认识的	借助某些物品认识的	借助影视媒体、磁带、报纸、广告等认识的			
所占比例	11%	18%	7%	16%	16%	18%	11%	1%	2%
				50%					

表 3-3 学生识字途径统计表(对学生的调查)

识字途径	父母教的	通过看书看报认识的	在幼儿园和校园环境中认识的	生活中无意识字			请教他人认识的	翻字典认识的	其他途径认识的
				在行动情境中认识的	借助某些物品认识的	借助光盘、磁带、报纸、广告等媒体认识的			
所占比例	13%	16%	8%	17%	19%	21%	2%	2%	2%
				57%					

调查可见,在课堂和课本之外,还存在一个更丰富的识字资源——现代生活环境。学生"识写分流"的现实是存在的,如"肯德基"三个字,学生在生活中已经建立起形-音、义的联系,虽然有些字的字义并非该汉字的本义,但至少有助于识字教学。所以,生活中识字是一个有待开发并可加以利用的途径资源。

2. 识字量

中国现行各套语文教材,低年级识字量都较原先的教材有明显的提升,且各套教材之间差异较大。识字量以何为据?美国心理学家米勒(G. Miller)1956 年提出人的短时记忆容量可以作为一个依据。米勒认为,人的短时记忆容量为 7－2～7＋2,其单位是组块,即最多为 9,最少为 5。"组块"是指人们生活中一个熟悉的记忆单位,它可以是一个数字,一个汉字,一个词语或短语,甚至一个句子。

米勒认为,工作记忆一次仅可以处理几个项目。这种功能容量随年龄而变化:学前儿童一次可以处理 2 项信息;青春期前少年可以处理 3～7 项,平均是 5 项;到青春期,认知功能急速发展,记忆容量增加到 5～9 项,平均 7 项。对于大多数人来说,该记忆容量可以保持终身。

但是,可以通过"组块"的加工,增加工作容量中的项目。组块加工就是将几个信息当做一个单一项目处理的过程。如果你呈现一组无关的汉字"活么思啊生意是多有",你大约只能记住五六个。如果你根据知识经验将材料加以组织,重新排序后成为一句话：生活是多么有意思啊。你就能毫不费力地记住这全部九个字，其中的字数大大超过五六个。原因在于人的记忆是以组块为单位的，但经过加工后的上面九个字成为一个项目，就可以准确地获得记忆。米勒的量化数据是指1分钟之内的信息量。学生识字量过大会加重、甚至超越学生的心理负荷。同时，识字量的大小，对同一个班级的不同学生而言是有差异的。因为一旦学生能够将新学汉字和已经掌握的汉字加以分析比较，进行字形组块加工，量就变小了；而有的学生不能进行字形组块加工，量就不会发生变化。所以小学生识字量的调查应具有代表性。

第四章 阅读学习心理

"阅读乃是从课文中提取意义的过程。"1975 年吉布森和利文(Gibson & Levin)提出的阅读定义,因具有一定的综合性而被许多人所接受。他们提出,学生从课文中提取意义,需要做到:把书写符号译码为声音;具有相应的心理词典,可以从语义记忆中获得书写词的意义;能够把这些词的意义进行整合。

格雷布(W. Grabe)认为,有效的阅读需要具备 6 个必要条件:自动认字技能(automatic recognition skills)、词汇与语言结构知识(vocabbulary and structure knowledge)、语篇结构知识(formal discourse structure knowledge)、社会与文化背景知识(world and cultural background knowledge)、分析、综合与评价技能与策略(synthesis and evaluation skills/strategies)、监控阅读的元认知知识与技能(metacognitiveknowledge and skills monitoring reading)。

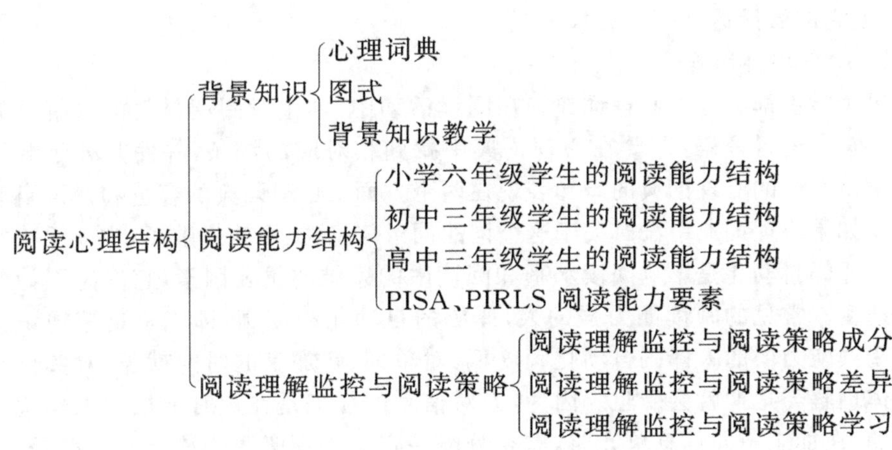

第一节 阅读心理结构

有关阅读心理结构的研究并不丰富,这里仅从背景知识、阅读能力结构、阅读理解监控和阅读策略等方面探讨阅读心理结构。

一、背景知识

阅读背景知识是指人脑中有助于学习的心理储备。它是理解阅读材料的首要条件。学生若缺乏相应的背景知识，阅读只能达到知觉水平，而不能达到理解水平。背景知识可分为两类：心理词典(mental dictionary)和图式(schema)。

(一) 心理词典

1. 相关概念

这里涉及一系列的心理学概念：知觉水平、阈限、结构。

(1) 知觉水平。指人脑对直接作用于感觉器官的事物的整体反应(表面特征，外部联系)。

(2) 阈限。是一种数值。如人的感觉阈限可以表述为：当在100克物体上加1克，人感觉不出重量的变化；若再加减3～4克，人就能感觉出来。那么3～4克这个数值就是重量差别的感觉阈限。

(3) 结构。指系统内各组成要素之间在空间或时间方面的有机联系与相互作用的方式与顺序。

每一个学会了语言与阅读的人都具有心理词典。心理词典是由许多词条组成的，各个词条具有不同的阈限。当词的激活超过其阈限时，词就被认知了。词的认知即对阅读材料中字、词的译码，就是在心理词典中找到与这个词条相对应的词条，并使它的激活达到一定的水平。①

2. 心理词典的差异

每个学生都有一本心理词典。在阅读活动中，学生对阅读材料的理解首先是对文字符号进行译码，即要在心理词典中找到相对应的词条，并使其处于激活水平。学生个体的心理词典的差异表现在两个方面：心理词典的容量和译码自动化水平。如果心理词典中没有关于这个词的词条信息，提取就失败了，也就无法完成译码。译码自动化是影响阅读水平和阅读中的思维的重要因素，它决定了译码过程的速度。常见的阅读能力强的人，译码的自动化程度高，即能够迅速地识别单词。阅读能力弱的人译码自动化程度低，对单词、句加工的时间就长，对阅读材料的整体理解与把握就会受阻。因为，人对信息的加工是在短时记忆与工作记忆中完成的，在加工不同信息单元时，需要分配一定的心理资源给该单元。但是，人的心理资源是有限的，即心理容量是有限的。在阅读时，由于词的译码过程过长，所需心理资源过多，则加工其他信息的心理资源就少，同样用于信息整合的心理资源也就相应地少。所以译码不畅就影响了阅读的信息加工过程与信息整合过程。

---

① 张大均.教学心理学[M].重庆：西南师范大学出版社，1997：336—338.

阅读教学的理想状态是：学生的心理词典中具备相关词的词条信息，同时对这些词的提取过程要能达到自动化的程度。这样，当学生一接触到文字符号的刺激时，贮存在心理词典中有关该词条的信息就立即被激活、可以运用。学生的心理也有足够的资源将词条的信息与别的信息整合起来，从而理解得更好。

3. 译码自动化的三个阶段

译码自动化的形成，经历三个阶段：非准确阶段、准确阶段和自动化阶段。

（1）非准确阶段

该阶段学生在单词识别上会出现错误。

（2）准确阶段

该阶段学生能够正确识别单词，但仍需要加以注意才能完成。即必须对单词进行有意识提取，才能做到正确识别。

（3）自动化阶段

该阶段学生不需要注意就能自动识别单词。

【案例 1】狡猾的眼光

初三期中考试有一道课外现代文阅读题，要求学生阅读《我的老师》，理解"我用儿童狡猾的眼光察觉，她爱我们，并没有存心要打的意思"。一句中"狡猾"一词的含义。初三(2)班除了语文课代表常诗理解正确，其他同学都没得分。

课代表在读完文章读题目时，"狡猾"这个词作为新的文字材料信息就激活了他长时记忆中储存的"狡猾"这一个心理词条："狡猾"的本意是"狡诈""圆滑"，是贬义词。这从感情色彩的角度看显然与原文的意义不相吻合。但该生具备词语的感情色彩活用的知识，便主动建构"狡猾"是贬义词褒用这一意义。于是他就获得了准确的语义信息，自觉理解"狡猾"一词的准确含义："狡猾"一词体现了学生的淘气、机灵，表现了学生对老师的爱戴、理解。

而有的学生心理词典中有"狡猾"这个词条，而且他将所学的"狡猾"这个词义知识与贬义词等结合起来存储，并加以精致、组织，提取时迅速、自动化水平高。但是由于缺乏词语感情色彩活用的知识，虽成功提取信息，但无法理解句中的含义。还有的学生虽心理词典中具有该词条，但仍提取失败。这往往与该生词条存储方式密切相关。因为他们对知识的存储只是零碎的、机械性的堆积，所以临场提取时，就像是在杂乱无章的心理词典中"大海捞针"，解码速度大大降低。也不排除有的学生的心理词典中没有"狡猾"这一词条，他也无法回答此题。①

（二）图式

1. 概念界定

图式就是人脑中关于普通事件、客体与情景的一般知识。认知心理学家鲁墨哈特(Rumelhart)认为，所有知识都被安排在人脑中一定的单元中，这些单元就是

① 孙忠芳.试论影响阅读能力差异的因素[D].华东师范大学教育硕士专业课程作业，2004：3.

图式。它是相关知识的一种组合。图式除了包含知识本身是怎样表征出来以外，还包括这些知识如何得到运用的信息，因此兼有陈述性知识和程序性知识。

初生的婴儿无论碰到什么物体，婴儿都会产生吮吸的反射。这也就说明婴儿在此时具有“吮吸的图式”。以后在适应环境的过程中，图式不断地变化并复杂化。婴儿在吃奶时看到母亲的形象、听到母亲的声音、还接触到母亲的怀抱的姿势等等，因而由最初遗传来的反射图式发展为多种图式的协调活动，儿童的心理水平也随之提高，随着年龄和经验的增长，图式的种类、数量和质量都有所提高。初生的婴儿只有极少数粗糙的图式，如吮吸、抓握、哭叫等等。随着儿童的成长，图式的种类逐渐增加，内容也越来越丰富多彩，开始从简单的图式向复杂的图式发展。到了成年以后，就形成了比较复杂的图式系统。这个图式系统构成了人们的认识结构。

2. 图式与理解

图式是学生阅读背景知识中最重要的部分。学生对阅读材料的理解，实质上就是在头脑中发现合适的图式，并运用这些图式解释阅读材料。如阅读议论文，学生运用议论文的图式：论点、论据和论证过程，来阅读文章的观点、事实和论证过程，就容易理解内容。若一个小学生不知议论文体，只能用记叙文图式来阅读议论文，他很难理解作者表达的意图。

图式理论认为，学生阅读理解失败，有三个原因：图式缺失、图式遗忘和错误图式。

(1) 图式缺失

图式缺失就是学生不具备相应的适合于该阅读材料的图式。由于学生在阅读过程中找不到合适的图式来解释所阅读的材料，所以无法理解。这种情况实质上就是通常意义上的缺乏背景知识。

(2) 图式遗忘

图式遗忘就是学生虽然具有适合于该阅读材料的图式，但是材料中所提供的线索，不能激活已有的图式，因此出现理解困难。

(3) 错误图式

错误图式就是学生用已有的图式为阅读材料提供了一种解释，但是这种理解却不是作者所欲传输的，即理解错误。如上例中，小学生运用记叙文图式来阅读议论文，最终无法理解内容，就属于错误图式。

3. 图式与推论

图式不仅对阅读理解起着关键作用，而且对阅读中的推理与学习也起着相当重要的作用。阅读理解实质上就是选择合适的图式去解释阅读材料的过程。由于图式中存在许多变量，而且变量间具有一定的约束关系。因而确定了某个图式后，可从中获得许多阅读材料中不具备的信息。即在阅读理解过程中，通过图式可推论出许多信息。在一个实验中，阅读材料为有关毒蜘蛛的文章，被试均为阅读理解能力较好者，但他们有的对毒蜘蛛相当了解，即具备完整的有关毒蜘蛛的图式结构；另一些被试则对其知之甚少。结果在一些相当隐蔽的需要推理才能回答的问题上，前者的正确率几乎是后者的三倍。可见，选择与运用适当图式，根据图式中变量间的相互制约关系推导出许多有用的信息而加以运用，可以大大提高学生的推理成绩。

4. 图式的差异

相关研究表明：学生对阅读材料所拥有的图式不同，会影响到阅读者对材料学习的策略。实验发现，当学生具备对阅读材料适用的图式时，精加工提问策略是有效的学习方法。然而当学生缺乏相应的图式时，采用表象法则能够提高学生的理解水平。相关研究还表明：学生已有图式的差异，对于阅读理解与保持也是影响很大的。在用有关犹太教仪式与天主教仪式的文章去测试分别信奉犹太教和天主教的学生的实验中发现：当信仰与阅读材料一致时，学生的阅读速度与保持水平远远高于当信仰与阅读材料矛盾时，而且在推理测试中，信仰与阅读材料一致的情况也比不一致的情况下效率更高，成绩更好。图式差异主要表现为：启动、运用和选择的差异。

(1) 图式的启动

对于图式的启动存在着两种情况：一种是自上而下的，一种是自下而上的。前者是用顶层的图式知识来预测读物内容。如看到《孔乙己》，就从心里唤起有关旧中国知识分子的图式，从而激活一系列人物(如陈自成、范进等)的知识。后者指低层次的图式活动引起高层次的图式反应。当文章的信息与读者的图式知识相吻合时，自上而下的模式可促进两者的同化；当文章的信息与读者图式知识不相吻合时，自下而上的模式发挥作用，帮助读者利用已有知识，选择合理的解释。一般地，阅读熟练者运用自上而下的模式较多，而阅读能力弱的学生用自下而上的模式多。

(2) 图式运用过程

在选用图式过程中存在如下差异：预期差异、补充差异和选择差异。

1) 预期差异。在阅读中，当学生决定启动某一图式去理解阅读对象时，是基于学生的感性信息，也源于心理图式的猜测、推断。阅读一篇文章时，学生通常借助前面的内容对后面的内容进行猜测预期，阅读能力强的学生很善于捕捉一些信息并结合自己已有的图式，对情节产生预期。而阅读能力弱的学生经常捕捉不到信息，即使捕捉到了信息也因没有适合的图式而无法正确理解。例如鲁迅的散文《秋夜》的开头：“在我家的后园，可以看见墙外有两株树，一株是枣树，还有一株也是枣树。”当学生读到“一株是枣树”时会期待后面出现一株不同的树，但后文却是

“还有一株也是枣树”。对这一信息，阅读能力不同的学生就有明显差异：弱者只会感到“既然两棵树都是枣树”，直接写有“两棵枣树”岂不简洁明了？而强者在产生这一矛盾后继续思考，充分调用原有的有关语言重复的作用图式找到答案：作者正是借这种单调、重复的语言形式来表达一种孤独、寂寞、无聊的情绪。对这一信息的理解又加速了对后文内容的把握。

2）补充差异。在一般情况下，作者在文章中对一些信息省略不述，而学生能利用图式补充出那些被省略的信息。但是，在阅读活动中常会出现：学生虽然启动了相应的图式并且该图式也发挥了一定的补充作用，但由于阅读经验的不足，或者由于作者在文章中提供的线索不够明确等原因，使图式的补充作用难以充分发挥，导致学生感到文章晦涩难懂，或者是肤浅地理解文章。例如，在鲁迅的小说《药》中，对于夏瑜的身份，投身革命的原因，作者没有给予明确的交代。而许多学生在阅读时对此也不予重视，阅读中只看文章的表面意思，浅尝辄止，因此对文章的理解往往流于肤浅。但阅读经验丰富的学生却可以借助文章中出现的线索以及图式的补充作用等找到这一问题的答案，从而深刻的理解文章。文章中出现的线索主要有：

① 阿义要向夏瑜“盘盘底细”；

② 夏三爷、夏四奶奶的称呼以及夏瑜的名字；

③ 夏瑜的母亲提着一个“破旧的朱漆圆篮”去上坟。

根据这些线索，学生的心理图式会通过分析、推论，从而补充出以下隐含信息：

① 阿义向夏瑜盘底细，说明夏瑜有一定的来历和背景；

② 只有富贵人家的男子和妇人才可以称为“爷”和“奶奶”，贫寒人家的男子及夫人则无此殊荣，“夏三爷”“夏四奶奶”的称谓说明夏家乃富贵人家，而夏瑜的“瑜”字也暗示者夏家是书香门第；

③ 圆篮是极普通的日用品，“朱漆圆篮”则是十分讲究的，说明是有钱人家的日用品，但夏瑜的母亲所提的乃是“破旧的朱漆圆篮”，“破旧” 二字意味着曾经富有的夏家现已败落。通过这些线索及补充信息，读者很容易得出：夏瑜出身于书香门第，夏家原是名门望族，但现已败落。学生也因此可以推断出他受过良好的教育，比一般老百姓更有机会早接触新文化、新思想，因而能较早地投身革命。这种阅读 能把作者隐含在字里行间的很多暗示都挖掘出来，从而较深刻地理解文章。

3）选择差异。心理图式是一种由主客观等复杂因素构成的认知结构，它的形成与学生的文化修养、生活经验、审美经验、艺术趣味、思想倾向等密切相关。因此对于同一事物，不同的学生会形成不同的图式结构，这就使图式对新的信息的选择也呈现出差异性。例如鲁迅先生曾就《红楼梦》说过：“《红楼梦》是中国许多人所知道……单是命意，就因读者的眼光而有种种：经学家看见易，道学家看见淫，才子看见缠绵，革命家看见排满，流言家看见宫闱秘事。”在这里我们不妨把“读者的眼光”理解为作者的心理图式，正是因为这种“眼光”的不同，才使经学家、道学家、革命家、流言家从同一部作品中“看见”不同的东西。也就是说，他们从作品中选择并储存了不同的信息，这些信息符合了他们各自的心理图式。同理，学生阅读的差异也因主体的选择取向差异而不同。

(三) 背景知识教学

安德森(Anderson)认为，只有读者的已有知识和输入信息所表示的内容之间建立一种联系，读者才能不断调整自己的理解并且知道自己是否读懂了。其中安德森提到的“不断调整自己的理解，并知道自己是否读懂了”就是指学生的阅读理解监控，而他所提到的“已有知识”就是学生所具有的背景知识。可见，阅读理解监控能力与一个人的背景知识有很大关系。阅读教学必须不断丰富学生各方面的知识，只有这样，学生才能不断运用头脑中的已有知识与课文中所提供信息的相互联系，达到对阅读材料的深刻理解。这里的背景知识，就其狭义范畴而言，主要是现代白话文字、词、句等认知的积累；文言文字、词、句等认知的积累；篇章句段背诵的积累；问题知识、文章学知识的积累；作家、作品知识和文学史知识的积累；文化常识、文化史知识的积累；语法、修辞知识的积累；写作知识的积累等。

1. 字词量的扩充和译码自动化训练

由于学生心理词典中有否具备相关词条内容，以及词条信息提取速度是影响阅读理解重要因素，因而背景知识的教学字词量的扩充和译码自动化训练显得尤为重要。尤其是学生初具阅读能力的时候，词汇量和译码自动化是制约其阅读理解的瓶颈因素。半个多世纪以来，语文课程试图解决识字与阅读矛盾的努力从未停息过：集中识字、注音识字、识写分流……

2. 增加阅读量训练

大量的字词训练对于拥有一定心理词典的学生而言，促进阅读理解的效果是有限的。有研究表明，对已达到一定词汇量的学生，进行机械的译码训练，并不能显著提高他们的阅读能力；而应通过大量阅读，提高自身的词汇量和阅读水平。有学者对高中学科竞赛获省或地区一等奖的 11 名高三学生(即超常组)和随机抽样所得 47 名普通学生(即抽样组)进行统计分析，发现：

(1) 超常组订阅或常看的报刊种数平均每人 5.13 种，比抽样组的 3.45 种高出 48.7%，两组差异是显著的。

(2) 把课外阅读情况划为很少看、较少看、较常看、常常看四种，分别记为 1、2、3、4 分。在两组学生中，超常组学生平均分为 3.64，比抽样组的得分高出 22.1%，差异也达到显著水平。

(3) 将课外阅读对自己的帮助划分四个等级水平，即很小、较小、较大、很大，分别记为1、2、3、4分。发现超常组平均分为3.64，比抽样组的2.98高出22.1%，差异显著。

(4) 超常组的有效读速（速度×理解率）平均为295字/分，比抽样组的200字/分高出47.5%，差异极为显著。

通过上述分析看到，大量阅读对超常组的理解能力起了极大的推动作用。

究其原因，首先随着所接触的阅读材料增多，增加学生接触所学词汇的概率，从而提高学生对所学词汇的熟悉性。阅读材料的增多与丰富，也可使他们接触大量的非常用字、词。增加词汇量和对这些词汇的熟悉性，提高对这些词汇的译码速度，从而有效地促进阅读理解。其次，大量阅读可以极大地丰富学生的图式，并使其精确化，这是扩大背景知识的主要方法。学生通过大量阅读接触各种不同题材和体裁的阅读材料，则是增加图式量与引起图式分化和精确化的主要方式。在阅读中，可以丰富学生的视野，扩大学生对客观世界的认识，也就相应地增加了对客观世界的图式。而且，图式具有很多变量，由于变量的不同，可以使学生的图式更为具体与精确。第三，大量阅读可以使学生的认知结构发生改组，使相关知识内容的联系更紧密，知识的组织层次更为有序有效。①

二、阅读能力结构

阅读能力是学生阅读心理结构的重要因素。从现有的研究成果来看，中外学者提出了如表4-1中的观点。

表4-1 阅读能力要素

学者的观点	内　容
Collin的八因素论：认为阅读能力结构应包括8个方面	1. 词义。即对脱离上、下文的字、词的认知。 2. 词义（上下文）。指理解字、词在特定上下文中的含义。 3. 字面理解。指不需要推断，仅根据字面就能反应的能力。 4. 推断（简单）。指从一个单句或词组中得出的推论。 5. 推断（综合）。指从许多句和词组中获得信息从而才能做出的推断。 6. 隐喻。指对一段不能作出字面上解释的文字材料的意义的理解。 7. 重点。指捕捉文章关键点的能力。 8. 估计。指在斟酌了一篇文章内容，并将其与自己已有知识相对照之后作出评价或得出定论的能力。

① 张大均.教学心理学[M].重庆：西南师范大学出版社，1997：351—353.

续表

学者的观点	内　容
Fareed 的七因素观：阅读能力组成有 7 种因素	1. 了解所陈述的事实与细节的能力。 2. 掌握主要思想的能力。 3. 理解事件或步骤时顺序的能力。 4. 做出推论、得出结论的能力。 5. 组织思想与关系的能力。 6. 运用阅读所获得的知识去解决问题与检验假设的能力。 7. 评价的能力。
张志公的观点：阅读能力包括三方面的因素	1. 理解。 2. 记忆。 3. 速度。

我国学者莫雷运用“活动-因素分析法”，对中小学生语文能力展开研究。提出阅读能力结构分为三个年级段，各阶段能力构成因素不同。[①]

(一) 小学六年级学生的阅读能力结构

他认为六年级学生的阅读能力结构为以下六因素。

1. 语言解码能力

构成该能力的分测验大多与词句的理解有关。阅读心理学研究表明对词句的理解涉及一般的语言解码能力，采用鉴别测验插入法发现该因素与阅读广度有很高的相关。

2. 组织连贯能力

采用活动鉴别法发现，通过对个别被试的出声表述的分析，发现被试在完成这些作业时表现出一种对阅读材料的组织连贯特质。完成影响该能力的 10 个分测验(见 135 页)都包括对阅读材料进行组织的加工过程，组织的质量对完成这些分测验有重要的影响。

3. 模式辨别能力

即对语言形式的把握能力，能否正确地辨别材料的形式，是能否顺利完成对该因素有较高负荷的分测验的关键。

4. 筛选贮存能力

即对阅读信息的保持问题，但又不是简单的存贮，需要对输入信息进行过滤。这种能力制约着个体选择整理阅读材料的信息，并加以贮存的过程。

① 莫雷. 中小学生语文阅读能力结构的发展特点研究[J]. 心理学报，1996(2).

5. 语感能力

与阅读速度有关，它是充分利用概念驱动，最低限度地需要来自材料的信息而形成对阅读材料的大致印象的能力特质。

6. 阅读迁移能力

即将从阅读材料中获得的观点、原理、写作手法等运用到新的情境中去的能力。

(二) 初中三年级学生的阅读能力结构

他把初中三年级学生的阅读能力结构分为8个因素。

1. 语言解码能力

即词句的理解能力。

2. 组织连贯能力

即一种对阅读材料的组织连贯特质。

3. 模式辨别能力

即对语言形式的把握能力，能否正确地辨别材料的形式的能力。

4. 筛选贮存能力

即对阅读信息的保持问题，但又不是简单的存贮，需要对输入信息进行过滤的能力。

5. 阅读概括能力

即对文章主题、段意等方面的理解，主要是对具体材料的观点或主要内容的概括过程。

6. 评价能力

即按照一定的标准或准则对材料的各个方面做出评判的能力，其分测验涉及对句子正确性的判断

7. 语感能力

即充分利用概念驱动，最低限度地需要来自材料的信息而形成对阅读材料的大致印象的能力特质。

8. 阅读迁移能力

即将从阅读材料中获得的观点、原理、写作手法等运用到新的情境中去的能力。

(三) 高中三年级学生的阅读能力结构

莫雷认为高中三年级学生的阅读能力结构存在10个因素。

1. 语言解码能力

即词句的理解能力。

2. 组织连贯能力

即一种对阅读材料的组织连贯特质。

3. 语义情境推断能力

即根据文章的语义情境,包括上下文关系、有关的意义等,对所要理解的句子作出推断而实现对其把握的能力。

4. 词义理解能力

它不同于一般的语言解码能力，而表现为个体掌握词义的广度与深度。

5. 模式辨别能力

即对语言形式的把握能力，能否正确地辨别材料形式的能力。

6. 筛选贮存能力

即对阅读信息的保持问题，但又不是简单的存贮，需要对输入信息进行过滤的能力。

7. 阅读概括能力

即对文章主题、段意等方面的理解,主要是对具体材料的观点或主要内容的概括过程。

8. 评价能力

即按照一定的标准或准则对材料的各个方面做出评判的能力,其分测验涉及对句子正确性的判断。

9. 语感能力

即充分利用概念驱动，最低限度地需要来自材料的信息而形成对阅读材料的大致印象的能力特质。

10. 阅读迁移能力

即将从阅读材料中获得的观点、原理、写作手法等运用到新的情境中去的能力。

(四) PISA、PIRLS 阅读能力要素

2000 年国际经济合作与发展组织(OECD)首次在全球进行了“国际学生评估项目”(Program for International Student Assessment),简称 PISA。作为各国教育体制指标项目的组成部分——PISA,为全球 15 岁(初三)学生在阅读素养(reading literacy)、数学素养和科学素养三个方面提供了一个量化的事实论据和无

形的教育竞技场[①]。国际小学生阅读素养评估创始于2001年，全称是“国际阅读能力发展研究”(Progress in International Reading Literacy Study)，简称PIRLS。是由“国际教育成就评估协会”(简称IEA)主办的一项全球性阅读素养测试。每五年进行一次，是目前世界上唯一一项针对9岁儿童(小学四年级)阅读素养的跨国界、跨文化的比较研究。

1. 阅读素养的含义

PISA和PIRLS研究项目旨在评估各国学生在阅读方面的知识、能力和技巧，并通过国际间的比较找出造成学生能力差异的经济、社会和教育因素，从而进一步为各国改善自身的教育体制提供必要的参考指标和数据。

PISA和PIRLS认为，所谓的阅读素养就是学生理解、运用、反思(reflecting)文章内容，以达成个人目标，增进知识、发挥潜能，参与社会活动的能力。从该界定以及整个评估内容来分析，两者的阅读素养评估框架是基于认知心理学原理设计的。该认知观视角的阅读能力强调互动性的阅读本质与建构性的理解本质(Bruner,1990)，认为：学生利用已有的知识和社会文化，借助文字及情境线索对阅读内容产生意义。在建构意义的过程中，每个学生运用不同的程序、技能、策略来强化、监督与维持对内容的理解。而这个过程与策略会随着不同的阅读情境与目的，不同的阅读内容有所变化。在PISA、PIRLS阅读试卷中借助选择题、开放性的简答题，获得学生对文章内容、观点和表达形式的看法；整合文章各处的语段信息，甚至整合两个文本(图表)信息做推论；整合文本信息，对重新设置的生活情境加以判断、提出自己的看法。这三类高频率出现的试题，其目的在于获取学生根据作者、创作环境、表达手法，对文章所进行的“释义”。而学生对文章的释义由于受到各自经验背景、知识结构的影响，从而影响他们各自的阅读理解程度。因此，PISA和PIRLS的阅读评估充分体现了认知心理学的阅读和理解观。

2. 阅读素养要素

PISA和PIRLS阅读评量从五个方面(process/aspect)展开，这五个方面也反映了学生阅读理解的心理历程。

(1) 获取信息(retrieve information)

要求学生从文中找出相关信息，如事件的主角，发生的时间、地点、背景，文章的主题、观点。

(2) 形成广义、整体的理解(form a broad general understanding)

要求学生形成对文章的整体感知和一般理解，如通过标题确认文章的写作目的、

---

① 董蓓菲. 2009国际学生阅读素养评估[J]. 全球教育展望,2009(11).

主题，解释说明顺序，明确图、表的数据范围、用途，描述故事的主角、背景和环境等。

(3) 形成完整的解释(develop an interpretation)

要求学生全面阅读文章，联系各个部分的相关信息，对文章进行逻辑上的理解。比较、对比文章(图表)信息，联系文(图表)中相关信息推论作者意图，列举相关证据，做出结论等。

(4) 反思、评价文章内容(reflect on and evaluate the form of a text)

要求学生提取已有的知识，建构对文章的深层理解，评价文章的观点，并辅以相关的理据。

(5) 反思、评价文章表达形式(reflect on and evaluate content of a text)

要求学生反思、评价文章的形式特点，如评价文章的结构、类型、语言特点。评鉴作者的写作风格，以及语言运用的细微差异，如某个形容词的选用对表达效果的作用。

PISA 评估预设：各国 15 岁学生大多已经具备基本阅读技能，所以内容应侧重 15 岁的初中学生是否具备“为学习而阅读”(reading for learning)的阅读知识和技能。PIRLS 评估界定 9 岁儿童是从“学会阅读”阶段过渡到“从阅读中学习”的阶段。评估不单独测试学生拼读单词、理解词语、认读文章的低层次能力，侧重检测学生的阅读理解能力与批判性思维能力。对国内阅读教学研究而言，较为陌生的是分析水平的“对照”“演绎”，综合水平的“想象”“推断”。而这些要素，我们可以在安德森修订的布卢姆认知目标二维分类框架中找到依据。

三、阅读理解监控与阅读策略

阅读理解监控，是指阅读者在阅读过程中不断评价阅读过程以获得阅读活动质量的信息，找出阅读偏差，并适时加以调整，选用适当策略，以保证有效完成学习任务。认知阅读心理学家认为，阅读中的理解监控的作用在于保证学生有效地达到自己的阅读目标。Kinnun 等人(1995)的研究也表明，学生监控水平与理解水平呈正相关。

(一) 阅读理解监控与阅读策略成分

阅读中的理解监控与阅读策略实质上就是元认知对阅读的影响作用，具体包括以下成分：设定目标(goal-setting)、选择策略(strategy selection)、检验目标(goal-checking)和做出补救(remediation)。

1. 设定目标和选择策略

这是指学生是否了解明显或暗含的阅读任务要求，是否意识到要使用阅读策略；同时能够根据阅读的文章、自己的认知特点积极选择策略，并且能评价所采用的策略。认知心理学家指出，对于熟练的阅读者来说，监控在开始阅读时便已出现,并贯穿于阅读过程。在阅读开始时，他们会自动地为自己设置一些特定目标并采取相应的对策。举例而言,假如他们为自己设置的目标是找到某一特定信息，那么相应的策略就是搜索与该信息有关的关键词。假如目标是要了解某篇文章的大概，那么相应策略便是浏览它的各级标题。

心理学家结合阅读提出四条帮助学生提高理解水平的监控策略。

(1) 变化阅读的速度。对于比较容易的章节,读快点儿,抓住作者的整体观点;对于较难的章节,则要放慢速度。

(2) 终止判断。如果某些内容未读懂,应继续读下去,作者可能会在后文填补这一空隙,增加更多的信息,或在下文中有明确说明,或有例证补充。

(3) 猜测。养成猜测习惯,当所读的内容不太清楚时,应猜测其含义,并继续往下读,了解自己的猜测是否正确。

(4) 重读较难段落。尤其当信息仿佛自相矛盾或含糊不清时,更应该如此。

2. 检验目标与补救

这是指学生能否判断理解已否,能否运用自我提问等方法检验阅读任务;当监测到阅读失败后,学生是否知道此时需要做什么,包括需要采取什么策略。正常的阅读过程时常会有中断。这可能是遇到了多义的字词,需要通过重读上下文来提取适当的词义;可能是因为要对上下文作出有关的整合、概括或精制，以明确文章的逻辑关联，或者要构思其细节。当然，由于对全文的总体结构未把握，或对文中提出的新观念尚不清晰，在阅读之后重读全文或有关的语段也是常有的事。伴随着阅读进程的中断、对新词义的重新提取以及对上下文乃至全文的重读，阅读者不断地自问原定目标是否已经达到，并采取相应的补救措施。由于阅读者制订的目标以及本身具备的知识背景各不相同，这种阅读过程的中断或重读也各有不同。但熟练的阅读者总是善于提出问题，也善于在发现缺失时采取相应的补救行动，表现出良好的理解监控能力。

(二)阅读理解监控与阅读策略差异

1. 设定目标和选择策略的差异

不同的阅读者对阅读目的的意识是不同的。例如郭沫若一生博览古今名著，他自认为读书有五种目的：为学习而读书;为研究而读书 ;为创作而读书 ;为娱乐而读书;为教育而读书。他正是由于有明确的阅读目的，才成为一名学者、大家。而阅读能力差的学生经常意识不到阅读的一般目的和特殊的阅读任务意义，他们把阅读只是作为一种译码的过程，而不是把它作为一个获得意义的过程。

不同的阅读者在阅读策略上也存在差异。阅读能力强的学生阅读策略更丰富，更有效，也更灵活。例如，在阅读中遇到不理解整个句子的意思时，能力强的学生有可能采取“再读一遍”的策略，也有可能采用“思考以下段落中其他句子”的策略；而能力弱的同学除了重读之外，很少用别的方法。

2. 检验目标与补救的差异

检验目标和补救的差异，表现在阅读能力强的学生在阅读过程中能够及时意识到出现的问题和困难，并且能主动地注意它，想办法解决它。而阅读能力弱的学生很少发现问题，但这并不意味着他们没有问题，导致的结果他们问题的不断积累。在补救措施方面也存在着较大差异：阅读能力强的学生遇到混乱时会采取积极的补救措施，如重读、查字典，还会试图通过一系列的对比、演绎和校正，把科学和技术的词语翻译成具体的事例，从而阐明难于理解的描述；而阅读能力弱的学生遇到不能理解的概念和词时，很少采取补救措施。正如有研究表明，阅读能力差的学生既不能发现理解中有的问题，也不能提出相应的补救措施；阅读能力中等的学生能认识理解中存在的问题，但不知道如何加以处置；阅读能力强的学生能认识理解中有的问题，也知道如何作补救。

（三）阅读理解监控与阅读策略学习

1. 提出明确而又适度的阅读目标

许多研究表明，不少阅读能力较差的学生之所以不能有效地阅读或阅读效率不高，往往是因为他们在阅读时缺乏内在的阅读目标意识。因此教师要帮助学生在阅读前设置明确的目标，使他们能准确地把握阅读的任务，能明确阅读的特点、要求以及要求达到的程度。这样，学生的注意力才会放到与任务有关的内容上来，能让学生抓住文章的重点。同时，教师在帮助学生预设目标时要根据学生的实际水平，目标的难度要适中，让他们能在经过一定努力尝到成功的喜悦。

2. 教师示范阅读理解监控过程

阅读理解监控过程是阅读者在阅读过程中的心理活动过程，虽与具体的特定的阅读活动相联系，但人们往往难以观察到，这给教师的指导工作带来困难。要使学生对这个监控过程有感性的认识，教师必须示范阅读理解监控过程，把这个过程中不能直接观察的心理活动清楚地展现在学生面前，给学生提供一个范例。如教师先指定一段课文，与学生一起默读。并假设自己的理解发生困难时，怎样思考，怎样采取措施，同时用语言将思维的过程展示给学生。教师甚至可以假设自己的理解发生困难，请学生来帮助他该怎样思考，采取怎样的措施。师生间产生互动。这种阅读教学对发展学生的阅读理解监控能力有极大的促进作用。

3. 引导学生采用“自我提问”的策略

自我提问法能不断促进学生自我反省而提高阅读理解监控的能力。柯林斯等人还认为，许多时候阅读理解失败实际是由于不能提出适当的问题。阅读能力差的学生又往往不善于发现问题，提出问题。因此教师要帮助他们针对阅读的目的和课文的重要环节提出诸多需要理解课文后才能正确回答的问题。下面是一张阅读理解自我监控问题单。①

概览阶段

(1) 从这篇文章的标题看,这篇文章是讲什么的?

(2) 从大小标题看(或从摘要来看,从课文的开头和结尾看),是不是和我刚才猜想的一致?

(3) 这篇课文值不值得我细读?

初读阶段

(1) 这篇文章涉及哪些背景知识?我需不需要补上某些背景知识?

(2) 这篇文章有哪些生字、生词?

(3) 我扫清了阅读这篇文章的障碍吗?

细读阶段

(1) 我每读一句,都停下来考虑它和前一个句子是什么关系吗?

(2) 我每读一段,都停下来考虑它和前一段是什么关系吗?

(3) 我能够把这篇文章连贯起来理解吗?

提要阶段

(1) 我采取了提要的方法浓缩知识吗?

(2) 我采用了纲要法构造知识吗?

(3) 我很好地把握住了文章的主题和结构吗?

检测阶段

(1) 我理解了课文的每一个句子和段落吗?

(2) 我把握了文章的结构吗?

(3) 该记的知识,我都牢记吗?

(4) 应该学会应用的知识,我都熟练吗?

(5) 我完成了预定的学习任务吗?

专栏 4-1　阅读预测策略的学习

对一个刚开始学习阅读的一年级学生,美国《加利福尼亚公立学校阅读/英语语言艺术课程框架》的内容标准指出:要学会阅读并理解与年级水平相当的材料,利用各种所需的理解策略(如,质疑并对必要的问题做出反应,做出预测,比较一些资源材料信息)。这一指标要求体现了:基于知识分类学研究成果,关注读写策略的养成——母语课程改革的国际趋势。在美国国家课标和大部分州的课标都强调帮助学生建构内容知识、建构策略库以及在各类读写活动中运用这些知识的能力。

如何指导一年级学生学习阅读预测这个学习策略呢?请看一则美国教师的教

① 张向葵.课堂教学监控学[M].北京:人民教育出版社,2004:207.

学案例。

赖特卡·帕罗米诺用教室上方的投影机和盒内的卡片遮住其余部分，先只露出文章的标题《魔术师的徒弟》。帕罗米诺读完文章的标题问学生，你们认为后来会发生什么事？

学生：变魔法！变戏法！空中的球！失踪的东西！兔子不见了！

老师：你们知道什么是徒弟？就是跟着一个有经验的人学习做某事。你们想象一下，《魔术师的徒弟》会写些什么？

学生：人们帮助魔术师。

魔术师的徒弟

从前，有个男孩叫朱利，他想做个魔术师。他读了有关魔术师的书，在电视上看了魔术表演，还买了魔术技法。等他当上了魔术师，他只表演一个魔法——老虎变没了。一天，镇上来了个马戏团。伟大的魔术师就在这个团里，有个魔法非常著名——在观众面前把老虎变没了。

男孩急不可耐，当天晚上做了个梦。他梦见魔术师要教他把老虎变没了。第二天，他紧张不安地向马戏团走去。

教师：我读一部分问你们问题。我读的时候，你们猜接下来发生什么事，好吗？

（她读第一句，屏幕上出现这一句，并用卡片遮住其他的部分）

教师：从前，有个男孩叫朱利，他想做个魔术师。你们猜朱利发生了什么？

学生：帮助魔术师，兔子变没了。

教师：他读了有关魔术师的书，在电视上看了魔术表演，还买了魔术技法。等他当上了魔术师，他只想表演一个魔法。你们猜他想变什么魔术？

学生：把大象变没了。球飞了。纸牌魔术。

教师：他只想表演一个魔法——老虎变没了。一天，镇上来了个马戏团。你们猜，马戏团来了，朱利会做什么？

学生：他到马戏场去。他骑大象。他将看到骑摩托车表演。他看到一个魔术师。

教师：伟大的魔术师就在这个团里，有个魔法非常著名。你们猜著名的魔法是什么？

学生：马戏。老虎变没了。老虎变没了！

教师：对！她能在观众面前把老虎变没了。男孩急不可耐，当天晚上做了个梦。朱利梦到了什么？

学生：马戏场。魔术师。老虎魔术。

教师：他梦见魔术师要教他把老虎变没了。第二天，他紧张不安地向马戏团走去。

就这样，帕罗米诺继续读故事，学生的猜测也越来越自信、越准确。她始终没有评价学生预测的对与错，只是鼓励学生尽量猜，并让学生感到猜得对不对并不重要，只要合理的作预测并在后面课文信息中自查。以此，学生获得预测的经验。

这堂课帕罗米诺老师运用了美国阅读教学中的“有指导的阅读-思考活动”教学方法，简称DR-TA。教师的“指导”表现为：鼓励学生做预测并要求学生根据某一部分内容来判断所预测的内容对或错。它提供学生阅读期间的一种活动模式，以最终过渡到无教师参与的独立预测。

随着年级升高，教师运用相互教学模式，继续引导学生默读儿童文学作品，并做预测。

下面是一节美国英语语言艺术课的教学实录(节选)。由黛西女士运用相互教学模式执教五年级阅读课。

阅读课伊始，黛西女士请了一个5人(道尔顿、麦克、美珍、吉莉、马洛)小组到会议桌前，进行小组阅读教学。她给每个组员发了一篇复印文章。班上其他小组的同学，合作学习同一篇文章。

黛西女士：今天我们要运用质疑、释疑、概述、做预测等方法，学习人体神经系统这篇文章。自己读题目，想一想课文会说些什么。

道尔顿：我认为这是有关神经的，当我们受到伤害时，人体的神经会告诉我们。

黛西女士：道尔顿，你预测得好！我们一起来看到底讲什么。第一段我先做领读，请大家默读第一段，然后我们一起讨论。

(学生开始默读第一段)

我们的神经系统：自动护卫者

你是否不小心碰过很烫的东西，然后想都没想就缩回了手？或者当你喝牛奶的时候，突然想到牛奶馊了就在瞬间停下，把牛奶洒了？或者，体育课上一个乒乓球向你飞来，在它就要砸到你眼睛的时候，你闭上了眼并伸出手护住了脸？你一定有过类似的经历。其实我们有过无数次这样的瞬间反应——我们的身体几乎自动化地作出反应。我们人体是怎样如此迅捷、不加思考地行动的呢？来看一下人体的一个系统——神经系统，就能找到答案。

黛西女士：读完的同学请抬起头看着我。我有几个问题问大家：通常是什么让我们的手从发烫的东西移开，又是什么保护我们的脸避开乒乓球的袭击？

麦克：就是那些伤害我们或打算伤害我们的东西。

美珍：题目中说，我们的神经系统自动保护我们，所有的都是自动化的。你不必思考你就做了。

黛西女士：真是个好答案！这一段有没有写我们神经系统是怎样自动保护我

们的吗？

吉莉：其实没有说。最后一句只是说通过了解神经系统就能找到答案。

黛西女士：明白了，真想知道课文后面有没有告诉我们。你们有不懂的单词和读不懂的地方吗？

马洛：有。我不明白为什么称它们是“系统”？我吃不准“系统”这个词的意思。

黛西女士：也许我可以解释。你可以把“系统”当做是一组东西，这组东西一起运作。我们的神经系统就是由身体各个不同的部分组成，这些部分一起工作。马洛，我这么说，对你有帮助吗？还有其他的词语需要解释的吗？好，那么我们来概括。这一段是讲我们对事物作出反应，诸如当球飞来的时候用手护脸，还提了神经系统。其他同学有补充吗？（学生摇头示意没有补充）我还要对下一段做预测。我喜欢吉莉说的最后一句话，文章说通过了解神经系统就能找到答案。为什么人体能够快速作出反应并保护自己。我想下一段会讲神经系统的各部分以及它们是如何工作的。谁愿意做下一段的领读？（道尔顿试着举起了手）真棒！我请道尔顿做领读。我们先默读，读完请抬起头看道尔顿。

（每个学生开始默读第二段）

神经系统是什么？

神经系统由大脑和脊髓两个主要部分组成，某种程度上很像一个复杂的电脑系统。大脑是驱动器，脊髓是通往显示屏、打印机、键盘的电线。大脑发出信息传递到身体各部分，再从各部分返回信息。脊柱包裹着神经，这些神经分叉再散布到人体。这个神经细胞网络负责给大脑传输信息。请看下一页上的插图，看看神经系统的这些组成部分是怎么连接的。

（小组成员读完后抬头示意道尔顿，准备讨论）

道尔顿：哎，我不知道问什么。

黛西女士：用“为什么”“怎么”开始提问。

道尔顿：噢！我的问题是：神经系统和电脑怎么相似了？（麦克举手了）麦克？

麦克：它的各部分就像一台电脑。大脑像电脑主机的驱动器，脊髓像电脑连接线，只是把电换成了携带信息的神经。

道尔顿：你说对了。其他人有问题吗？美珍？

美珍：啊，文中说“脊柱包裹着神经”是指什么？我不明白“包裹”的意思。

道尔顿：我也说不准。有谁能说清楚吗？（无人回应）

马洛：我们应该查字典或者看看书后的词汇表里的解释。

黛西女士：我同意，我们应该查字典或专用手册。不过现在为了节约时间，我来解释。“包裹”的意思是裹住了，意思是神经都被脊柱围住了。

马洛：你是说神经在当中，脊椎骨包围在四周？

黛西女士：对！道尔顿，你能概括这一段的意思吗？

道尔顿：我试试。这一段是讲，大脑和脊椎是神经系统重要的组成部分。

黛西女士：这一段还讲了什么重要内容？

道尔顿：讲了神经是在脊柱里，我猜这也很重要。

黛西女士：很好。你认为那是作者试图让我们理解，作为神经系统的一部分，大脑、脊椎和神经是怎样一起工作的吗？

道尔顿：刚才我概括得不全，我重新概括：大脑、脊椎和神经组成了神经系统，传送信息到身体的各部分。我预测，下一段将告诉我们更多有关大脑、脊椎和神经的信息。

黛西女士：道尔顿说得好！我们看看他的预测是否正确。谁愿意做下一段的领读？（吉莉举起了手）请吉莉带领我们继续学习下一段。请大家读完后看吉莉。

（小组同学开始默读"信息是怎样传入、传出大脑的？"）

信息是怎样传入、传出大脑的？

想象一下，大脑不断地以极快的速度传入、传出信息监控人体功能，就好比高峰时段的高速公路。神经信号从人体不同部位传到大脑，又传出大脑，就像汽车在不同的方向上高速行驶。神经信号从一个轴突传到另一个，信号穿越突触，就如同汽车穿过公路大桥。

（吉莉发现全组同学已经完成阅读，正看着她）

吉莉：我的问题是，神经信号要去哪里？

美珍：是从大脑到人体各部分。

黛西女士：好，我也问个问题，为什么说轴突很重要？

马洛：它们就像信息传递的公路。如果缺了它们，信息就不能从一个地方传到另一个地方。信息就没有道路可走了。还有，突触也很重要，不然信息也不能从一个轴突到另一个轴突。

黛西女士：这样看，它们非常重要。我喜欢这个观点：它们就像公路上高速行驶的汽车。吉莉，你还有问题吗？

吉莉：没有了。谁还要大家解释什么吗？

美珍：我还有点糊涂，它说信息从一个轴突到另一个，它们有桥。我想它们被称作突触。但我真的不明白它们是怎么传递的？像电一样吗？

马洛：你说的不完全对。也许像水或其他什么的从一个轴突到另一个。

吉莉：我不确定。

黛西女士：这真是个好问题。这一段的确没提到它们是怎样运作的？我们该把这个问题记下来，看看后面几段能否解决这个疑问。（转身把问题写在白板上）

吉莉：还有其他疑问需要解释吗？（没有应答）好，我来概括这一段内容。信息从我们的大脑通过轴突和突触传到身体各部分，速度极快。我预测，下一段该告

诉我们人体怎么对这些信息作出反应。不过我要告诉大家我作弊了，因为我偷读了下一段的第一句话。（大家笑开了）

黛西女士：预测得好，这也提醒了我们，每段的第一句话常会告诉你后面的内容。你干得很好！

（大家按照选领读——质疑——释疑——概括——预测的步骤继续读下去。黛西去其他小组指导学习……）

从教师朗读学生逐句预测，到学生默读篇章预测，这个策略教学的层次分明。

{摘自董蓓菲.如何培养学生的阅读能力——阅读预测策略的教学[J].澳门小学中文课教研通讯，2012(11)}

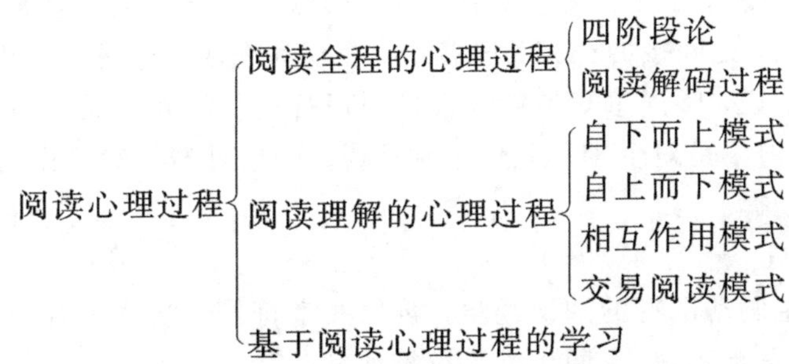

第二节　阅读心理过程

现代认知心理学认为，读物作为一种客体，它负载着作者显露或隐藏的见解、意愿而去影响读者这一主体；而主体与此同时又在不断地利用自己的经验积累去顺应、同化或逆反客体所负载的信息。阅读就是一个主客体之间不断相互作用的过程。

有关学生阅读心理过程研究有针对阅读全程的四阶段论、阅读解码过程，以及针对阅读理解阶段的多种心理运行理论模式：自下而上模式、自上而下模式、相互作用模式和交易阅读模式。

一、四阶段论

美国阅读心理学家 N. S. 史密斯在《阅读中理解的多样性》一文中，将阅读心理过程分为四个的层次：字面理解、解释、批判性阅读和创造性阅读。

（一）四个层次

1. 字面理解

即获得读物内容中一个词、一种观点或一个句子的最初的、直接的字面意义。

2. 解释

不是直接按样照搬读物文字，而是进行概括、比较，从而发现其潜在的意义。

3. 批判性阅读

即对读物做出个人的反应与判断。

4. 创造性阅读

即发表超越读物内容之外的新思想。

（二）四个阶段

相应地，我们可以将过程大致分为感知、理解、表达、鉴赏评价等四个不同的阶段，这四个阶段是逐步发展、趋向深入的，使读者的阅读水平不断提高。

1. 感知阶段

该阶段学生面对由语言文字所代表的一定意义符号，经过转换补充，把抽象的转换为具体的，把间接的补充为直接的，实现和完成对这种“外部言语”的真正理解。从本质上说，阅读感知是包含着强烈理解色彩的间接感知。格式塔心理学认为，人类的学习不是对个别刺激作个别反应；而是对学习对象作出整体反应，即一种整体性的把握。

2. 理解阶段

该阶段学生调动已有的知识经验，转化文字符号，领悟作者透过作品传递出来的立场观点、思想感情、见闻想象等思维活动。

现代认知心理学认为，人在阅读中会形成各种“思维组块 ”，汇成有效的认知结构。当他面临解决问题时，就在已有的认知结构中寻找并检索与解决问题有关的思维组块，借以分析、对照、推理，达成知识的沟通与运用，导致问题的解决。现代语言学、符号学以及语言心理学研究认为，对于语句意义的理解一般含有三重意义：一是字面意义，即根据词语的通常含义和正常语法体现出来的意义；二是文体意义，即借助语句中所采用的修辞手法而产生的某种特定意义；三是情境意义，即借助语句出现的情境而隐含的某种深层意义。[①]

阅读理解的任务即分别在这些层面上对文字语句进行释义。由于学生立场观点不同、思想感情不同、知识经验不同，会对同一语句与作品作出不同的理解，产生不同的态度。

3. 表达阶段

该阶段运用语言将阅读理解的成果予以外现与表达。从语言心理学的角度看，阅读活动则是从看到的言语向说出的言语（ 大声或无声 ）的过渡。在阅读中，当学生对读物有了一些新的理解之后，就会产生一种表述自己内心感受的愿

① 马笑霞. 语文教学心理研究[M]. 杭州：浙江大学出版社，2013：108.

望。阅读表达活动是学生从视觉的言语符号向口头言语或书面言语的过渡，从内部言语向外部言语的过渡。

积极阅读要求学生在主动探求文章所蕴含的各种意义，不断地介入评价、怀疑和预测，不断地提出问题、作出自己的判断的基础上，运用自己的语言，发表自己的见解。

4. 鉴赏评判阶段

该阶段学生在理解的基础上，对文章的思想观点、语言文字、风格特点等进行鉴别、赏析和评价，独立地提出自己的见解。

二、阅读解码过程

认知教学心理学家将阅读分解为四个过程：解码子过程、字面性理解子过程、推理性理解子过程和理解监控子过程。该理论的某些解释可能更适合拼音文字。

(一) 解码子过程

解码子过程指读者揭开书面文字的代码、了解其意义的过程。认知阅读心理学家埃里(Ehri,1982)认为，该过程存在匹配(matching)和再编码(recoding)两种形式。

1. 匹配

把书面文字的视觉输入与学生已知的该词视听形象配合，从而激活已贮存的学生长时记忆中的该词词义。贾斯特和卡彭特(Just & Carpenter,1978)认为，匹配过程随学生阅读能力的获得而演进：最初，学生还不具备一目了然性词汇，匹配过程仅在字母或构成字母特征(如直线、圆形)的水平上运作。随着阅读技能的获得，这种知觉单元的规模逐渐增多至多个字母或音节，最终在整个词的水平上发生作用。

2. 再编码

学生遇到某个生词或过长的词，先尝试发出读音，再根据读音来激活自己长时记忆中的词义。认知心理学家设想这个过程会经历如下几个步骤：

(1) 将生词或过长的词分成若干音节；

(2) 发出各个音节的语音；

(3) 将这些语音连贯读出；

(4) 以这些连贯的语音激活常识记忆中的词义。

(二) 字面理解子过程

字面理解子过程指读者掌握词语在当前语境中的确切意义。该过程可分解为词义提取(lexical access)和语法分析(parsing)两个步骤。

1. 词义提取

指从被知觉激活的所有词义中挑选出某词在当前上下文语境中最适当的含义。如学生阅读理解"绿林好汉"一词中的"绿林"的含义，他可能激活"绿"字的两种读音：lǜ 和 lù，绿(lǜ)的意思是名词，表示一种颜色；或作动词表示变成绿色。绿(lǜ)林的意思和上下文语境"好汉"不符。而绿(lù)林好汉的意思指反抗官府或抢劫财物的集团，与上下语境适切，从而获得适宜的词义。可见，词义提取是学生获得个别词义的确切理解。

2. 语法分析

指读者根据某一语法规则，对所读到的语言材料做出结构上的分析，以便形成更大的语言单元的意义。这是学生获得为理解句子所需的词之间关系的信息。如学生阅读唐朝王维《使至塞上》的"大漠孤烟直，长河落日圆"诗句，按照句子的语法分析得出"直"在此不能作形容词，而是作动词，意为"无风笔直上升"，整句意为苍茫的沙漠里，升起一缕长长的云烟，直长孤单。

通过词义提取过程，读者获得对个别词义的确切理解；通过语法分析过程，读者获得为理解句子所需的词之间关系的信息。若读者未获得个别词的确切理解时，语法分析过程仍可进行，但获得的理解并不完整。同样，若读者不能对句子作语法分析，获得的理解也并不完整。在字面性理解子过程中，两者必须相互作用。

(三) 推理性理解子过程

推理性理解子过程指读者超越文章阐述的信息，达到更加深入、广泛的理解。该过程可分解为整合(integration)、概括(summarization)、精致(elaboration)等子过程。

1. 整合

指对文中的观念获得更加连贯的表征。通常是将复杂句之间、语段之间出现的两个甚至更多的观念联系在一起。如上例"大漠孤烟直，长河落日圆"两句，学生理解都是描写漠野黄昏的景观。

2. 概括

指读者形成一种表达文章主要思想的总体结构或宏观结构。它相当于读者心中形成一篇文章的提纲，它通过一系列有层次组织的命题来捕捉文中的主要观念。如上例，学生结合对整首诗的理解，作者把自己孤寂的情绪巧妙地融化在对广阔的自然景象的描绘中。

3. 精致

指通过读者先前的知识与现在要理解的信息相互作用，对当前的意义表征有所增加、补充甚至引申。如上例中，学生结合自己去敦煌旅行所见理解诗句的意境：看到敦煌莫高窟外沙漠中有一隆起的沙堆，掩埋着一位考古工作者的遗体。了无边际的沙漠上一座孤坟守护着艺术的宫殿，那场景似和诗句的意境极其相似。

认知心理学家提出精致的形式有以下四种。

(1) 举出文中提及的一般内容的实例；

(2) 延续文中提及的内容；

(3) 补充文中提及的细节；

(4) 提出与文中提到的相似的对象、情境或情形。

(四) 理解监控子过程

理解监控子过程指学生通过制订自己的目标、调用自己的认知资源以有效地达成阅读目标。该过程又分为设定目标(goal-setting)、选择策略(strategy selection)、检验目标(goal-checking)、做出补救(remediation)这样一些子过程。

对阅读能力强的学生而言，理解监控在开始阅读时已经出现，并贯穿于阅读过程的始终。

脑科学研究者运用脑成像技术获得了清晰的大脑阅读时的加工过程：单词(例如，dog)首先被记录在视觉皮层(见下图)，然后在左半球的角回处进行解码，在这里被分解为基本的声音或音素(d-o-g 被读作"duh，awh，guh")。这个过程激活了布洛卡区，单词被识别出来。脑内的词汇存储、思维推理和概念形成的能力与威尔尼克区的激活相结合，产生了单词的意义，形成了一个有毛的、会叫的动物的概念(Shawitz，1996)。所有这些加工过程在头脑中发生的时间都只不过是 1 秒钟。图中显示的加工概况看上去是线性而且单一的，但实际上，它却是双向并行的过程，在同一时间会进行许多因素的加工。

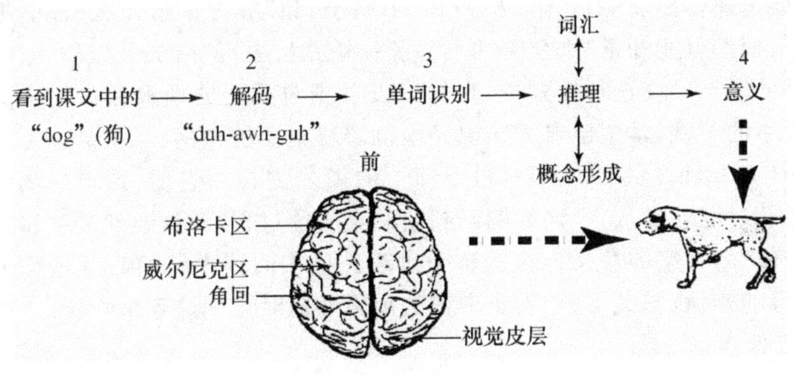

图 4-1　脑是如何阅读的

认知心理学家认为，学生阅读期间工作记忆中的表征，随出现的子过程而变化，这种变动为学生的目的与原有的技能所制约，呈现多样性。在阅读时，究竟出现何种过程，又以怎样的顺序出现，无法预先确定。有些学生甚至可以很快跳过其中有些子过程。

三、自下而上模式

针对阅读理解阶段的心理过程，心理学家提出了多种运行模式，比较有代表性的是拉伯格等的自下而上模式(bottom-up model)、古德曼的自上而下模式(top-down model)和鲁墨哈特的相互作用模式(Interactive model)，以及罗森布拉特的交易(transactional)阅读模式。

拉伯格(Leberge)和萨姆尔(Samuels)提出自下而上的模式又被称为材料驱动模型(date-drive model)。他们认为阅读理解过程经历了由低级到高级的一系列信息处理过程。

(一) 模式特点

自下而上模式看重解码过程。认为当一个人阅读时，他的眼睛看到文字符号，脑子将符号转换成意义存起来。当需要信息时，他取出使用。假设学生阅读过程始于最小单位——汉字的笔画，由字组合成词再组合成句子，从而理解内容。即阅读从字词的解码开始，一直到获取意义。

这种模式与我们汉字的初始阅读经验相符。我国低年级儿童开始学习阅读基本上也是采用这种模式，即由字组合成词再组合成句子，从而理解内容的。例如，一年级学生阅读“小公鸡和小鸭子一块儿出去玩。”这个句子，不光是辨认出“小、公、鸡、和、小、鸭、子”等一个个字(多数还要通过朗读，把文字转化为语音)，而且还要在头脑中迅速组合成“小公鸡、和、小鸭子”等词语。因为有口语和生活经验为基础，他们能迅速作出反应，知道“小公鸡、小鸭子、和”等词是指什么；进而把词语组合成句子，他们就能知道“小公鸡和小鸭子一块儿出去玩”指的是怎样一件事，从而获得句子的意义。在这种模式中，我们可以看到对词义的理解和对句式的掌握是理解过程中的关键，学生已有的知识经验也起着重要的作用。

高夫(Gongh)在 1986 年对自下而上的模式进行完整的、系统的阐述。他提出阅读理解过程就是从字、词的解码到获取意义的过程，即从看到文字符号的那一刻起，直到理解文字的意义为止的整个过程。他将阅读理解的心理过程分为肖像表征、字母的辨认、词义了解、句子中词的加工和短时记忆这 5 个阶段。

1. 肖像表征

该阶段眼睛扫描书写的文字，在头脑中形成字母特征(如线、边、棱、角)的短暂表征。肖像表征的充分形成需要约 100 毫秒的时间，能够被随后的刺激模型抹掉或掩蔽。

2. 字母的辨认

该阶段肖像表征中的直线、曲线、角等被作为字母来辨认。从肖像表征中识别出字母的速度非常迅速。即使是彼此没有联系的字母，都能以每个 10～20 毫秒的速度，从肖像表征中被辨认出来。

3．词义了解

该阶段根据字母的组合，在心理词典中找到词的意义。

4．句子中词的加工

该阶段从左到右，连续将各个单词认知，并连词成句，理解整个句子。如果该词有多种意义，由句子语境决定应采用其中的哪个意义。

5．短时记忆

该阶段短时记忆中存在一种“默林”(Merlin)机制，试图揭示材料的深层结构。如果默林成功，那么就达到了对阅读材料的一种语义解释，这时对阅读材料的语义解释就会被放置于长时记忆中。如果无法达到对阅读材料的语义解释，则有可能要求继续进行注视，从而花更多的加工时间，或者要求眼睛重新扫描。

自下而上的模式在80年代前后曾广泛流行，对西方阅读学习的影响很大。我国语文教材编写先出现笔画偏旁，再出现字、词，后出现句子、段、篇，也体现了该原理的思想。

(二) 模式不足

尽管该模式能说明阅读理解阶段的某些现象，但它不能解释阅读过程中各种信息之间的相互作用。阅读时，遇到多义字，读者常需靠上下文来找出最合适的字义。因此，单由解码来说明阅读过程，无法完全说明读者如何找出字与字之间的互动关系。

实际上，阅读心理所加工的信息，不仅仅是来自于学生阅读材料的感觉信息，而且包括学生头脑中已有的知识经验所提供的非感觉信息。由于该模式主张自下而上的加工，即任何低一级的信息输入，都转换到高一级水平，在高一级水平上得到进一步加工，高、低层次信息之间的加工缺乏相互影响。因而在这种模式中，信息的传递只有一个方向：字母→单词→句子→意义，高阶段加工的信息不可能影响低阶段的信息加工。这种模式反映了早期的信息加工线性模式对阅读研究的影响。

四、自上而下模式

自上而下的模式又称为观念驱动模型(conceptually driven models)。

(一) 模式特点

自上而下的阅读模式是古德曼(Goodman)1976年提出的。该模式与“自下而上”的模式截然相反。他认为，阅读是一个预测下一步信息并作确实或否定的过程。他发现学生在边读边理解时，偶尔会读出与原文文字有别的读音，如把“制服”读成“校服”。他解释，这种现象并非学生视觉扫描出错，而是学生运用智略去理解笔画文字的结果。即学生在阅读时用头脑中储存的知识，并根据读物的部分文字材料，对所要读的内容作出预测，然后通过阅读来证实自己的预想或期待是否正确。所以，古德曼认为，阅读乃是一种心理语言学的猜测的游戏，它包括了思想和语言之间的相互作用。有效的阅读并非精确的知觉与辨认所有的文字成分的结果。阅读过程存在两条视线：眼的视线和心的视线。低水平的学生一定要看到全部文字才知道阅读材料讲的是什么，也就是说心的视线落后于眼的视线；较高水平的学生则是看了一部分文字便开始预测下面的文字，后续文字的阅读不过是对自己预测的证明或否定。在这种水平的阅读中，心的视线已经领先于眼的视线。

例如读一个句子："小明打碎了……"。读到谓语部分我们已经可以预测到打碎的必是茶杯、碗、玻璃一类易碎的东西，而绝不会是山峰、大海、天空。如果读到小明打碎了一块……那么后面出现的一定是"玻璃"。预测的正确性达到100%，最后两个字看或不看都没有关系。由此可见，在某些情况下，阅读并不是只有从字到词再组合成句子才能获得意义。正如法国哲学家、文学家萨特所说："阅读时你在预测，也在等待。你预测句子的末尾，预测下一个句子，预测下一页书。你等待它们来证明你的预测是否正确。"这是许多人都有的阅读经验。"自上而下"的模式强调的是读者已有经验的作用，更加注重读者的主观能动性。

为了具体说明阅读理解的过程，古德曼提出了阅读过程的以下步骤。

(1) 从左到右对文字符号进行扫描，并一行行地阅读下去。

(2) 对阅读材料的某些部分进行注视，这一部分的文字符号处于注视的中心，其余部分则处于视觉边缘。

(3) 开始进行选择，当然这种选择受到读者先前选择的限制，并且还受到读者的语言知识、认知方式以及所学会的阅读策略等因素的影响。

(4) 通过选择得来的线索和其他预期的线索共同形成一种知觉的表象。这种知觉表象，部分来自读者所看到的东西，而另外一些则来自读者的预期。

(5) 同时，读者从自己的记忆中寻找那些有关句法的、语义的和语音的线索。这就有可能导致去选择更多的文字和线索，同时重新形成那种知觉表象。

(6) 读者会作出与文字符号的线索一致的猜测或者作出一种暂时的选择。而语义的分析则导致了一种尽可能的部分译码。在继续阅读中由此获得的意义也暂时保存在短时记忆里。

(7) 若获得的线索还不能用来进行任何猜测，读者将检查他的知觉输入，而且再次进行尝试性猜测。如果此时猜测仍无可能，他将进一步阅读并聚集更多的文字线索。

(8) 如果读者能够作出选择，那么他就要检查这种选择在上下文中、在语法和语义方面的可接受性。

(9) 如果这种暂时的选择在句法或语义上是不可接受的，那么他就会返回去重新进行扫描，直到在某处发现这种不一致为止。如果这处不一致被发现了，他就会在这个地方详细阅读；如果没有不一致的地方，他就会寻找另外的一些线索去解决这种异常的情况。

(10) 如果这种选择是可以接受的，那么译码的过程就继续扩展，所获得的意义也被先前获得的意义所吸收、同化。同时形成对于下面的内容的预期，于是开始新一轮的循环。

古德曼的模式可以表示为：取样→预期→检验→证实这样一个循环过程。在西方的阅读教学中有很大的影响。由于他强调过去经验和理解的作用，认为阅读过程只需要很少的关于文字方面的线索，因而也存在一些问题，如在阅读教学中忽视基本知识的作用，忽视字、词的认知加工的作用，这对学生的阅读技能形成会产生负面影响。因而，用绝对的自上而下模式来解释阅读理解过程也是有局限性的。

(二) 模式不足

自上而下的模式不承认低级加工水平的重要性，轻视认字能力，认为若有不认识的字，学生可以通过图式的运作来填补理解上的漏洞。若读者对文章没有一些知识，无法形成假设来理解这篇文章，阅读心理活动是如何进行的，该模式是无法解释的。

五、相互作用模式

上述两个阅读理解模式都忽视信息之间的交互作用问题，认为加工过程中的每一个阶段都是独立的，其任务只是把加工的结果传递给下一个阶段，信息的传递只有一个方向，高级阶段的信息不能影响低级阶段的信息加工。其实，有一定阅读能力的人在读一篇文章，开始由于对阅读材料不了解，会采用“自下而上”的模式，而读到后面则较多地采用“自上而下”的模式。如果对阅读材料的内容比较熟悉，人们会较多地采用“自上而下”的模式；而读物难度较大时，则较多地采用“自下而上”的模式。初学阅读由于阅读经验、语感较少而采用“自下而上”的模式。低年级学生多用“自下而上”的模式，逐字阅读，而中、高年级学生已经开始采用“自上而下”的模式。相互作用的模式又称为相互作用的模型(interactive models)。

(一) 模式特点

相互作用的模式认为，阅读理解的心理过程既不是单纯的“自下而上”的过程，也不是单纯的“自上而下”的过程。阅读理解既受到阅读材料的制约，又取决于读者已有的知识和经验，以及他采用的阅读方式。也就是说，读者阅读时要同时运用自下而上和自上而下的策略。用自上而下的过程先激活合适的智能去预测及推想，阅读的目的与期望会影响对阅读材料的选择。相对来说，当读者注视文字时，就展开自下而上的过程，再激活合适的智能去对应输入的信息。

20 世纪 70 年代鲁姆哈特提出的“图式理论”在众多相互作用模式中最具影响。鲁姆哈特把读者头脑中分等安排好的知识结构，称为“图式”。图式除了指知识本身之外，还包括这些知识如何被运用的信息。他认为阅读时，人脑像一个信息中心，不断地收集输入的信息，并通过4个辅助储存库（表音法知识、构词法知识、句法知识和语义学知识）不断筛选认同，从低级到高级依次处理。与此同时，与之相反的信息处理也在发生，读者头脑中的背景知识和已有的语言知识对获得的点滴信息，立即提出假设，最先从语义学知识进行证实，然后分割成句法知识分析、构词法知识分析和表音法知识分析。通过一系列的分析，对假设加以肯定或否定。每一阶段的知识分析，不仅来自于更高一级知识分析，也依赖于低一级的知识分析。一旦两者吻合，就产生令人满意的阅读理解。鲁姆哈特曾以被试阅读下面一篇短文为例，说明了“图式理论”是如何解释阅读过程的。

(1) 自从石油危机以来，买卖越来越糟。

(2) 似乎没有什么人再想要精致的东西了。

(3) 突然，门被推开，一个穿戴讲究的人走进了陈列大厅。

(4) 约翰立即以最友好的、最真诚的表情迎上前去。

他通过分析被试阅读时的手记发现：第一个句子通常被理解为买卖因石油而萧条；第二个句子倾向于肯定汽车买卖的假设；第三个句子暗示了汽车买卖的场地和买者；第四个句子中卖者约翰的出现，证实了由汽车买卖假设激起的预期。

相互作用模式强调任何层次理解上的缺陷可互相填补。若读者认字能力不足，他对文章已有的一些概念，由上到下的模式可以帮助他理解；若读者没有一些知识，他的认字能力可以让他由下而上地来理解文章。

（二）模式不足

人们也发现相互作用的模式人为地把文本与读者当时的情感因素与环境因素割裂开了。即无法解释在不同的时间、空间，不同的场景，为什么同一个读者阅读同一篇作品，会产生截然不同的体验和感受。

六、交易阅读模式

20世纪70年代末，罗森布拉特提出了交互作用的另一种形式——交易阅读模式。这种模式强调，在阅读环境中，读者与课文不再是一个物体，而是产生阅读理解的一种潜在力量。读者并不单纯追求作者在文章中表达的意思，而是创造性地理解作者传输的意义。由于读者的知识经验不同，阅读时的情结与环境不同，因此对同一文章会有不同的理解。他认为，由于阅读某篇文章总是发生在阅读者的人生过程中的某个阶段、某种情境和某个时刻，阅读者的各种经历和体验，阅读的情境以及阅读者当时的心境，都会影响他的阅读理解程度。这些因素或者促进阅读理解，或者阻碍阅读理解。如果阅读材料、阅读情境与阅读者的心境呈现某一种一致性，那么阅读理解的效果就好。

该阅读模式强调外界阅读情境和阅读心境的和谐与协调，正反映了阅读过程不仅仅是机械的知觉过程，更是阅读者的认知和情感的过程。近年来风靡美国的整体语言教学法就充分体现了该模式的特点。

上述阅读理解模式提示，学生阅读活动是一种根据作者及其创作环境和表达的修辞手法特征，进行“释义”的过程。“释义”时，需要学生的过去经验背景的知识结构参与作用。即语文阅读是学生原有旧的知识结构与课文新知识相互联系和作用，从而在学生头脑中建立新的知识结构，或者对原有的知识结构进行调整、补充、丰富和修正的过程。阅读教学就是要启发、引导、帮助学生把新知识纳入或同化到原有的知识结构之中，重建新的知识结构。

七、基于阅读心理过程的学习

阅读研究证实，解码可通过整词法、语音法形成字与音的对应。整词法是指将一个印刷字词与 LTM 的一个相似模式匹配，从中激活词语的意思以达到理解的目的。这个方法依赖于模式识别过程，模式位于人的即时词汇中。在语音法中，通过将一个单词分成 音节，并发出与之相应的声音，一个人便将单词读了出来。语音激活了记忆中单词的意思。无论哪一种方法，识字是进行阅读教学之初的关键一步(Biemiller，1994；Mayer，1999)。语音法和整词法都相应地运用了“自下而上”和“自上而下”的加工过程 (Just & Carpenter，1980 ；Resnick，1985)。

在自下而上的加工过程中(Bruning *et al.*，1995)，人们辨认字母的特征，将字母组合成为音节，再将音节组合成单词。单词辨认先于意义的理解，阅读是由书面材料的输入控制的。阅读技能较差的人通常用这种方法；熟练的阅读者遇到生字词时，也会用这个方法。

在自上而下的方法中(Bruning *et al.*，1995)，读者在先前知识和现有资料基础上，建立有关阅读内容的上下文概念。阅读是由较高级的加工过程控制的(如形成下面将出现什么的预期或运用推理等)。上下文概念是由命题网络和图式构成的。读者填入所需要的信息，以证实或推翻关于“下面将出现什么”的假设(Fred 由 ikseh，1979)。他们用生成系统将预期的信息从文章中提取出来，在有效的自上而下的加工过程中，读者不需要单独解码每个单词，而是以一个个的命题或更大的单位来理解。

图 4-2 展示了自下而上和自上而下模式的加工过程。假设一个学生在阅读一篇内容有关一个男孩的短文。他读到了这样一个句子“马丁在外面玩(　　)”。如果运用自上而下的加工过程，该生会预期在空格处发现单词“篮球”，而用自下而上的方法，该生就会从看到的单个音节去拼组这个单词。①

① 戴尔·H.申克.学习理论：教育的视角[M].杭州：江苏教育出版社，2003：261—262.

全部文字	马丁正在外面打篮球，这时他妈妈叫他："马丁，你能帮我把那本放在书架上层的菜谱拿来吗？你个子高，容易够到。"
自上而下	马丁在外面玩（ ）
记忆	篮球　牌　吉他
自下而上	篮球（basketball）
记忆	bas　ket　ball
文字形象	b a s　k e t　b a l l

图 4-2　自上而下、自下而上的加工

相关研究表明，解码速度与理解能力之间存在中等程度的相关(Curtis，1980)。快速阅读似乎能较快地激活学习者理解的程序，以使他们能够在较少的时间里理解更多的信息。慢速的解码需要更多的时间来激活理解过程。同时，先前已经解码过的一些信息会从 WM 中丢失，无法提取以用于理解。也有研究证明，存在解码问题的学生在理解中也会出现困难。因此，国外更多的学者和教师越来越提倡学生应该能够在很大程度上实现解码的自动化(Admas，1990)。那些在解码上花费很多时间和智力的学生缺少适当的资源供他们理解阅读材料。如美国的基本阅读者教学法、整体语言教学法(Whole Language Approach)等。下面是一则培养学生解码技能的案例。

【案例 2】解码技能教学①

一位一年级教师通过提一些问题帮助学生阅读新的材料，学生可以借助这些问题建立解码策略。当一个学生遇到某个生词、难词时，老师提问，鼓励学生运用自上而下的加工方法。

(1) 什么单词用在这里会比较合理？把句子读一遍，看你是否会想到一个。

(2) 这个句子说的是什么？你猜想可能会发生什么？

(3) 闭上眼睛想象一下发生了什么，现在你认为接下来会发生什么？

① 戴尔·H. 申克. 学习理论：教育的视角[M]. 杭州：江苏教育出版社，2003：263.

老师可以用以下的问题来引导学生使用自下而上的方法。
(1) 你能在这个词里发现你认识的字吗?
(2) 这个单词像你认识的那个词吗?
(3) 你能读出这个单词的字母并拼读整个单词吗?

速读心理
- 速读心理机制
- 速度标准
- 速读训练
- 阅读速度检测
- 阅读速度检测
- 有效阅读速度评价

第三节　速读心理

速读即快速阅读,是视觉器官感知文字符号直接转换成意义,消除脑中潜在的发音现象,成为视觉器官感知文字符号——获得意义的过程。现代社会信息爆炸,快速提取和筛选信息已成是社会生活对公民的基本要求。

一、速读心理机制

速读时,读者首先接收语言文字符号的是视觉分析器,人通过视觉分析器所获得的信息占全部信息的 90%以上。眼睛获取信息的速度依赖于它每次停顿时所获取的信息量,阅读速度快和阅读速度慢的区别不在于读者眼睛跳动的快慢,而在于眼睛停顿时感知信息量的多寡。速读时,眼睛在每一行里只停留两三处,视觉分析器只从文章中吸取部分信息。

1. 注意力

注意力是速读最重要的心理因素。速读效果在很大程度上取决于学生对自己的注意力的控制程度,注意力决定阅读速度。当然,快速阅读和慢速阅读都会产生疲劳感,从而影响注意力集中的程度。

2. 记忆力

快速阅读要求将视觉获得的信息进行编码、储存。因此速读的有效性即有效读速取决于学生的记忆力和理解力。

二、速读标准

2001 年颁布的语文课程标准提出,第三学段(五～六年级)“默读要有一定的速度，默读一般读物每分钟不少于300字”；第四学段（七～九年级）要“养成默读习惯，有一定的速度，阅读一般的现代文每分钟不少于500字”。

（1）20世纪30年代，我国心理学家龚启昌在速读实验条件下测得叙事文、写景文和说理文三种文章各年级的平均速度为：小学三年级每分钟214字，四年级每分钟270字，五年级每分钟286字，六年级每分钟400字。各年级比较，三四年级特别是五六年级进步较明显；各类文章比较，每个年级都以叙事文为最快，说理文次之，写景文最慢。

（2）黄仁发对我国中学生调查发现，小学高年级每分钟250～300字，初中每分钟300～400字，高中每分钟400～500字。从小学三年级到初中，再到高中，每一阶段以每分钟50～100字的速度在增长。

（3）1987年杭州大学（现浙江大学）刘炳炎等人对浙江省城镇小学三～五年级1456名学生进行默读速度调查，测得三年级有效读速为每分钟170.8±12.1字；四年级有效读速为每分钟195.3±10.8字；五年级有效读速为每分钟267.4±14.4字。

三、速读训练

从有效读速的概念来看学生速读现状与课程标准要求尚有差距。学生阅读速度的提升是一个渐进的过程，需要科学的训练。

1. 苏联的快速阅读训练方法

（1）整体阅读法。从全部文字符号中寻找目标、迅速接受有用信息的快速阅读。

（2）鉴别阅读法。主要步骤是找出关键词——确定概念——理解意图。

（3）无声阅读法。为了解助克服阅读时发出声音，任金教授提出一钟“节奏敲打法”，即在默读文章时手指头拍着一定的节奏进行敲打。这样做，既能防止内发音，又能防止外发音。

2. 法国小学快速阅读方法

（1）扩大视域。要求学生不发音、不辨读、不转移视线，不管遇到什么字，每个字上只注视一次。

（2）寻读。不必读全文，要找希望获得的信息，把一页讲义交给学生，让他们看20秒钟，然后翻过来，问这一页讲什么，学生不可能全部读完全页，必须采用各种方法寻找目标。

（3）猜读。把一篇生疏的课文写在黑板上，写时留出一些空缺，让学生“猜读”空缺的内容，学生可根据前几行的意思来理解，猜测出缺少什么。

3. 浙江省特级教师乐连珠的速读实验

浙江省特级教师乐连珠尝试了多种快速阅读的训练方法。如速视图片、速读词语、速读句子、速读段、猜读、速读篇章等分步骤训练法。以及在篇章速读训练中提出目光注视的方法：意群注视法、垂直注视法、斜线法、波浪法等。

四、阅读速度检测

默读是一种不出声的阅读，速读是一种有速度要求的默读。检测学生的阅读速度，方法较多。

（一）数字法

先告诉学生读后要复述，然后让学生默读测验材料，到一定时限（如 3 分钟）叫大家停止读，各人在自己最后读的那个字上画圈或作其他标记。

【案例 3】杜鹃（juān）鸟（二年级学生适用）

1. 要求：默读短文

2. 默读材料

在很远很远的南方住着年轻的妈妈和她四个孩子。妈妈很爱她的孩子，为他们洗澡（zǎo）、做饭、缝衣服。可孩子们很调（tiáo）皮，一点儿也不听话。傍晚妈妈做好饭，在门口叫："孩子们，回来吃饭吧。""不，妈妈，我们还没玩够（gòu）呢。"孩子们回答。等到他们玩够（gòu）了，回到家，饭菜早就凉了。妈妈只得再去热。这时老大坐在椅子上叫道："妈妈，我的鞋里全是沙子，给我抖一抖。"老二脱下衣服扔给妈妈说："我的衣服湿了，给我烘（hōng）一烘。"妈妈饿着肚子忙给孩子抖鞋子、烘（hōng）衣服。

有一天，妈妈累得生病了，她躺在床上，一动也不能动。轻声说："孩子们，到泉边打桶水来，妈妈想喝水。""不！我没戴帽子！"老大叫道。"不！我没穿鞋子！"老二说。"不，我提不动水桶！"老三摇着手说。连最小的孩子也不愿理睬妈妈。孩子争先恐后地跑出去玩了。傍晚他们一进门就嚷（rǎng）："妈妈，饭烧好了吗？我们饿死了！"可是妈妈站在屋子中间看着他们，一句话也不说，眼泪哗哗地流了下来。不一会儿，妈妈身上长出雪白的羽毛，变成了一只杜鹃（juān）鸟，拍着翅膀，飞出屋外，嘴里叫着"咕咕咕，你们不给妈妈打水，我只好自己喝水。"孩子们吓坏了，一边追一边叫："我们去打水！""咕咕咕！太迟了！孩子们，我不回来了！"孩子们哭着追着，可是怎么也追不上妈妈，妈妈再也不回来了！

使用说明

（1）测验前先向学生说明测验方法。读一篇短文要求复述，听到铃声，将自己读的最后一个字圈起来。

（2）测验时间。2 分 10 秒

（3）评分方法。按公式计算每位学生的默读速度，速度越快越好。

$$\text{默读速度(字/分)} = \frac{\text{实际阅读字数(字)}}{\text{实际阅读时间(分)}}$$

这里的实际阅读时间为 2 分钟 10 秒。

（4）运用数字法时，数字手续较繁琐，且结果并不一定准确，若学生随意圈字，则毫无意义。

(二) 计时法

让学生默读测验材料,全部读完后,把阅读所用时间记录下来。然后利用下例公式计算其速度。它一般适于个别测验。

$$默读速度(字/分)=\frac{全文字数(字)}{实际阅读时间(分)}$$

(三) 悬牌法

让全班学生同时阅读一篇测验材料。其间教师每隔 10 秒钟出示时间牌(或英文字母),学生读完材料交卷时,即抄下黑板上时间牌记录的时间(或英文字母)。然后利用计算公式(同上)计算出默读速度。

(四) 划记法

默读测验时,老师每隔 10 秒或 20 秒按铃一次。学生每次听到铃声,即划一个记号在所读到的字处,直到读完为止,然后计算划记次数。再按公式:

$$默读速度(字/分)=\frac{全文字数(字)}{划记次数(次)}\times 6\ (每\ 10\ 秒按铃一次)$$

或

$$默读速度(字/分)=\frac{全文字数(字)}{划计次数(次)}\times 3\ (每\ 20\ 秒按铃一次)$$

可计算出学生每分钟默读字数。但这种方法会干扰学生的正常阅读,其精确性不够。

(五) 消字法

在测验材料中,加入一些多余的字,让被试在默读时随时划去。可由划去字数核算阅读字数和速率。

【案例 4】冬夜苦读(五年级学生适用)

1. 要求:默读短文,划去多余的字。听到铃声,即停笔。

2. 默读材料:

我国宋朝的时候,有个著名的宰相叫范仲淹。他曾经说过两句非常有意义的话:"先天下之忧而忧,后天下之乐而乐。"这两句话的意思是说:吃苦在前,享乐在后。为什么生在封建时代的范仲淹能可够有这样好的思理想呢?这是跟他从小刻苦学习,深刻地了解人民大大众的疾苦分不开的。范仲淹很小的时候就死了父母,因为家里太穷,母亲就改嫁了。但是,后父的家境也不都宽裕,不能供范仲淹上学,所以范仲淹只有好寄住到亲戚家里去读书。范仲淹深深知道,得到读书的机会是件不容易的事,于是就不分白天黑晚夜地苦读。他常常吃不饱饭,每天只能用一把米煮粥吃。他等煮好了粥冷下来凝聚成块状的时,在中间划个十字,分成四块,每次吃一块。虽然环境这样艰苦,可是范仲淹却从来不叫苦。他常常不对人说:"一个人如果不能读书,即使能吃饱喝足,生活也没有多大小意义……"

范仲淹读书是有计兴划的,每天读多少页,不完成计划绝不休息。冬天的夜晚,屋子里没有生火。呼呼的西北风从门缝里直钻进来,把人的手脚都冻麻了,有钱人生了火炉,钻进柔软的被窝还嫌不够热舒服,范仲淹却在这样的寒夜里,面对一盏孤灯,在那里刻苦用功。

他坚持着要读完每当天该读的书以后才去休息。有时候，他冻冷得实在支持不住了，就用冷水洗一把脸，提提精神。每当他计划完成后去睡觉时，常常已经是后半夜了。可是，第二天一清早，他却又赶紧起过床，收拾好一切，又忙着读第二天的书。

范仲淹就这样刻苦地读了十多年书，积累了丰富的学识。后来，他当了上了宰相。他从自己的经历中知又道一个人求学的过程是十分艰苦的，有了学问就应当做些对人民有益的事情，不要忘和记自己当年的苦楚，不要忘记社会上受苦的人，因此，他才能说出全我们在前面提到过的那样非常有意义的话。

使用说明

(1) 测验前先向学生说明测验方法：读短文，划去多余的字。听到铃声，即刻停笔。

(2) 限定默读时间为 5 分钟。对照下表，可得出学生 5 分钟的阅读字数或用公式计算得出学生默读速度。

(3) 由于划去多余字，对各种水准学生而言，难易不一，因此由此得出速率已有干扰因素存在。

表　《冬夜苦读》对照表

划去字	自然段	阅读字数
地	1	6
可	1	79
理	1	89
大	1	107
都	2	151
有	2	168
晚	3	210
的	3	248
不	3	288
小	3	315
兴	4	326
热	4	397
每	4	432
冷	4	450
过	4	506
了	5	549
又	5	563
和	5	599
全	5	626

五、有效阅读速度评价

有效阅读速度评价是测查学生以初步理解为基础的阅读速度。

【案例 5】国王的信(三年级学生适用)

1. 要求：迅速阅读材料

2. 阅读材料

从前有一个国王，写了一封信给另一个国王，那封信上说："请送我一只有红眼睛的绿色兔子，要不然，——"另一个国王就写一封回信给他说："我没有这样的兔子，倘使有的话——"

两个国王都很生气，于是彼此打起仗来。他们调动全国的军队，打了好几次血战。后果是尸横遍野，血流成河。老百姓饱经患难，家破人亡，真是痛苦不堪。

双方相持多年，都不能取胜。人民越来越苦，士兵也厌倦战争，国家无法再打下去，只好互相讲和。在讲和的时候，两个国王聚在一起，要把那两封信解释明白。

第二个国王说："你算是什么意思呢？你要向我讨一只有红眼睛的绿色兔子，怎么可以那样威吓我呢？"

"啊！"第一个国王说，"我从来没想到这个意思。我只这么说：请你送我一只有红眼睛的绿色兔子，要不然，其他颜色的兔子也可以。"

"啊，就是这样吗？可惜我不曾得到这样完整的一封信。"第二个国王答道。

"但是我也想知道一下你回信的意思呢。"第一个国王说道："你说我没有这样的兔子，倘使有的话——"

"咦，我的回答不是和你的请求一样明白吗？我的意思是说：我没有这样的兔子，倘使有的话，我一定奉送。"

"啊，啊！"第一个国王说道，"我们无缘无故就打了起来。要是我们在未打之前，平心静气，把这两封信解释清楚，那可以避免多少痛苦和灾难呀！"

读完上述材料的时间：________分________秒

3. 完成下列试题

下列各题中，你认为题目所说的是对的，在(　)打"√"；认为是错的，在(　)里打"×"。

(1) 一个国王向另一个国王写信的内容是：请送我一只红眼睛的绿色兔子，要不然，——。(　)

(2) 另一个国王看了那个国王的信后，认为是和自己开玩笑。(　)

(3) 两个国家打仗的原因是双方没有把信的内容写清楚，造成了误会。(　)

(4) 双方打仗相持多年，人民生活越来越苦，士兵也厌倦战争，只好讲和。(　)

(5) 后来，另一个国王把兔子送给了那个国王。(　)

(6) 在讲和时，两个国王聚在一起，谁也不愿讲自己的心里话。(　)

(7) 最后两个国王认识到，要是在打仗前把两封信解释清楚，即可避免这场战争灾难。(　)

(8) 两个国王都为没有得到完整的一封信而感到遗憾。(　)

(9) 第一个国王来信的真正意思是：请你送我一只红眼睛的绿色兔子，要不，你送给我一只其他颜色的兔子。(　)

(10) 另一个国王回信的真正意思是，我没有这样的兔子，假使有的话，我一定奉送。(　)

4. 使用说明

(1) 测验前先向学生说明测验方法和步骤。先阅读材料，读完根据教师告知的时间记下阅读时间，然后不看阅读材料完成测验题。

(2) 评分方法。本次测验可评定三项成绩。

① 阅读速度是《国王的信》全文字数为441(字)，除以该生实际阅读时间(方法同前)。

② 理解率(正确率)$=\frac{\text{答对题数}}{\text{总题数}}$

③ 有效阅读速度=阅读速度×理解率

如：某位学生阅读这篇材料共用了2分12秒，他的阅读速度为441字/2.2分=200.5字/分。

若答对了8题，则其理解率 $=\frac{8}{10}=80\%$

他的有效阅读速度为200.5字/分×80% = 160.4字/分

- 语感的心理过程
  - 语感的含义
    - 夏丏尊的界定(见下页)
    - 朱作仁的界定(见下页)
    - 王尚文的界定(见下页)
    - 朱智贤的界定(见下页)
  - 语感的心理因素
    - 感知觉
    - 记忆表象
    - 直觉思维
    - 想象、联想
    - 情感体验
  - 语感的特征
    - 语感的直觉性
    - 语感的模糊性
    - 语感的个人性
    - 语感的社会性
    - 语感的综合性
  - 语感的学习
    - 隐性知识显性化
    - 提供大量的“理解性输入”
    - 为教学内容提供更多的情景支持
    - 正确认识语文知识与语感的关系

第四节　语感的心理分析

语感和语言学、心理学、文学、教育学等诸多学科有着密切的联系。从严格意义上讲，“语感”并未成为某一学科特定的研究对象。然而在语文界，却一直被关注。

一、语感的含义

人们通常是在宽泛、笼统的意义上使用“语感”一词的。有关语感的界定也仁者见仁、智者见智。

1. 夏丏尊的界定

我国最早提出语文教学要培养学生语感的是夏丏尊先生。他在《我国文科教授上最近的信念——传染语感于学生》一文中指出：“在语感敏锐的人心里，‘赤’不但解作红色，‘夜’不但解作昼的反对吧。‘田园’不但解作种菜的地方，‘春雨’不但解作春天的雨吧。见了‘新绿’二字，就会感到希望、自然的造化之功，少年的气概等等说不尽的旨趣；见了‘落叶’二字就会感到无常、寂寥等说不尽的意味吧。真的生活在此，真的文学也在此。”

2. 朱作仁的界定

浙江大学朱作仁先生认为语感是指对语言文字的正确、敏锐、丰富的感受力。

3. 王尚文的界定

王尚文先生查阅了《辞海》《辞源》《汉语大词典》《中国大百科全书》《简明不列颠百科全书》《语言与语言学词典》，均未有“语感”的词条。他在专著《语感论》一书中谈道：语感就是对语言的“敏感”。他认为语言有语言的理，它往往不理睬认识的理、逻辑的理而自行其是。从认识的角度、逻辑的角度看它简直不可理喻、蛮不讲理。理论上说，人对语言的理解应当经过这样两个阶段：一是感知它的声音或形体；二是思索它所表示的意义。但通常情况下，人们却在感知它的声音或形体的同时，就了解了它所表示的意义，无需思索。“语感就是在视听当下不假思索地从感知语音、字形而立刻理解语音字形或表示意义的能力。但语感不假思索，并非感觉与思考的统一。”

4. 朱智贤的界定

朱智贤在其主编的《心理学大词典》中定义，语感是一种对语言文字的敏锐感受力、正确理解力。即客观存在的言语成品和言语过程是主体形成语感的源泉。同时，语感应接受言语对象客观规律的规定和检验，使主体语感和客体对象自身的特点与规律相符合。

尽管有关语感的界定尚未达成一致，但对“语感是一种直觉思维的心理感受力”的表述，学者们有着共识。

二、语感的心理因素

语感是多种心理功能协同活动的结果。它由表象、想象、联想、情感等多种心理因素构成。

1. 感知觉

感觉是对客观事物的个别属性的反映，知觉是对客观事物的整体的反映，两者密不可分。例如唐代张继的《枫桥夜泊》中，“月落乌啼霜满天，江枫渔火对愁眠。”描述的是一种视觉景观；“姑苏城外寒山寺，夜半钟声到客船”描写的是一种听觉效应。学生对诗的意境感受主要是由视觉和听觉构成的悠扬动听、寂寞愁郁的语感。

2. 记忆表象

过去感知过的事物在头脑中的再现出来的形象，我们称之为表象。

【案例 6】于漪老师的《孔乙己》

语文教育名家于漪老师在上《孔乙己》一课时，设计过这样一段精彩的导语：

凡是读过鲁迅小说的人，几乎没有不知道孔乙己的；凡是读过《孔乙己》的人，几乎都在心底留下了这个旧社会苦人儿的形象。有人说，古希腊的悲剧是命运的悲剧；莎士比亚的悲剧是主人公性格的悲剧；易卜生的悲剧，是社会问题的悲剧；而鲁迅写的这个孔乙己究竟是怎样一种悲剧呢？是命运的悲剧，是性格的悲剧，还是社会的悲剧？学了这篇文章后，可以找到正确的答案。

课后学生谈道：“听了这一段开场白，当时脑海中闪过的是莎士比亚笔下的哈姆莱特、易卜生笔下的娜拉……”

《孔乙己》这篇鲁迅的名著，无数教师都曾精心演绎，以求学生的共鸣。其开讲部分的设计于漪老师的设计可谓经典。因为她将课文的主题浓缩、深化到如此高度，又以如此精辟的言语来表述，学生对孔乙己的兴趣不言而喻。这位学生的语感是建立在他对读过的《王子复仇记》《玩偶之家》的记忆的基础上。如果没有阅读的积累，该生就不可能再现小说的人物形象。

3. 直觉思维

思维根据它得出的结论是否经过明确的思考步骤和对过程有否清晰的意识，可以分为直觉思维和分析思维。上海市著名语文特级教师贾志敏老师，在作文教学演示课上，对学生的习作经常是在一读一听之际，就能迅速地、敏锐地对言语的正误、优劣、形象、情味以及它们的细微差别作出判断，得出哪些地方上口、顺耳、畅达；哪些是佳句，用语精妙；哪些地方需要润饰或修改，能直觉地感觉这个字不合适，换哪个字才合适，这个说法不合适，换另一个说法才合适。这种不必进行语法规则及其他语文知识的专门分析，对语言文字的直觉感受、直觉判断主要是直觉思维积极参与的结果。

4. 想象、联想

想象是头脑中已有的表象进行加工改造创造出新形象的过程。凡到过敦煌月牙泉、鸣沙山的人，阅读诗人王维《使至塞上》中“大漠孤烟直，长河落日圆”的诗句，能感受开阔而又荒凉的意境，这是借助想象构成的画面。

联想是由表象或词语唤起的，由一个事物想到另外一个或一类事物。余秋雨先生在《这里真安静》一文中，记叙他在新加坡参观了一个门面狭小的、冷冷清清的日本人的坟地。在坟地的这边，埋着的是“一万余名侵略东南亚的日本士兵的骨灰，而在那边埋着的是无数日本妓女的骨灰”后写道：

一度把亚洲搅得晕晕乎乎的民族，将自己的媚艳和残暴挥洒到如此遥远的地方，然后又在这里划下一个悲剧的句号。既然日妓南下与日本经济萧条有密切关系，而经济萧条又是日本必须向外扩张的根本动因，那么，不妨说，日本妓女的先来和日本军人的后到，确实存在着某种因果关系。让他们的坟墓紧紧靠在一起，好像是故意在搭建一种历史逻辑。

读者会为余秋雨先生敏锐的洞察和严密的思维力所折服。在阅读中产生的“折服”就是语感，而产生这一语感的前提是阅读者关于日本侵略史、南洋屈辱史，乃至电影《望乡》等诸多文化积淀被调动起来。这就是联想的结果。

5. 情感体验

情感是客观事物是否符合人的需要和愿望而产生的体验。语言文字都是表达思想感情的。我们阅读普希金著名的童话诗《渔夫和金鱼的故事》，当读到老太婆一次次提出无理的要求，我们都会厌恶她的贪心不足；读到老太婆做了威严的女皇，竟把老头儿赶出大门，我们一定会同情老头儿的悲惨遭遇。到最后，金鱼让老太婆恢复原样，贪得无厌的人最后一无所获，我们又不由得感到欣慰和痛快。一个具有强烈的语感的读者，必然会与作品中塑造的形象同悲同喜。

三、语感的特征

语感具有直觉性、模糊性、个人性、社会性和综合性的特征。

1. 语感的直觉性

语感的直觉性是指对言语对象能迅速做出正误、真伪、是非、美丑判断，无理性分析。这是语感的核心因素和最基本的特征。

以某地一条马路两旁房地产商开发的楼盘名称为例。因为该条马路很长，跨越了两个区县，所以沿路的楼盘有十多个，其名称有：农民新村、金沙雅苑、21世纪街区、康桥半岛、泰宸新苑、舒适康庭、优诗美地、新长征花苑、建德花苑……

若以名称选择购房楼盘，同以“苑”字为选择范围，即使他没有学过修辞知识，也可以根据生活经验和语言符号暗示出的形象，得出“金沙雅苑”是首选。因为他能体会到在“金色”的“沙滩”边生活的质量，一定远远高于红军“长征”途中的艰难岁月，即使这是一个全“新”的“长征”的“花苑”。这就是人的“直觉”能自然而然识别和理解词句，创造和生成词句。这是对言语的直接感受、直接判断，是直觉思维的结果。

可见语感的直觉性具有非逻辑性、快捷、直接、整体的特点。即语感无需某种逻辑规则和严密推理，带有一定的猜测和预见性；语感是一种自动化的瞬间活动；以非线性的跳跃方式径直指向最后的结论；而这一结论是把言语对象放在具体语境中完整感受后得出的。

2. 语感的模糊性

语感的模糊性是语感直觉性的局限，表现为对言语对象的理解较肤浅、不清晰。语感的直觉性使整体把握、笼统感受、模糊思维成为汉民族感受言语对象的主要和擅长的方式。但是，这个特点也决定了语感短于分析、难以透彻的局限性。

3. 语感的个人性

语感的个人性是指一个人的语感以个体以往的生活和语言的经验为基础，必然与他所处的时代、所属的民族、所在的地域、所生活的环境、所接受的教育有关，且具有鲜明的个性，彼此各不相同。例如在剧场里看话剧《马兰花》，当剧情发展到高潮，剧中的老猫为了躲避追捕逃下舞台，冲进观众群中。这时观看剧目的学生反应不一：一二年级学生中胆小的生怕被“老猫”抓到，躲到了椅子下；三四年级的学生又叫又跳，看得带劲；五六年级的学生静观其变，暗想“老猫”跑不了；初中生则边看边发表议论：闹哄哄的，干吗？而其中业余参加学校戏剧组的几个高中生则津津有味地欣赏着导演的别具创新：让观众成为话剧表演的一分子。至于在学生的写作活动中，每个人的文笔的千差万别更是显明的个体差异。

4. 语感的社会性

语感的社会性表现在操不同语种的人，会有人类共同性；操同一语种的人，语感更会有基本的共同之处。这里的社会性多指比明确知识具有更强烈的文化特征，这是与一定文化传统中人们分享的概念、符号、知识体系分不开。如以汉语作为母语的人看到“小心火车”的招牌，绝不会有疑义，那无非是告知众人此地有火车通过，通行时应注意来往的列车。但对刚学汉语的外国人而言却常闹误会：此地会有一种罕见的新型火车，外形类似人的心脏。于是傻傻地等待那种永远不存在的火车的到来。

5. 语感的综合性

语感的综合性可以从两个方面来理解：一是指语感是由多种心理活动瞬间的联翩而至的结果，其心理成分具有综合性；二是指语感组成成分是综合性的。

有学者认为，语感成分应该包括文感、象感、意感、情感。

(1) 文感

指全面感知言语的外在形式，如语音、语法、语气、语体，以及整体的畅达和分寸。我们在观看大学生辩论赛电视实况时，会发现有的语言犀利、锋芒毕露；有的娓娓道来，有理有节。

(2) 象感

是指感知言语的内容,如形象、景象、物象、事例、道理、数据等。在谈话类节目中,有的擅长数据把握和推理;有的擅长想象描述;而有的则泛泛而谈,难以服人。

(3) 意感

指言语表达的旨意,即言语交际要表达的某种特定的意思,达到特定的目的。对言语信息发送者而言,应当让交际对象了解自己为什么说(写)这个内容。如叙事、说理、传情等;对言语信息接受者而言,应当明了表达者的意图。

(4) 情感

是指言语信息发送者和接受者所流露或感知的思想情感、理想抱负、情感气质、人格品德等。

四、语感的学习

语感是很难用语言解说的一种心理品质和语言素养,它的重要心理机制是内隐学习过程。语感的养成过程是模糊的、难以用意识控制的,它是在不断的语言实践中慢慢地形成的。语感可视为隐性认知能力,是一种对语言的直觉把握和领悟。

(一) 隐性知识显性化

1. 四种基本的学习知识模式

当今越来越多的学者投入到隐性知识显性化的研究。日本著名知识管理专家野中郁次郎(Nonaka,1991)提出人类四种基本的学习和传播知识的模式。它们分别是:从隐性知识到隐性知识的模式,如拜师学艺的学习和传授;从显性知识到显性知识的模式,如语文教师通过课堂讲授学科知识和学生通过听讲学习知识的过程;从显性知识到隐性知识的模式,如汽车驾驶员先学交通规则和开车技术,数年后会开车且技术高超却难以讲清临时车位倒车的要领,只能说"这是一种感觉"。这就是司机经历了"知识内化"或者说"从显性知识到隐性知识"的过程。而"从隐性知识到显性知识"的学习和传播模式却常常被人们忽视。

为了说明这种模式的存在,也为了证明隐性知识的显现可能,野中郁次郎提出了一个著名的案例。

【案例 7】田中郁子的松下烤面包机

1985 年松下公司遇到一个难题,即如何让面包机揉好面、多风味?他们甚至比较了机器揉面和手工揉面的 X 射线,也不得要领,机器总是作不过面包师,烤制的面包总是单调而缺少特色。于是,公司派出一位细心的软件工程师田中郁子去研究这个难题。田中郁子和同事们采取了不同寻常的办法:跑遍东京大阪的面包房、西餐馆,走访研究面包大师们如何做面包。他们仔细记录面包师们的制作过程,分析他们讲述的诀窍和心得,终于弄清了面包师们自己都讲不出、道不明的过程和技巧,编制出若干套各有特色的程序,并且把这些程序配置在几个不同型号的面包机上。松下的面包机终于能够烤出风味各异、美味可口的面包了，新型面包机创下了松下的销售新纪录。田中郁子没有采用师徒相传式的、"从隐性知识到隐性知识"的学习方式，但是她还是获得了面包师傅们的隐性知识技能。然后，田中郁子将面包师傅们原先的隐性知识技能记录下来，明示和显现给了她的同事和公司；田中郁子还和同事们一起用软件将这些原来"只可意会不可言传"的知识和技能固定在面包机的程序中，再用文字写在产品开发文件中和用户的说明书中。这个案例清楚地论证了"从隐性知识到显性知识"的可能性，实现了隐性知识的显性化。

2. 隐性知识显性化思路

德裔学者封·科若赫(Georg von Krogh,2000)提出隐性知识显性化的五项主要策略：分享隐性知识、创造新的概念、验证提出的概念、建立基本模型以及显现和传播知识。并且提出对应策略的五个步骤：形成知识愿景、安排知识谈话、刺激知识活动、创造适合环境和个人知识全球化。

从学生个体的内隐学习来看，心理学家提出过程回忆、情境模拟、内省是三种通过个人努力使内隐知识显性化的途径。过程回忆即努力回忆某种不明所以的直觉获得的过程，借助于背景信息的丰富性，激活与网络相近节点的相关信息，使模糊的直觉印象上升到意识层面，完成显性化。情境模拟即和过程回忆相同，其关键是个体回到事件发生的最初情境或人为构造一个模拟事件发生时的情境，借助于熟悉情境的记忆痕迹激活，使与事件相关的直觉印象易于上升到意识层面。内省即通过个体的意志努力，把关注焦点集中到微弱的隐性知识上，使之显性化。

语文教师在教学中必须将学生不能明言的语感纳入考虑、研究范围，发现并研究学生的语感能力。我们可以借助语感强的学生隐性知识的显性化，让其他学生分享并提升语感。

(二) 提供大量的"理解性输入"

1. 理解性输入

克拉申(Krashen)认为习得是在非正规教学(自然环境)中无意识地获得语言能力的过程，而学习是在正式教学中有意识地学习语言规则的过程。学习是习得之果，而非习得之因。学习不能导致习得，对语言能力发展起决定性作用的是习得。因此，自然的语言输入就显得十分重要。据此，他提出"输入假设"(input hypotheses)，认为为学生提供大量"理解性输入"(comprehensible input)(即听和读)有助于语言习得。克拉申强调语言输入(听和读)对语言习得的重要性，承认语言学习有一个"沉默期"，当输入进行到一定时候，学习者就可以自动地输出(表达)了。如果从隐性知识角度来看，习得强调内隐地获得语言能力的过程，学习则是显性知识的接受过程，而且显性知识的接受必须以隐性知识为基础。克拉申相信学生用内隐的认识方式来习得语言的运用能力，而学生学习语言知识(显性知识)也必须借助他们的隐性知识。我们不难看出,语言习得说十分强调隐性知识和内隐学习。

"理解性输入"是指稍超出学生现有水平的语言输入,克拉申用"$i+1$"加以说明:i 指的是学生目前的语言水平,$i+1$ 则是学生按习得顺序紧随其后的阶段,即稍超出目前水平的阶段。学生通过理解大量的理解性输入而习得语言。这一过程中,学生凭借一定的情景和语境、超语言信息(extralinguisitic information)以及有关世界的知识使理解得以产生,从而使学生从 i 阶段过渡到 $i+1$ 阶段。这种看来自然的理解过程正说明了学生内隐知识的存在和先决性作用。因此,教师在教学中应为学生提供大量自然的可理解性语言输入,让他们充分调用自己的隐性知识,促进学生的内隐学习过程。内隐知识本质上是一种理解力,语感是一种内隐学习过程的结果。因此,比起传统的语言知识的灌输,让学生接受大量的语言输入以促进其语感的内隐学习这样一种学习途径和方式更为自动、自然,从某种意义上说也更为有效。①

2. 阅读积累

反复诵读、潜心揣摩、熟读成诵的过程是一个语言内化的过程,也是情感、思想、文化的积淀的过程,更是形成内隐记忆、获得内隐知识的过程。作品中诸多的养分蕴含在具体的语言材料中,内化为学生身心的一部分,并在大量的语言实践过程中,自动转化为语文能力。熟读成诵的文章,对学生起着潜移默化的影响,这是一个潜滋暗长、积少成多、由感到悟、从量变到质变的过程。因此,诵读时要探究语言规律:词义领会、标点的作用、段意的领会等。

文章的解读要从情与美的角度去鉴赏感悟,引领学生真正走进作品,走入人物的内心世界。因为,人文素质的养成离不开直观的、形象的具体的语言,但又不是附加于教材的,不能简单灌输。需要引领学生反复揣摩、思考、比较,体会文章比较深层的涵义,分辨语言运用的细微差别,即情感的投入、思维的调动、艺术氛围的创设、语言美感的品位等内隐学习。

(三)为教学内容提供更多的情景支持

1. 内隐知识的优先性

显性知识对于隐性知识具有依赖性,无论在语言习得前阶段,还是在语言表述阶段,隐性知识都具有优先性。儿童以惊人的速度习得母语、进行人际交流和应对外部信息和事件,这可归结于儿童内隐的力量。隐性知识的优先性启示我们,即使学生在语言学习初期,我们不必先进行显性知识(如语法知识)的教学,而是通过提供适当的语言情景,促使学生运用内隐的方式学习语言技能和习得语言运用能力——培养语感。

---

① 俞红珍. 从默会知识论角度看英语教学[J]. 全球教育展望,2005(6).

2. 全语文教学研究

当今盛行的"全语文"(whole language)教学研究，在我国香港被称之为"全语文取向"(whole language approach)。在我国台湾，"全语文"(whole language)也译作"全语言"，被认为是一种教学模式，或是跨学科的学习模式。就全球范围而言，该研究的主要代表人物是古德曼(Ken Goodman)，他对全语文运动的形成和推动，产生极大的影响。

(1) 古德曼的观点

1) 语言学习是由整体认知开始，而后才认识语文的各个部分(whole to part)。虽然在语文教学中，我们常常把语文分成"听、说、读、写"四个部分，但实质上，语言是包含着四个部分在内的、一个不可分割的整体。

2) 语言中的音、字、词、短语、段落犹如一张木制的桌子中的原子和分子，我们研究桌子中碳、氢和其他元素及成分，有助于我们加深对木材的认识，但是，用碳、氢等元素是造不出桌子来的。同样，幼儿在家庭里学习语言表达并非始于学单字，然后把单字组合成句子；而是从听懂父母用完整的句子传递的完整的意思开始，然后为了表达自身的需要和一定的目的，慢慢学着开口，用语言表达自己的意思。虽然婴儿只能用简单的文字表达，但是他却传达一个整体的意念。而且事实证明，幼儿在这种自然环境中，把语言当做一个整体来学习，从来就是相当成功的。

3) 反对语文学习的所谓"次序性"(必须先学会阅读，然后才能通过阅读学习其他知识)。他指出：语文的认知学习是运用个人全方位语文知识及策略，而这些知识及策略是没有特定的阶段，因此语文学习不可以分阶段、等级。学生就是在语文学习各种知识的时候，同时学会了听、说、读、写，以及语言本身的形式结构，这三件事是同时发生的。学习阅读和学科知识应该齐头并进，相辅相成，不存在先后轻重之分。

(2) 全语文教学理念的主要观点

1) 语言不应划分成内容和技巧，学习者只有在有意义的真实情境中使用语言，才能学会语言。在阅读中学习阅读；在写作中学习写作。

2) 语文教学要培养学生能应用已有的知识和创新思想，尽量表达不属于他人，属于自己的、真实的、有意义的东西。

3) 学生的语言错误只不过是学生语言学习不同阶段的真实反映，学生会按自己的进程发展的。教师要容许学生犯错误，要以辅助者的角色，鼓励学生冒险，大胆使用语言表达自己的思想，即使不准确，也不是失败者。

4) 语言是在互动、社会交往中获得的，因此学生之间也可以彼此互相学习。

5) 每次语言的使用都包括语义(semantics)、语法(syntax)和形音(graphophonemics)，所以语言是不可分割的整体。语言的使用包括了第四个系统——实用性

(pragmatics)。实用性的含义是“在一个特定的情境下,语言使用的社会规则。”(The social rules of language use in a specific context.),实用性是语文认知的过程与基础。语言文字的学习并不是认知语义和语法,而是包括语义、语法与应用三大要素。

(四) 正确认识语文知识与语感的关系

语感是在长期的规范语言的运用和严格的语言训练中形成的。它既需要通过阅读、写作和有声语言的环境来积累语言经验,获得大量的感性认识;又需要联系生活经验去比较揣摩语言文字,提高语言修养来获得理性认识。

(1) 教师要不断地丰富学生的生活经验

教师要引导学生联系生活积累，唤起有关表象，进行有关联想，回忆自己所经历的生活，从而体味言语所构成的情景，领会其中蕴含的感情，获得理解语言的能力。

(2) 教师应正视知识基础与语感能力的关系

文化背景知识、语文基础知识和语文认知策略是培养读、写、听、说能力的基础，也是语感养成的重要条件。它为培养语感提供了理性经验，使对言语的理解和鉴别，既知其然，又知其所以然。语文教学应引导学生丰富文化知识,系统学习语文知识,初步理解语法规则,并用之指导读写听说实践,进一步积累了有理性渗透的言语经验。这种理性经验越丰富,就能越快地促进语感达到高级的层次。

第五章　写作学习心理

维果斯基是第一个在心理学中把书面语言作为特殊信号活动进行专门研究的学者。他认为，从心理学角度看，书面语言同口头语言、内部语言有质的区别：书面语言最完备、最精确，它的主语和谓语是充分展开的，因为书面语言是不同情境中人们的交际工具；口头语言可能只有谓语，因为交谈者往往在同一情境之中；内部语言则只有谓语，因为内部语言发生在人自己的头脑之中，它的主语是不言而喻的。这种语言的结构源于语言所具有的不同功能。可见，书面语和其他两种语言相比，它可以更加充分地表达交际内容，并且是由不同的动机所引起的，也具有更大的随意性和自觉性。这也就是书面语的心理特征。

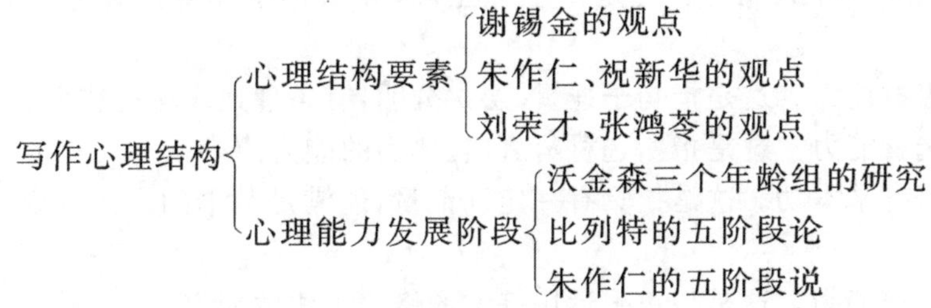

第一节　写作心理结构

写作是以书面语言表达观念的过程，是一种复杂的智慧技能。国外学者在写作心理结构方面的研究较少见，而我国学者多关注写作心理因素方面的研究，且成果颇丰。

一、心理结构要素

境内外学者大多把写作心理结构归为几个要素或因素。

（一）谢锡金的观点

香港大学谢锡金借鉴西方学者的观点，认为影响写作能力的因素有五个：

（1）掌握写作思维过程的能力。这是指学生从长时记忆系统提取资料，理解题目的含义并选取题材；把握写作过程，如构思、衍生和取舍观念；动笔时能转换翻译，以及修订和重写等的能力。

（2）掌握传意的能力。这是指明确作者和读者的身份，选择适当的人称、格式等的能力。

（3）娴熟运用多种表达方式的能力。这是指运用记叙、描写、说明、游说和抒情等方法的能力。

（4）运用评鉴的能力。这是指发现错别字和修改作文、评价和欣赏自己、他人的作文的能力。

（5）解决写作困难的能力。这是指搜集和整理材料，利用多种方法产生创意等能力。

（二）朱作仁、祝新华的观点

朱作仁提出小学生写作能力结构要素包括审题能力、立意能力、收集材料能力、选材和组材能力、语言表达能力、修改能力。

1991年，祝新华对国内六省17所小学402名学生进行抽样测验，并运用因素分析法，提出小学生写作能力五因素。

（1）确立中心的能力。这是指主题正确，并依据主体确定详略、删选材料的能力。

（2）组材能力。这是指句子连贯、层次分明，有条理地表达的能力。

（3）选材能力。这是指所选材料真实、典型的能力。

（4）语言基本功。这是指具有一定词汇量，能满足基本的表达需要，没有词不达意的现象。

（5）修辞能力。这是指正确运用基本的修辞手法的能力。

（三）刘荣才、张鸿苓的观点

刘荣才、张鸿苓认为作文能力结构要素有：一是观察力、思考力、联想力、想象力；二是审题能力；三是运用表达方法的能力；四是审题和立意的能力；五是布局谋篇的能力，包括选材、剪裁，组合材料；六是运用书面语言的能力；七是修改能力。

上述观点可分为两类：一类是将写作看做积累、构思、表达、修改能力的表现，即一种特殊能力，如朱作仁和祝新华的观点；另一类将写作视为感知、记忆、想象、思维和语言能力的表现，即智力因素和语文特殊能力的融合，如谢锡金、刘荣才、张鸿苓的观点。这些观点大多停留于经验型的分析与概括，有待心理实证研究。

二、心理能力发展阶段

国内外学者对学生写作心理能力发展的阶段性特征，都有所关注和研究。

(一) 比列特的五阶段论

美国学者比列特(Beretter，1980)认为，学生写作能力发展可分为五个阶段：联想性写作、表现性写作、交际性写作、统一性写作和认知性写作(见下图)。

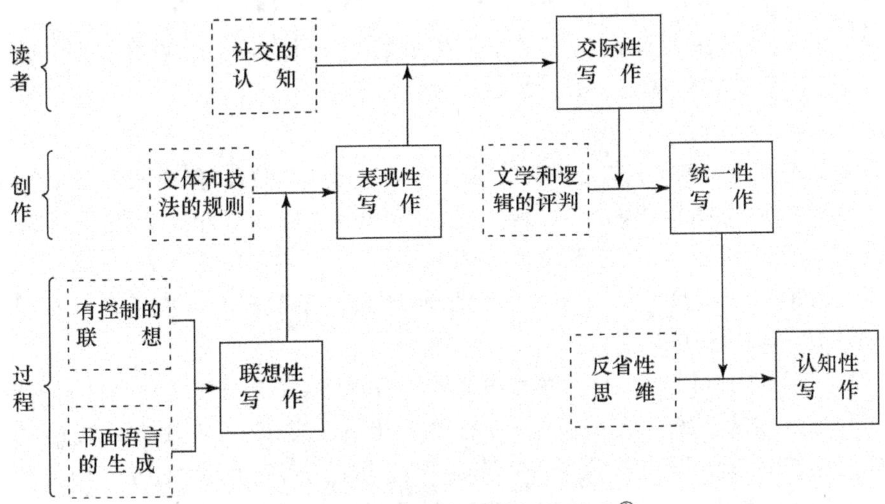

图 5-1 写作技能系统发展模式图①

(1) 联想性写作阶段。本阶段学生想到就写。

(2) 表现性写作阶段。本阶段学生能注意文章的风格和句法的规则。

(3) 交际性写作阶段。本阶段学生写作时会考虑读者，明确写作是为了与别人交流而写。

(4) 统一性写作阶段。本阶段学生具有创作力，能从文学和逻辑的角度思考作文。

(5) 认知性写作阶段。本阶段学生写作时已有反思性思维的参与。

(二) 沃金森对三个年龄组的研究

沃金森(Wlkinson)通过对三个年龄组 360 名学生的研究，发现不同年龄学生的写作能力发展有以下特征。

1. 7 岁儿童组

(1) 语言。书写速度很慢，文章长短、拼写正确与否差异很大，标点有时遗漏或误用，运用能力较低。

(2) 结构。只能依序复述事件，写故事欠连贯，发展不合逻辑，不会裁剪材料，无详略之分。

---

① 朱作仁. 小学作文教学心理学[M]. 福州：福建教育出版社，1993：89.

(3) 行文。只能用记叙的表达方式。

(4) 客观性。大部分学生以自我为中心,能表现自己的选择和感受,但不能自我批评。文章中虽会提及他人,但不能作为不同的个体考虑。

(5) 对读者的意识。意识不到读者的存在,经常会遗漏信息。

(6) 风格。仍保留口语的特点,即简单直述句加上特定的连接词(如 and, then,so 等),很少有修饰语,多用意义具体的词语。

2. 10 岁儿童组

(1) 记叙。能依事件先后次序叙述,开始有情节安排,有开头结尾,有详略。少数学生还能运用倒叙或回顾的方法。自传体记叙"我"中,开始有描写的成分,以阐述情节。除时间外,开始注意空间要素。

(2) 情感。仍以自我为中心,较少评价自己的感受;开始注意自己以外的人物,并加以简单的描述。

(3) 对读者的认识。部分学生有明显的读者观念,知道写作要符合读者的要求。

(4) 对语体的注意。在记叙文中,有学生开始注意语体,如用对话表达情节。

(5) 风格。基本形成书面语,字词运用渐趋正确,字词和成语运用较以前成熟,有的还会有意识地运用新学词汇修饰文章。掌握句法,但还会写错长句。

3. 13 岁儿童组

(1) 语言运用。对不同的文体有较多的接触,对写作的范式较为熟悉。有语言区别能力,在不同的文体中会用不同的表达形式。

(2) 记叙。能围绕事情的核心,删除与主旨无关的材料;提供资料,解释原因,使读者对事情的发展脉络更为清晰。

(3) 对读者的认识。明显意识到读者的存在,因此会运用各种手法,使读者掌握更多的信息。

(4) 对自己和他人的认识。逐渐意识到自己和他人的关系,明白自己和他人是不同的个体。尝试描述自己的感受;还会描写他人的情况,逐步脱离自我中心。

(5) 虚假的感觉。学生希望在文章中表达独特的生活经验,但缺乏相应的语言描写,因词语使用不当,反而使文章夸张失实。

(6) 风格。字句运用较前灵活多变,介绍游戏时能运用适当的术语,运用参照、变换等方法保持行文的一致和连贯;开始运用重复、对偶、反语、比喻等修辞手法,以提高表达效果。[①]

(三) 朱作仁的五阶段说

朱作仁认为学生写作能力发展有五个阶段:写话期、过渡期、初级写作期、中

① 朱作仁.小学语文教学心理学导论[M].上海:上海教育出版社,2001:203—204.

级写作期和熟练写作期。每个阶段有对应的表现特征(见下表)。

表 5-1　学生写作能力发展的五个阶段①

序　号	分　　组	年级段落	一般表现特征
1	写话期	小学低年级	作文的起步阶段,在识字、写字、说话和初步阅读的基础上,从口述到笔录。联词选句,开始会写1～3个句子,并联句成段(表达一个完整意思的句群);练习方式是先说后写,写作内容比较浅显,表达的意思十分简单。
2	过渡期	小学中年级	用文字写一个场景、一个人的肖像或一件简单的事等,篇幅加长,懂得写文章的难度;出现个别差异,有了不会写文章的学生。这阶段基本完成从口述向笔述,从句、段向篇章的过渡,开始注意文章的构思。转变的趋势表现为从不切题到切题,从不能分清段落到分清段落,从写简单句到比较复杂的复句等。
3	初级写作期	小学高年级	写作范围扩大,联想合理,能分别运用记叙描写、说明等表达方法;注意围绕中心选材、组材,思路日趋有条理;从自然的开头、结尾向多样化的开头、结尾发展;从平铺直叙、不善于表达思想感情向初步借物抒情发展,有一定的文字表现力;初步掌握了记叙文写作的一般要求和写作方法。
4	中级写作期	初中阶段到高中一年级	能运用形象思维和抽象思维对写作素材加以提炼和概括,确立明确的中心思想;运用五种表达方式(记叙、描写、说明、议论、抒情);注意应用修辞手法;词汇、句式、章法的储备日益丰富;运用语言材料比较熟练,文字表现力加强,有布局谋篇能力。
5	熟练写作期	高中阶段乃至以后	能处理内容复杂的材料(如人物众多、场景变换多、头绪繁、事件容量大,论说事理较详等),综合而熟练地运用多种表达方式(夹叙夹议、议论中抒情、抒情中议论等);文章立意有一定深度;结构完整,逻辑严密;词汇丰富,写作速度快;文章较有文采,并出现向创作发展的倾向。

- 写作的认知模型
  - 弗劳尔-海斯的写作认知模型
    - 任务环境
    - 长时记忆
    - 工作记忆
  - 伯瑞特-斯卡达玛利亚的知识表述模型
    - 模型概述
    - 模型分析
  - 鲁利亚的写作心理转换理论
    - 一级转换
    - 二级转换
  - 三级转换原理
    - 转换原理概述
    - 原理启示

① 朱作仁.小学作文教学心理学[M].福州:福建教育出版社,1993:91.

第二节　写作的认知模型

西方写作心理学研究，大多关注作者，包括名家、普通作者和初学者实际的写作过程。如，1965 年洛曼(Rohman)提出预写作(prewriting)、写作(writing)、复查(rewriting)三阶段的写作过程模型。安德森认为口语表达和书面语表达，在认知操作过程上具有相似性，可以被视作语言生成过程的具体表现形式，提出三阶段模型：组织(construction)——确定表达的思想，转换(transformation)——将思想转换成语言形式，运用(execution)——以语言形式表达信息。此外，许多心理学家将写作活动视作问题解决的信息加工的过程，如 1986 年，弗劳尔-海斯(L. Flower & J. Hayes)提出的写作过程的认知模型、伯瑞特-斯卡达玛利亚的知识表述模型、苏联著名神经心理学家鲁利亚提出的写作心理转换理论等。

一、弗劳尔-海斯的写作认知模型

弗劳尔-海斯写作过程的认知模型，将写作设想为一系列等的思维过程，作者在这些过程中组织思想并构成篇章。该模型不关注作品本身，而是强调写作过程中应用的程序。他们认为写作是一个问题解决的过程：作者确定一个问题空间，然后运行有关这一问题的心理表征，最终达到目标。这个过程由任务环境(task environment)、作者的长时记忆(long-term memory)和工作记忆(working memory)三个部分组成，每一部分又包括若干成分。

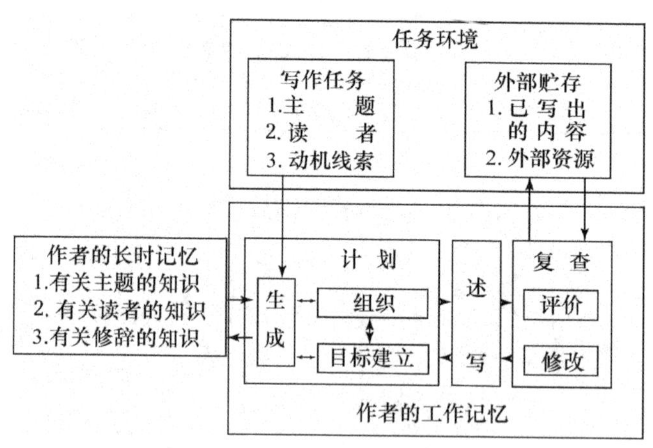

图 5-2　弗劳尔-海斯写作认知模型 ①

① 吴庆麟. 认知教学心理学[M]. 上海：上海科学技术出版社，2000：270—274.

（一）任务环境

任务环境包括作者的写作任务（writing assignment），以及可供作者利用的外部资料。如已写的内容、作文参考书、文摘卡等，因为这些资料是保存在作者头脑之外的，所以又称为“外部贮存”（external storage）。

1. 写作任务

写作任务包括：要求作者写什么，即写作的主题是什么；读者是谁；写作的动机是什么。设想有这么一项写作任务：要求作者写一篇随笔，话题是：南方飞雪的喜与忧。该项写作任务的主题是“议论南方下雪天的利弊”；读者是语文教师和同班同学；动机则是完成作业获得个好成绩。可见，写作任务是对外部条件的界定，这些外部条件为作者对写作任务的初步表征提供了一个框架。

2. 外部贮存

外部贮存包括作者已写在纸上或直接写在电脑上的已经完成的写作内容。这些内容能提示作者保持前后的逻辑一致性。此外，作文参考书、文摘卡等能提示作者，组织未完成的部分。作者通过查看和翻阅已写出的文章内容及外部参考资料，寻找自己所需要的信息，而不必把这些信息全部放在脑中，从而大大减少了记忆负担。上述无论是写作任务的要求，还是已写出的内容及各种参考资料，均为外显内容。

（二）长时记忆

认知心理学家认为，知识以短时记忆和长时记忆两种方式贮存在脑中。短时记忆指信息保持时间在 1 分钟以内；长时记忆是指信息保持 1 分钟以上，甚至终生。

弗劳尔和海斯认为，与写作有关的三类知识贮存在长时记忆中。他们是有关主题的知识、有关读者的知识、有关修辞的知识。贮存在作者长时记忆中的知识，是可用语言直接描述的一种陈述性知识，因此又可以把这部分长时记忆称作“陈述性长时记忆”。长时记忆中的有关知识对作品的优劣有重要意义。试想，作者掌握了非常丰富的有关主题的知识，那么其提取和生成观念的速度就快；掌握了比较丰富的有关读者、修辞的知识，那么其写出的作文就具备中心明确、前后连贯、语句优美等特点。相反，若学生缺乏主题内容知识或修辞知识，他很可能偏离主题，不可能写出一篇合格的文章。

（三）工作记忆

弗劳尔和海斯认为，作者的工作记忆经历三个过程：计划（planning）、述写（translating）和复查（reviewing）。

1. 计划

计划是述写前的准备工作，包括建立目标（goal setting）、生成（generating）和组织(organizing)三个部分,近似于我们平时的构思。

(1) 建立目标

建立目标是指作者对自己提出写作要求或订出计划,以便自我引导执行计划。这样的目标可以是长期的努力目标,如写一篇得“优”的文章;也可以是短期的目标,如第二段需要有个过渡段。可以是有关量的,如写一篇800字左右的文章或凑满600字即可;也可以是关于质的,争取写一篇能在校报上发表的随笔,或只要老师不让我重写即可。在整个写作过程中,建立目标随时发生,且目标是具体的(想交流什么),也具有程序性(怎样去交流或如何表达各部分观点)。擅长写作的作者在写前心中已有了目标,但在写作的过程中,可能会认识到某项目标和他的写作无关,预示新的目标在实际的写作过程中被提取出来。

(2) 生成

生成是指在头脑中形成写作时将要使用的观念和内容。形成的观念可能来自长时记忆,例如“议论文的三要素老师讲过”;也可能来自外部环境,例如“我的摘抄本上有一段精彩的议论,我找到了!”;内容的提取则需要作者在记忆储存中搜索生活体验或阅读积累,当然也可以在外部积累的资料中搜索、提取,再确定表达的内容信息。

(3) 组织

组织是指对提取的观点和内容进行布局,以确定如何表达这些信息。在写作开始要组织,在整个写作过程中,作者要不时地对新的段落、句子进行组织布局。一旦目标观念有变化,也会影响到布局。

可见,“计划”过程中的建立目标、生成和组织不是一次性完成的,而是在写作的全过程中反反复复地相互作用。

2. 述写

弗劳尔和海斯认为,作者工作记忆第二个阶段就是把自己的观念转化为书面文字的过程。述写开始于对写作任务的心理表征,这些表征可能是一个或一系列的目标以及达成此目标的计划,或者仅仅就是一个观念。其结果是写在纸上或计算机屏幕上的文章。

述写对作者工作记忆容量的要求很高。作者一般要在记忆中激活写作目标与计划,形成有关文章内容的一些观念,并回忆前面已写出的内容等。但是当拼写、标点和语法方面的技能自动化或接近自动化时,作者工作记忆的负担则大大减少,可以把更多的记忆空间用于“计划”“复查”等活动。

3. 复查

复查是指将写好的文章与心中的标准作比较,进行必要的修改。它包括两个方面:评价和修改。复查常发生在文章完成之后,但有时也发生在写作过程中。

弗劳尔和海斯认为工作记忆是一个动态的过程,贮存的是完成某项工作的程序性知识，不一定能用语言描述出来。这些程序性知识不是线性的：从计划到述写再到复查不是一次性完成的，而是存在复杂的相互作用。彼此之间有反复，有循环，从而形成螺旋往复的形式。因此，该模型的三个加工过程都需要认知监控的参与和调节。

弗劳尔-海斯特定目标导向的问题解决过程模型，研究的对象是成人高水平作者。该成果被看做写作心理的认知研究发展史上的标志性事件，对后来的研究影响深远。

二、伯瑞特-斯卡达玛利亚的知识表述模型

伯瑞特和斯卡达玛利亚(Bereiter & Scardamalia)以儿童(新手)的写作过程为研究对象，提出了写作的知识表述模型(knowledge telling process)，见图 5-3。

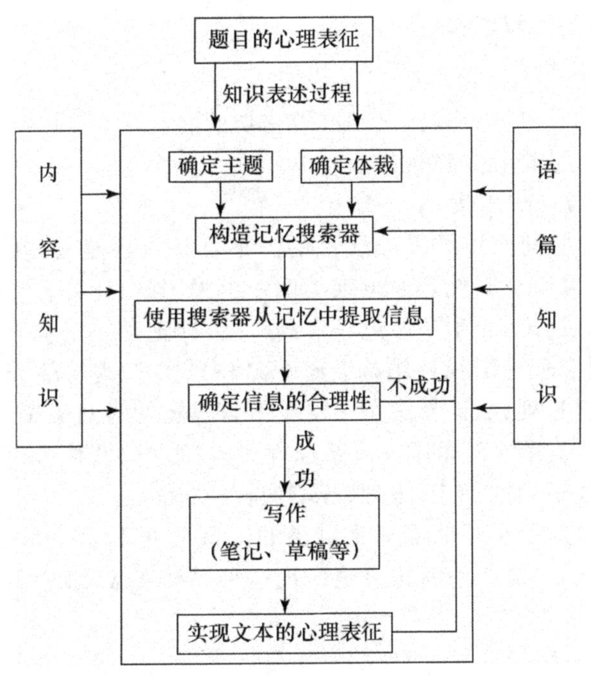

图 5-3 知识表述模型①

(一) 模型概述

伯瑞特-斯卡达玛利亚知识表述模型，描述儿童写作过程是：作者根据题目要求，主动从记忆中搜寻并提取有关文章主题和体裁的知识信息；确定其合理性后，

① 彭聃龄.语言心理学[M].北京：北京师范大学出版社，1991：239.

再进行合理组织；最后，经组织好的知识用书面语言表达出来。

（二）模型分析

该模型假设儿童（新手）有两个独立的知识来源：内容知识和语篇知识，它们交互作用对儿童产生影响。认为儿童写作活动更看重述写（转译）过程——把观念转换成书面语言文字，计划和复查并不受儿童重视。

三、鲁利亚的写作心理转换理论

写作心理转换理论认为，作文是学生把思维活动转变为语言表达的心理过程。在这一心理过程中，除了思维和表达两大因素外，还存在着一个极为重要而又常常被人们忽视的因素，即转换。学生作文水平之所以难以提高，作文训练之所以难见成效，关键就在于忽视作文进程中的心理转换过程。关于“转换”，有两种观点：一级转换理论和二级转换理论。

（一）一级转换理论

人们的思维活动与语言表达之间有着密切的联系，但并非相同，它们之间有着不完全相同的组织结构和运作规律。

1. 思维活动与语言表达

(1) 表达是线性的而思维是非线性的。不管是说还是写，在表达时都表现出一定的先后顺序，具有逻辑性。而思维更像一个无序的、变化万千的万花筒。要想用语言把思维表达出来，必须要经过一定的转换，即把存在于脑海中的立体性思维逐一分解，形成便于表达的线性结构。将思维中需要表达的部分挑拣、固定下来，并进行一定的组合排列，从而形成一个便于语言表述的时间顺序。

(2) 表达具有逻辑性而思维具有跃迁性。因此表达思维必须要经过一个按照逻辑规程规定的逻辑顺序加工、整理、规范的转换过程。

(3) 表达具有交际性而思维却是自足的。思维并不关心对方能否理解，因而其残缺不全者有之，含糊不清者也有之。把这种思维直接反映到作文中，显然缺少转换能力。[①]

2. 一级转换的理论框架

依据这一认识，一级转换理论认为，作文是把思维活动转变为语言表达的心理过程。在这一心理过程中，经历了一个从思维到表达的转换，即用句法规则将非线性、无逻辑与自足的思维转换为线性、有逻辑且具交际性的表达。

一级转换的理论框架可以表示为：

$$\text{思维} \xrightarrow{\text{转换}} \text{表达}$$

① 刘森. 作文心理学[M]. 北京：高等教育出版社，2001：39.

3. 理论局限

一级转换理论的局限在于，研究者看到了思维与表达的差异，认识到其中有个转换问题，但他们认为，从思维到表达的转换即运用句法规则将思维结果直接转换成言语形式表达出来。语言是用来表达思维的，语言表达离不开句法规则，因此在思维活动向语言表达转换时需要运用句法规则，这是一个不争的事实。但是，它并不能说明这一转换是如何进行的。因此，这种直接的一级转换理论虽然提出了转换问题，但并未从实质上解决转换是如何进行的问题。

（二）二级转换理论

心理学家 A. 科瓦廖夫提出了写作过程的双重变换特性。他说："任何创作过程都包括两个方面，这就是：第一，个体在反映现实的过程中积累生活印象，舍此，任何创作都是不可思议的。第二，对这些印象进行创造性加工和把这项工作的成果用语言形式投射出来。换句话说，创作过程不是别的，而是双重的变换过程，就是：第一，把外部刺激的能量变换成知觉的显示或现实的形象；第二，把形象变换成作为形象客观化、物质化的体现的文字描写。"

1. 科瓦廖夫的三个阶段说

科瓦廖夫认为，创作过程具有三个阶段，这三个阶段是：构思的产生——作品的形成——作品的文字体现。其中，构思的产生即思维活动；作品的文字体现即语言表达；而作品的形成则是从思维活动到语言表达的中介，这个中介即是"知觉的显示或现实的形象"。也就是说，作文中，首先是从思维活动转换为"知觉的显示或现实的形象"，再从"知觉的显示或现实的形象"转换成语言表达。这其中经历了两级转换。

2. 鲁利亚的两次转换论

基于写作过程双重变换特性的理论，著名神经心理学家鲁利亚提出，在写作中，要顺利完成把思维转换为"扩展性话语"这一过程，作者至少要在思维内部进行两次转换，即由思维转换为内部言语，再由内部言语转换为"呈线性序列"的外部言语。这两次转换，都离不开作为中间环节的"内部言语"，它是第一次转换的终点，又是第二次转换的起点。这就是作文二级转换理论的雏形。其基本框架可以表示为：

$$\text{思维} \xrightarrow{\text{一级转换}} \text{内部言语} \xrightarrow{\text{二级转换}} \text{表达}$$

在实际的作文过程中，学生在进行一级转换，即将思维中想要表达的内容挑选并固定下来时，常常运用语言点的形式，这些语言点就是内部言语，它赋予了作者的表达活动在内容上的明确指性。要很好地完成这一过程，需要作者思考清楚，在自己的思维中，哪些是打算写在作文中的，哪些是不需要写进作文中的；需要写进作文中的内容又有哪些是要详细写的，哪些只要简略写的；哪些是首先要交代清楚的，哪些则是要放在后面讲的。一句话，就是对全文构想清楚，然后用语言点的形式将这些内容固定下来。这就要求作者有清晰的思路和用内部言语固定思路的能力。

作者在进行二级转换即在从内部言语向外部言语转换的过程中，常常要按照内部言语产生的顺序，在内心悄悄试探着扩展语言结构，排列着词的顺序，并在心里默诵着这些最初产生的句子，默诵中有暗自地比较与选择，也有不断地扩充与删改，最终完成从内部言语到外部言语的转换，形成完整的表述句表达出来。要很好地完成这一步骤，需具有丰富的词汇量，并且具有快速提取词汇、准确灵活地运用这些词汇的能力。同时，还要具有将内部言语中述谓结构的词扩展成合乎语法规则的句子的能力。

3. 理论局限

二级转换理论可以解释许多前人无法解释的问题，将写作研究大大向前推进了一步。但是，无法解释同为外部言语表达的口头言语和书面言语之间关系。口头言语与书面言语同为外部言语表达，当然同样遵循着从思维——内部言语——表达的转换规律，而同样的转换过程却得出不同的转换结果，说明二级转换模式尚不足以解释作文的全过程。

四、三级转换原理

写作是由思维到表达的心理过程，从思维到外部书面言语表达，经过三级转换。第一级转换是从思维到内部言语的转换；第二级转换是从内部言语到外部书面言语表达的转换；而内部言语到外部书面言语表达的转换要经过二级转换过程，并进入到三级转换。

（一）转换原理概述

第一级转换，从思维到内部言语的转换。这一级转换的形式是直接转换，这与二级转换理论相同。第二级转换，是内部言语到外部口头言语表达的转换。因为它经历了工作记忆的暂时存储过程，所以是间接转换。需要注意的是，从内部言语到外部书面言语表达的转换也经历了二级转换过程。在二级转换中，口头言语表达与书面言语表达是不完全相同的过程，但有相当部分的重叠。二级转换与三级转换之间有一个过滤器，其作用是将二级转换的结果进行筛选：加工充分、质量好、能直接用于书面言语表达的部分被放行；表达上不合乎要求的则需要进行第三级转换，即进入再加工器，进行增加、删改、取消、更换、修饰等加工，而后进入书面言语表达；有关内容、结构表达等方面需要再加工的部分，则返回到内部言语，直至思维。

在内部言语经过工作记忆进入二级转换之前，有一个表达通道开关。当运用口头言语表达时，书面言语通道关闭，口头言语通道接通，则内部言语经二级转换加工后进入口头言语表达；当运用书面言语表达时，口头言语通道关闭，书面言语通道接通，则内部言语经二级转换后进入三级转换，最终进入书面言语表达。整个加工过程均在自我监控之下进行（见下图）。

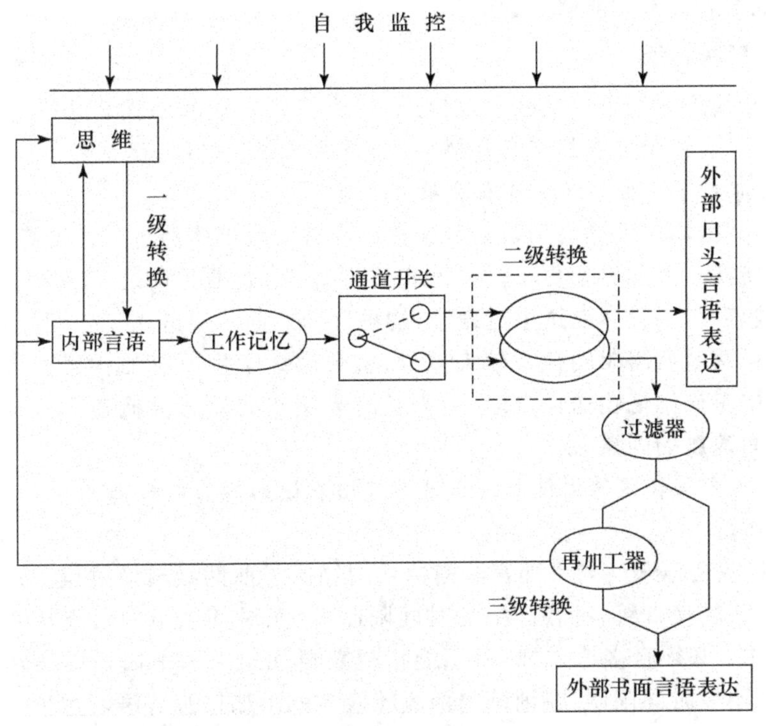

图 5-4　三级转换原理示意图①

三级转换是外部书面言语表达的重要转换过程，但并非必要过程。当人们的言语表达能力达到相当水平，就不再需要经过三级转换过程。也就是说，所有二级转换的结果都顺利通过过滤器的检验而无需进行再加工。因此，从内部言语到外部书面言语表达的转换有三种可能。

（1）对于低年级学生而言，由于他们书面言语表达能力较低，再加工的能力有限，从而使过滤器的检验水平受到限制，检验标准降低，放行度加大，因此少有三级转换过程，或三级转换过程常常不够完善。结果表现为，书面作文与口头作文水平无显著差异，书面作文常常是口头作文的记录形式。

（2）对于中、高年级学生而言，他们已具备了一定的书面言语表达能力，但尚

① 刘淼. 作文心理学[M]. 北京：高等教育出版社，2001：44.

未达到心口如一的程度，因此三级转换过程比较充分，常常表现为书面言语表达更为精细。

(3) 对于作家而言，他们已具备了很高的言语表达能力，往往能够做到心口如一、言文一致，因此他们的书面言语表达也无需过多地经过三级转换过程，除书写外，其思维与表达常常能够达到同步。

(二) 原理启示

三级转换原理给予作文教学以提示，口头言语表达和书面言语表达是语言表达的两种形式：一个用嘴靠声音传播，一个用手靠文字记录。

1. *大部分学生对书面言语表达难有兴趣*

首先，其根本原因是书面言语表达比口头言语表达多经过一级转换(即需要经过第三级转换)，因此需要更多的时间进行再加工，如推敲词语、斟酌语段、调整结构、增改内容等。其次，在这个过程中，构思好的东西一边进入工作记忆，一边进行表达。如果两者所需时间存在较大差异，就会导致学生原有的构思丢失现象。因为在不断向工作记忆输送信息时，尚未及时表达出的信息被掩盖了。这个时间差包含书书写速度的因素。

2. *口头言语表达的训练有助于书面言语表达的能力的提高*

这是因为：

(1) 口头言语表达与书面言语表达共同经历了前两级转换过程。口头言语表达为一、二级转换训练，有较严格的时间限制，因而对其经历的两级转换也提出了更高的要求：必须直接考虑好，而不能指望着再加工。而书面言语表达有较多的时间，甚至不受时间限制，在训练前两级转换中就不如口头言语表达。

(2) 在前两级转换，特别是第二级转换的结果中，可以直接运用于书面言语表达的东西越多，再加工的压力就越小，书面言语表达就越容易，这就降低了书面言语表达的难度。而二级转换结果中可以直接运用于书面言语表达的质量越高，其书面言语表达的水平就越高，这就提高了书面作文的水平。所以书面言语表达不一定要先经过口头言语表达的阶段，但必须经过二级转换的共同过程。因此，与其说形成两者联系的原因在于口头言语表达是书面言语表达的基础，不如说其根本原因在于二级转换是三级转换的基础更为确切。

3. *口述作文是降低写作训练难度的有效途径*

作文多重水平加工理论认为，作文困难的根本原因在于高水平与低水平加工的同时进行，因此主张避免高低水平同时加工以降低作文难度。在作文三级转换模式中，思维是高水平加工，表达为低水平加工。而就表达而言，二级转换为初级水平加工，三级转换则为高级水平加工。依据多重水平加工理论，要降低难度，则要将两级转换区分开来训练。直接进行书面言语表达训练，因未将两级转换区分训练而难度大；仅仅训练口头言语表达虽然将两级转换区分开来，但对书面言语表达作用有限。口述作文训练既符合区分训练的要求，又能对书面言语表达产生重大影响，因而可成为最佳方法。

专栏 5-1　书面语言是从口头语言中产生的吗？

人的书面语言是在交谈者不在场的条件下产生的，因此它必须是独白语言，只能用语言手段来表达信息的内容，并且运用视觉符号。它与口头语言无论在功能还是在结构上都存在本质的差别。低年级学生的书面语言是否从口头语言中产生？

法国学者西蒙对一～五年级学生进行跟踪研究，发现：学生的书面语言并不是从口头语言过渡来的。

美国学者哈雷尔对 9～15 岁学生的口头语言和书面语言进行研究，发现：句子长度、形容词和副词的相对数、句子结构模式等参数的值，书面语言比口头语言增长得快。他还发现，小学低年级学生的口头语言和书面语言没有本质的区别，这两种语言活动的本质差别只是在少年期才出现。

法国学者伯德雄和斯塔洛克根据下列参数：词、句、动词、形容词、名词的数量，词语的多样性，以及口头表达迁移到书面表达的各种错误的数量，对低年级学生口头语言和书面语言进行比较分析。他们的数据证明，对学龄初期的学生而言，书面语言还没有成为一种独立的存在物；在 7 岁时，书面语言还刚刚出现雏形；到了 11～12 岁，学生能够根据不同的交际效能区分两种语言表达特性时候，书面语言才成为完全符合要求的活动。

列乌杜斯和涅枯列对小学地年级学生口头语言和书面语言的差别作了实验研究。

（一）实验假设

（1）已经充分发展的书面语言不同于口头语言，因为它具有另一种心理结构。这种心理结构上的差别产生于书面语言发挥功能的各种专门条件，其中最重要的条件是交谈者不在场。

（2）为了形成完全符合要求的书面语言，必须通过教学情境再现现实生活中产生书面语言的各种条件。可是现今的小学，并没有把书面语言看成是具有自己任务和运用手段的特殊的语言形式，而仅仅把它看作类似口头语言并且补充口头语言的语言形式。小学低年级学生书面语言的内容是用口头语言来编拟的，而且教师往往通过知觉或口头的形式向学生提供现成的内容，让学生将这些内容写成书面文字。这就是说，小学低年级学生的书面表达已经降低为口头表达的简单的音译。因此，他们的书面语言不仅借用了口头语言的结构，而且保留了它的各种特征。换言之，他们的书面语言不是纯粹的书面语言，仅仅是适用于书面语言的目的和条件的口头语言。对他们来说，这两种语言的特性并没有本质上的差别。

（二）研究的方法

1. 被试者的挑选

从莫斯科第146学校的二年级学生中挑选12名学生作为这项诊断性实验的被试者。挑选的方法是将学生编成号码，然后随机取样。挑选二年级学生作为被试者，是因为小学生只有在一年级下学期结束或者二年级上学期开始时，才具有独立完成作文的可能性。诊断性实验是在二年级结束时（即在二年级下学期期中）进行的。

2. 实验的材料

实验运用下述材料和工具：两部胶卷为8毫米的无声彩色电影《希巴茨船长》（编号为A）、《最重要的朋友》（编号为B）；一台"露西"牌电影放映机，一台磁带录音机。

3. 实验的方法

实验按个别方式对被试者逐个进行。12名被试者分成甲乙丙丁4个小组，每组为3人。实验的程序如下。

(1) 甲组学生观看电影A以后立刻进行口头复述

(2) 休息片刻(10～15分钟)后再对电影A书面叙述

(3) 第二天，甲组学生观看电影B，然后马上写书面叙述

(4) 休息片刻后再进行口头复述

(1)～(2)的表达顺序是口头-书面；(3)～(4)的表达顺序是书面-口头；其余三个小组也按类似的方式参加实验。如果实验材料（电影）和表达顺序对语言的各项参数的值产生某些影响，就可以将这些影响显示出来并加以统计。

在电影放映前，实验者告诉被试者：现在我要让你们观看一部短的无声电影，希望你们喜欢它。你们应尽力理解这部电影的内容，并且把这些内容记住。看完电影后我要求你们通过口头和书面两种方式，把在银幕上看到的东西讲述给自己的朋友听。你想对谁介绍这部电影呢？被试者说了一个不参加这次实验的同学的名字。被试者观看电影后，被他邀请的那位同学来到他的面前，表示十分愿意听他的口头介绍。这时实验者对被试者作这样的指示："这部电影你喜欢吗？现在请你尽可能把电影内容对你的朋友讲清楚。你知道，他没有看过这部电影。"

在进入书面叙述的顺序时，实验者告诉被试："现在你有一位朋友请你介绍一下这部电影？但是他住得很远，你们不可能见面。你只好给他写一封信？把想讲的东西都写在信中。我请你尽可能地将电影的内容介绍得清楚些，使你的朋友读了你的信能理解一切。"接着发给被试者一张纸和一支钢笔。被试者写信的时间不

受限制。在他写信时，实验者仔细观察他的表现并且记录下来。

（三）实验的结果和讨论

我们查阅了大量分析书面语言和口头语言的研究资料后，确定可以标志这两种交际方式差别的主要是4个参数：情境性、词语的多样性、对客观事物质量特征的反映、对客观事物积极面的反映。在分析实验的结果时，我们正是运用这4个参数来诊断低年级学生口头语言和书面语言的关系。

1. 情境性

情境性是口头语言的特殊品质，指处在同一情境中的交谈者双方，他们语言表达的个别成分被省略。它具体表现为口头语言中具有两种类型的情境成分：一类是非语言手段，包括动作、声调、脸部表情等；另一类是代用成分，包括第三人称代词（他、她、它）、指示代词（这个、那个、这样的、那样的）、副词（这儿、那儿、就这样、就那样）、连接词等。不论哪一类情境成分，它们的共同特点是根据表达的上下文无法解释，而只能根据说话人所处的具体情境才能理解。情境成分进入书面语言，就表现为根据文章上下文无法解释的省略和代用成分。

$$\frac{\text{情境成分的数量}}{\text{省略和代用成分的总数}}=\text{情境率}$$

确定“情境性”这个参数数值的方法如下：第一，找出文章中所有的省略和代用成分；第二，确定文章中属于情境成分的省略和代用成分；第三，组成对比关系。这个“情境性”参数的数值可以称为“情境率”。

数据统计表明，在“口头-书面”的顺序中，书面表达和口头表达情境率的平均值都是0.12。说明两者具有同等程度的情境性。在“书面-口头”的顺序中，口头表达的情境率的平均值稍高于书面表达，但经过统计检验差异不显著（$P>0.4$）。以上情况证明小学二年级学生所掌握的并不是书面语言，而是口头语言，确切地说是用字母代替音节的口头语言。他们在写某一篇文章时，本应该知道读者看不见他们的动作、眼神和脸部表情，可是他们却仿佛读者就在自己的身边。在他们的文章中经常遇到这样的句子：“这个人瞅一瞅鲸鱼是不是在那里。”“这个人”是指谁？“那里”是什么地方？根据上下文是无法理解的。对于作者来说，这两个词的含义自然是清楚的，可是他却错误地认为读者同他一样清楚。所以，可以称这一类语言行为是口头语言特殊的类似物，因为两者的心理活动十分相似。

2. 词语的多样性

“词语的多样性”这个参数的数值是语言表达中不重复的词的数量同词的总数的比值。美国学者米勒在心理语言学的著作中把这个参数值叫做“不重复词的取样率”，缩写成TTR率。法国学者弗莱斯 和布莱通首次运用这个参数对书面语言和口头语言作比较研究。可是后来各国学者所研究的，都是已经充分发展的口头语言和书面语言。他们的结论是：书面语言词语丰富的程度明显地超过口头语。

为了比较两种语言的 TTR 率，应该选定词数相同的片断或者文章来统计不重复词的数量。通常人们认为这样的片断或文章不应少于 150 个词。可是在上述实验中学生的口头或书面叙述一般都在 100 个词左右，因此只能规定样本的词数为 100 个。

实验数据表明，在小学二年级学生的书面语言中，词语多样性的程度不仅没有超过口头语言，而且比它略微低一些。在“口头-书面”顺序中，书面语言 TTR 率的平均值是 0.54，口头语言则是 0.55。对照每个被试者的两种语言的 TTR 率，可以发现口头语言比书面语言词语丰富的人占了多数。但是统计检验证明这两种语言 TTR 率的差异不显著($P>0.8$)。

在“书面-口头”顺序中口头语言的词语也比书面语言略微丰富些，但是统计检验证明这两种语言 TTR 率的差异也不显著。此外，我们还检验了书面语言“词语多样性”这个参数的值对实验材料的依赖性，结果是看过电影 A 和电影 B 后，被试者所写的两篇作文的 TTR 率无显著差异。为什么二年级学生书面语言和口头语言“词语多样性”的程度几乎完全相同呢？这是因为现今的小学作文课所创设的情境，不是有利于书面语言的发展，而是有利于口头语言的发展。学生通过这种教学产生的心理形成物，在功能和结构上是口头语言，而在表达形式上是书面语言。

要实现词语的多样性，必须对词语进行筛选。心理分析证明，在充分发展的书面语言中选择词语的行为包含比较复杂的操作成分。

(1) 揭示客体的意义(这些意义通常被记录在内部语言的编码上)

(2) 用词语来表达所揭示的意义

(3) 评估所选择的词语是否与意义完全相符

(4) 注意所选词语在上下文中的重复性

(5) 考虑读者理解所选词语的可能性

(6) 用其他比较合适的词语来替代不合适的词语

可是在口头语言中，选择词语的行为只包含上述 6 种操作成分中的前两种，我们的被试者在书面叙述电影的内容时，也仅仅使用这两种操作成分。

3. 对客观事物质量特征的反映

根据大多数研究者的意见，“对客观事物质量特征的反映”这个参数，是反映口头语言和书面语言差别的最灵敏的指标。所谓“鉴定率”，即语言表达中反映客观事物本质特征的词语数同语言表达中词语总数的比值，就是这个参数的数量表现。众所周知，客观事物形式多样，内容丰富，主体不可能把它的各个方面都详尽无遗地反映出来。主体如何反映它，取决于一系列的因素，其中最重要的是动机和语言活动的条件。对话者直接参与交际的情境，往往使说话者感到没有必要描写他说话对象的各种特征。可是在书面表达的时候，作者必须详细描写对象的各种特征，否则这个对象（确切地说是标志这个对象的词）对读者来说，就是一个没有个性的、空洞无物的概念。维果茨基认为，在书面语言中反映事物的质量特征具有一定的心理机制，这就是“对交谈者的抽象和对交际情境的抽象”。换句话说，作者必须具备站到读者的角度去选择材料的能力。如果某个人决定叙述一个对象并写出它的特征，那么他在措词造句时总是要把自己放在读者的位置上。但是要使自己写的东西让读者完全理解是很困难的。对于作者来说，读者的形象往往是模糊的、容易消失的，为了把它牢固地保持在自己的意识中，需要运用辅助方法，例如不断地重复称呼语。在这里，称呼语是对交谈者不在面前的一种特殊形式的弥补。

从上述分析可以知道，让口头语言发挥功能的条件，不仅决定了口头语言的情境性，也决定了它描述事物的笼统性。口头语言对事物的描述往往十分概括，不讲具体特征。相反，让书面语言发挥功能的条件要求书面语言必须详细描述对象的各种特征。美国学者德里曼曾经研究那些熟练地掌握书面语言的人，发现他们书面语言的鉴定率要比口头语言大得多：前者为0.04，后者只有0.02。因此他认为，“在表达事物的质量特征时，书面语言比口头语言更加注意修饰，内容更加丰富。”

从实验数据看出，在“口头-书面”的顺序中，书面语言的鉴定率略大于口头语言（分别为0.015和0.012）。当然，经过统计检验它们并无显著差异。但是在“书面-口头”的顺序中情况完全出乎意外：书面语言的鉴定率不是大于口头语言，而是小于口头语言（分别为0.001和0,003）。这种反常现象很可能是“叙述顺序”这个变量，即是“口头-书面”，还是“书面-口头”所造成的。虽然要把这种现象完全理解清楚具有一定的困难，但是可以作这样的推测：在“书面-口头”的顺序中，被试者先写书面叙述，把注意力集中在不在眼前的读者身上，后来进行口头叙述时，被试者继续保持书面叙述时的心态，过分注意描写事物的特征，即把口头叙述也当成书面叙述来完成。相关数据还可以得出这样的结论：低年级学生的书面语言，在“反映事物质量特征”这个参数的值上，同口头语言大致相同，或者比它更差些。

4. 对客观事物积极面的反映

“对客观事物积极面的反映”这个参数的数，是语言表达中动词的总数同它总词数的比值。该数值可以称为语言表达的“积极率”。根据实验数据在“口头-书面”的顺序中，口头语言和书面语言的积极率相等（平均值都是0.25）；在“书面-口头”的顺序中，口头语言的积极率比书面语言大0.03，但是经过统计检验 它们也没有显著差异。法国学者伯德雄和斯塔洛克的研究结果是：书面语言的积极率为0.30，口头语言的积极率为0.28。这两个数值同我们的实验结果基本相符。

比较已经充分发展的口头语言和书面语言，可以发现它们在功能、结构和特征上是不同的心理形成物。但是二年级被试者书面语言各项参数的值，却表明他们的书面语言同口头语言没有本质的差别。因此不得不提出这样的问题：二年级学生书面语言同口头语言如此相似是符合规律的现象，还是说明他们书面语言的发展被耽搁了？国内外有许多学者对书面语言的形成过程作过精心的研究，他们认为在识字教学阶段，儿童的书面语言确实是他们口头语言的翻版。用维果茨基的话说，在这个时期书面符号只是“第二顺序的符号”，即它们所代表的并不是思想和意义的本身，而是表达思想和意义的词的声音。儿童们发现“不仅可以画物体，而且可以画语言”。因此儿童的书面表达具有口头语言的各种特征是毫不足怪的，因为它只是转述和描摹口头语言，是记录口头语言成果的方法。但是随着写字和阅读过程的自动化，“书面语言从第二顺序的符号变为第一顺序的符号，以口头语言出现的这个中间环节开始消失，像口头语言一样，在判断所有的事物时，书面语言已经成为直接的符号体系。”换言之，随着写字和阅读技巧的形成，书面语言逐渐地从口头语言中解脱出来，开始具备它所有的一切比较特殊的品质。

上述的诊断性实验是在二年级结束时（即在二年级下学期期中）进行的。在这个时期，绝大多数学生的写字和阅读已经自动化，因此他们书面语言和口头语言如此相似的现象，只能够被看做是他们书面语言的发展被耽搁了。造成这种现象的主要原因，在于小学低年级的作文教学没有再现发展书面语言所必需的特殊条件，没有安排符合这些条件的操作序列。

（四）实验研究的启示

这项低年级学生口头语言和书面语言差别的实验结论是：二年级被试者口头表达对书面表达的作用一点也没有表现出来。他们的口头表达与其说是为了完善书面表达，还不如说是为了培养把声音变成文字的技巧。这个结论引起我们对当下的作文教学反思。

{摘编自吴立岗．小学作文教学心理学研究[M]．上海：文心出版社，1991：43—56.}

第六章　听话、说话学习心理

听和说是口头语言(spoken language)的两种表现形式,是人们运用语言材料和语言规则进行口语交际活动的过程。1874 年德国病理学家卡尔·维尼克发现:人类大脑颞叶的颞上回后部支配人的听音能力,该研究成果后也被证实。人们命名该区域为言语听区。1861 年法国外科医生保罗·布洛卡研究发现:人类大脑左侧半球中央前回底部支配人的发音能力,这项研究成果后被证实。人们命名该区域为言语运动区或布洛卡区。这些生理学研究成果为心理学研究奠定了基础。语言心理学家发现,语言是人脑的一种特有的功能,人类语言优势在大脑的左半球。左半球存在两个语言区:前语言区,主要具有语言表达的功能;后语言区,主要具有语言理解的功能。相关实验还表明:一般人右耳接受言语材料要比左耳灵敏,这正是因为言语听觉区在大脑的左半球,右耳的神经直接通到左脑的缘故。

随着信息社会的发展,人类耳听口说的功能愈加凸现:信息的交流,观点的宣传播,不同意见的讨论与争辩,人际关系的处理与协调,日常工作中的汇报情况、接待来访、批评、宣传、鼓动、座谈接洽、讨价还价……口语交际能力已成为现代社会人类生存、发展的基本能力。与此同时,信息技术的进步,使口头语言的传递、储存、搜索、转换都与高科技结合,并以惊人的速度普及开来。过去需要书面文字传递的信息,如今借助手机、QQ 视频、微信可以即时交流。这种简便、高效的交流方式已经渗透到生活与工作的各个区域。培养学生在一个习得的母语环境中,更好、更有效地学到规范的口语,已成为世界各国母语教育人士的共识。

- 听话学习心理
  - 听话心理结构
    - 听话的特点
    - 听话的能力结构
  - 听话的过程
    - 听话心理过程
    - 凯恩斯的模式

第一节　听话学习心理

听话、说话是从心理语言学的视角提出的概念,着眼于言语的心理方式。

一、听话的心理结构

(一) 听话的特点

与阅读相比,听话具有五大的特点。

1. 快速、敏捷

语音不像文字那样固定,它是一说即过、稍纵即逝的。因此,听觉器官在接受信息和传递信息时,需要即时捕捉语点;否则,很可能听不清、听不准,甚至什么也没有听到。

2. 同步进行

语音是一个连续的过程,听者在接收语音信息的同时,要边译码边加工,及时理解说话人所说话语的含义。在加工理解前一句话的同时,又在接收下一句的言语信息,如此反复交叉进行,直到听完对方的最后一句话为止。心理学实验表明,人们对事物感知停止后,在大脑中留下的印迹可以保持 0.25～2 秒,如果这时对进入大脑的信息加以特别注意,这种持续会转入 5～20 秒的短时记忆。这种短时记忆,如不采取措施,也会遗忘。

3. 筛选、补漏

口头语言与书面语言相比,临时应对性强,说话人组织语言时常常来不及推敲,因而容易出现重复、脱漏、颠三倒四的情况。这就需要听话人把听到的话语,随即作筛选、补漏、整理,以便从杂乱重复中得出要点,从断断续续、不完整的句子中得到完整的意思。

4. 留心情感信息

言语具有表意、表情的功能,口头言语表情功能更为明显突出。听话时既可得到意义信息,又可直接感受到情感信息。所以听话时,不仅要听声音,而且要留心说话人所用的语调、语气,观察他的面部神态,只有这样,才能准确领会对方话语的真实意图和全部意思。

5. 主动分析

听话过程是一种主动的心理状态。一方面,听话人主观的思想、情绪和愿望直接影响对话语的理解;另一方面,听话人主动依靠句子中的各种语言制约来合成单词,并主动分析这些单词是否和所听的一致,还会主动推测没有听清楚的语句。人们在听取连续性话语时,始终处于分析和合成这样一个主动的心理状态。①

(二) 听话的能力结构

"听"的能力主要指对言语语音的感知、辨析、思维等一系列心理过程构成的一

---

① 马笑霞.语文教学心理研究[M],杭州:浙江大学出版社,2001:306—307.

种接收语言的能力。

1. 注意力

由于有声语言稍纵即逝,停留时间极短,听话人的注意力就必须高度集中。听话注意力体现在敏感性、专注性、持续性上。

(1) 敏感性

这是一种"敏感性"。即听话时生理上心理上对说话人语言做出快速反应。敏感性越强,注意力就越集中;而注意力越集中,敏感性就越强。二者相辅相成。

(2) 专注性

这是一种"高度集中"。即心理活动高度集中在对方话语上。例如,在听话时,人的心理活动不仅要高度集中在语音上,而且还要高度集中在语义上,表达的是什么内容,正确与否,表达艺术怎样等等,要一一辨清。

(3) 持续性

这是一种"连续不断",指听话的敏感性和专注性要贯穿听话过程的始终。

2. 感知力

在听话时,听话人用自己的听觉器官去感知说话人发出的声音信息,并通过大脑活动揭示语音所代表的意义。它包括语音感知力、重音感知力和语气感知力。

3. 理解力

这是听话能力的核心因素。在感知语音的基础上,凭借个人的过去经验,通过思维去理解词语、句子以及整个话语的意思,揭示对方说话的全部意义(包括言外之意),因而理解力便成了衡量听话能力的基本尺度。理解力又可分为:

(1) 表层意思理解力。这是指对说话的字画意思的理解力。表层意思理解力是初步的理解力。

(2) 深层意思理解力。即言外之意的理解力。

(3) 概括能力。即将听到的内容归纳起来的能力,这是全面理解话语意义的能力。

4. 鉴赏力

以听到的话语作为鉴别、欣赏对象,要对听到的话语的正误、优劣、真善、美丑做出判断,并产生情感体验。

(1) 内容鉴赏力。指对所听话语的内容做出评价,肯定真实的美好的思想情感,否定虚假的丑恶的思想情感。

(2) 表达艺术鉴赏力。指鉴赏说话的语言形式和艺术特色。①

二、听话的心理过程

现代认知心理学研究发现,说话人的言语以声波形式传给听话人,听话人的

① 杨成章. 语文教育心理学[M],成都:四川教育出版社,1994:305—311.

听觉器官接受了说话人发出的声音信号，立即通过听觉传导神经把这些声音信号传到大脑左半球的言语听觉区域，并随即在大脑内迅速译码加工，从储存的语言信息库里找出相应的语词，按一定的结构法则排列起来，把声音信号变成语言句子，同时进行分析综合，从而理解其意思。

（一）听话的过程

听话的过程可以分为以下三个阶段。

1．言语知觉阶段

该阶段是对听到的口头信息进行最初的编码，即对句子的声音模式进行分析。

2．语法分析阶段

该阶段信息中的词语被转换成它所表示的意思连贯的心理再现，即以句子的表面结构为线索以确定句子的意思。该阶段大脑检索词语的速度是很快的。据E. Fouike的研究，每分钟人可以听辨250个英语单词，且不会发生大的理解错误。这包括听辨语音的时间和迅速译码的时间。目前尚未作过汉语词语检索速度的实验。但英语大多为多音节词，汉语词语大多为双音节词，汉语词语检索的速度不会比英语慢。

3．利用阶段

该阶段听话者把第二阶段得出的信息意思的心理再现付诸实际使用。例如，如果听到的是一种陈述，则只是把它储存于记忆中；如果听到的是一句问话，就可能做出回答。[①]

（二）凯恩斯的模式

凯恩斯等人曾用一个模式来说明听话的3个主要过程（见右图）。

按照这个模式，说话人的声波即听觉信号，经语言知觉系统分析，结果为一连串知觉到的讲话的声音。这是第一阶段，对语音的感知和辨析，也称言语的接受或接码。然后这一连串声音又得到句法的分析，词汇的搜寻辨明了每个词的意思，而句法加工则辨明了词义间的联系，句法加工的结果便是句子或分句的意思。这是第二阶段，对表达意义的分析、领会，也称言语的理解或译码。意思最后被贮存在记忆中。这是第三阶段，言语信息被大脑理解后进行编码和记忆，也称言语的存贮。

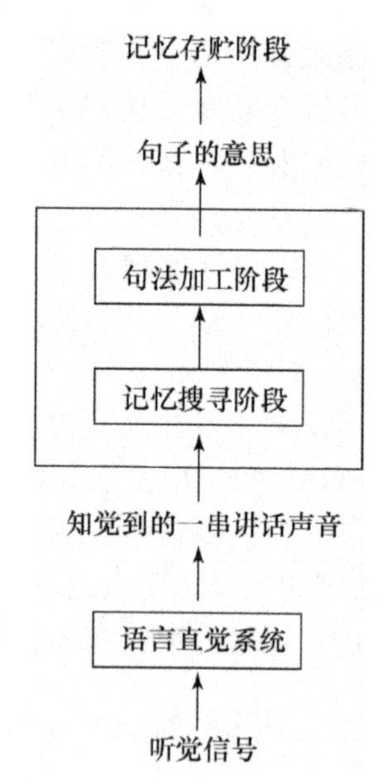

图 6-1　听话理解句子的过程

① 朱作仁．小学语文教学心理学导论[M]．上海：上海教育出版社，2001：114—115.

听话心理过程显示学生间的差异主要存在于第二阶段：语法分析阶段。学生的词句和语法规则的积累直接影响其搜寻、加工的速度和准确性。若学生的心理词典中没有听到的语汇，他就无法明了说话者的含义；若学生对听到的语汇感到生疏，就影响其心理词典搜寻的速度或准确性。

说话学习心理{说话的能力结构
说话心理过程}

第二节　说话学习心理

言语是人们在各种交际活动中应用语言的过程，即个体的说和写，以及所说和所写，是个体的言语行为和结果。语言则是人类特有的交际和思维的工具，是人们用以说写和存在于说写结果中的音义结合的语音、语义、词汇、语法的规则系统。[①]两者的区别在于，言语是一种心理现象，有个体性和多变性。不同的人有不同的言语风格，《文化苦旅》《行者无疆》呈现的就是余秋雨的言语风格。即使同一个人在不同的场合，面对不同的对象，其言语表达方式也是不同的。2000年，余秋雨为国家级语文骨干教师演讲其《千年一叹》的写作经历，和面对电视观众解说新作时，遣词造句就有很大的差异。前者文学术语和文学意境浓郁，后者则显得通俗易懂。语言是一种社会现象，具有较大的稳定性。世界上使用华语地区，不管是欧洲还是东南亚，虽然相隔遥远，但是除了少数词汇的区域性界定，用华语交流不会有障碍。这就是语言的稳定性。

一、说话的能力结构

"说"的能力是指在思维的调控下，将内部言语顺利而有效地转化为外部口头言语的能力。说话能力包括内部言语的能力、快速选词组句的能力和运用语音表情达意的能力三个部分。[②]

1. 组织内部言语的能力

这是指人们对说话的内容、目的、方法等的思考能力。这种思考问题的活动，就是组织内部言语，即思维活动。内部言语精密，口头表达就简洁、清楚、有条理；内部言语敏捷，口头表达就流畅、连贯而不"打嗝"。

2. 快速选词组句的能力

此项能力是指说话者根据需要迅速从自己记忆的仓库中选词组句，并按语法

① 韩雪屏．语文教育的心理学原理[M]．上海：上海教育出版社，2001：91．

② 钟为永．语文教育心理学[M]．北京：警官教育出版社，1998：148．

规范进行表达的能力。

3. 运用语音表情达意的能力

此项能力是指运用语音来表达情意的能力。

二、说话的心理过程

说话是人们在大脑语言半球(左半球)前语言中枢的控制下,将自己的内部言语借助于词语,按一定句式快速转换为外部言语的过程,是一种复杂的心理活动。费罗姆金和麦克尼拉奇等人将说话的过程分为 4 个过程、7 个阶段。这四个过程是选择意思、创造句法结构、创造音素结构以及运动过程,7 个阶段一并示于下图。

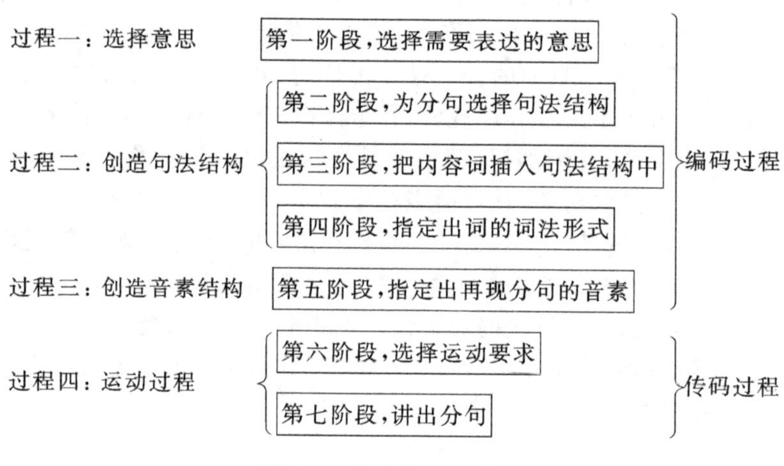

图 6-2 说话的心理过程

当人们进行语言交际时,说话人先产生说话的动机,根据说话目的和情境尽快调动、筛选、组合大脑中存储的信息,在很短的时间内,用极简缩的内部言语确定说话的大致内容。这是过程一,即选择意思。接着,说话者从大脑词汇库中搜寻、筛选出准确、生动、形象的词语、句式,按照一定的规范排列起来,形成比较完整的内部言语。这是过程二,即创造句法结构,该过程经历了 3 个阶段。随后,说话者选择语音、语气,这是过程三,即创造音素结构。最后,借助发音器官——呼吸器官、喉头和声带、口腔和鼻腔的协调运动,将内部言语转换成有声的外部言语,传达给听话的人。这是过程四,即运动过程,该过程包括 2 个阶段。在有些书中,前五个阶段称为“编码过程”,后两个阶段称为“传码过程”。

说话心理过程研究显示,学生的差异主要存在于创造句法结构的过程,即二~五阶段。学生词句积累量和熟悉程度决定其表达的速度和质量。

听说心理过程及能力结构说明：学生听课不能很好地消化吸收，抓不住要点，理不清思路，笔记记不下来；学生口述见闻、说明事理，词不达意，语不成句，不能简单地归结为学习态度问题，要进行具体分析。因为学生的听、说能力特点各有差异，有的记忆力佳，有的专注性强；有的善于分析、判断、思维敏捷；有的长于形象思维、富有想象力；有的语言积累匮乏；有的语言积累丰富，等等。这是造成学生听、说行为表现差异的重要原因之一。因此，听说教学要讲究科学性，无论是训练内容还是难易程度都应做出科学的计划。只有有意识地进行有针对性的培养，才可望使他们在原有水平上获得较快进步。

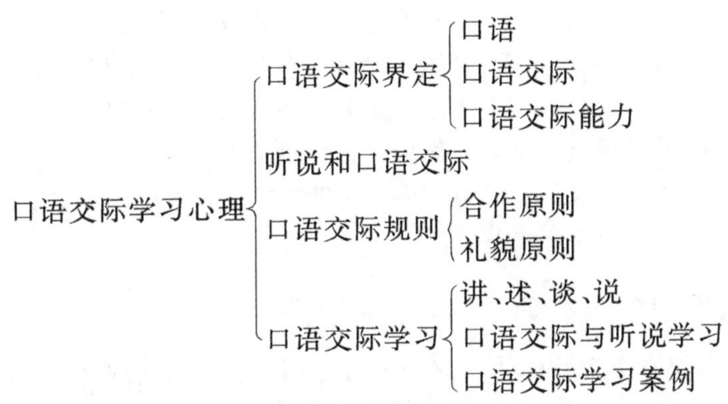

第三节 口语交际学习心理

2001 年教育部颁布的《全日制义务教育语文课程标准(实验稿)》，将语文课程内容整合为识字写字、阅读、作文、口语交际和综合性学习五个方面。其中“听说”改称“口语交际”，可谓开中国语文教学五十多年历史之先河。改“听说”为“口语交际”，反映了现代社会对未来公民素质的要求：具有文明、和谐地进行人际交流的素养，是我国语文教育界顺应社会发展之举；改“听说”为“口语交际”，也标志着我国语文教育界就此问题在理解和认识上的提升。

一、口语交际界定

1972 年语言学家海姆斯(D. H. Hymes)针对乔姆斯基(N. Chomsky)的“语言能力”(linguistic competence)提出了“交际能力”(communicative competence)这一概念，即交际能力包括语言能力和语言运用两个方面。20 世纪 50 年代以来，世界各国相继进行了母语课程改革运动。日本、美国、英国、法国、德国、澳大利亚、新加坡等国均把培养学生口语能力作为母语课程的一项重要内容。

1. 口语

“口语交际”中的“口语”指的是“口头言语”,即“一个人的发音器官能发出某种声音,用以表达自己的思想和情感。”①

2. 口语交际

“口语交际”即口头言语交际,指的是人们运用有声语言传递信息、交流思想、表达感情的过程。②

3. 口语交际能力

海姆斯认为人们在社会生活、人际交往中逐渐发展了另一种使用语言的能力:知道什么时候该说话或不该说话,知道在什么时候、什么地方、以什么样的方式对什么人讲些什么话。这种能力,海姆斯称之为口语交际能力。它包括以下几个参数:合乎语法,即某种说法是否(以及在什么程度上)在形式上可能;适合性,某种说法是否(以及在什么程度上)可行;得体性,某种说法是否(以及在什么程度上)得体;实际操作性,某种说法是否(以及在什么程度上)实际出现了。换句话说,海姆斯理解的一个人的口语交际能力包括语法(合法性)、心理(可行)、社会文化(得体)和概率(实际出现)等方面的判断能力。

二、听、说和口语交际

听、说能力和口语交际能力的区别在于:听说能力是借助口头言语接受信息和表达信息的能力。而口语交际是言语知识和交际技能的结合,不仅要注意听、说的品质,还要注意交流的恰当、得体、机敏。“口语交际能力”与“听说能力”相比,具有动态性、复合性、临场性和简散性。

1. 动态性

动态性是指口语交际不仅包括单向表述,也包括双向交流。在单向表述时,学生要考虑如何组织词句、言之有理,同时还要注意根据听话人的反应调整话题。于是,话题在双向交流中,在双方的配合下被逐步推进。

2. 复合性

复合性体现在两个方面。首先,对于学生个体来说,在交际过程中他是发话者,同时也极可能是受话者;其次,对于言语行为来说,完成口语交际必须有多种系统参与,如思维、语言、情感、态势、语境等,各种系统互相配合、协调一致才能完成交际任务。

3. 临场性

临场性是指所有口语交际活动都是面对特定的对象,在特定的语言环境中进

① 朱智贤.心理学大词典[M].北京:北京师范大学出版社,1989:369.

② 吴立岗.小学语文教学研究[M].北京:中央广播电视大学出版社,2004:263.

行，因此交际时必须考虑两个问题：第一，要根据具体语境进行言语交流，说话看人、地、时，合乎分寸；第二，交流过程中根据不同的反馈信息，进一步灵活采用各种交际策略，如解释、重复、停顿、迂回、猜测、转换话题等。

4. 简散性

“简”为用语简略，“散”为结构松散，在口语交际尤其是双向交流活动中，这两点尤为明显。其原因一方面是因为受时空限制，交际者来不及组织结构复杂的长句；另外一方面，在特定的情景中，交际双方往往可以依赖体态、表情、语境等因素会意，无需多费口舌。①

可见，“口语交际能力”虽然与说话能力也有联系，但它较后者更具有一种相对独立性，有着自己特有的深度和广度。它是言语知识和交际技能的结合，是一种类化了的口语交际经验在特定场景中活生生的显现。正因为如此，口语交际教学不仅包括普通话听、说教学，还应包括在不同情境中交谈方法的教学，并通过实践活动，有效提高学生口语交际能力。即不光要注意听、说的品质，还要注意交流的恰当、得体、机敏。“口语交际能力”较“听、说能力”的构成因素要复杂得多，课程标准由“听、说”改为“口语交际”，有必要对相关课程内容的条目及序列做科学的论证，而非简单移植和提升。

【案例 1】一次抽样调查

2004 年华东师范大学董蓓菲接受上海市教育委员会委托，对上海市 5 个区 10 所小学 1000 名一～四年级小学生进行听说能力和口语交际能力的抽象调查。其中测试部分针对学生听、说能力和口语交际能力的题目是不同的。

(一) 转述

1. 要求

听两遍通知，然后准备一下再将通知内容转告他人。

2. 材料

教导处有个通知：三～四年级同学明天去春游，地点是世纪公园。请同学们七点三十分以前到校，穿春季校服，并带好午餐。

3. 使用说明

(1) 测试前先向学生说明转述的含义和要求

转述就是把听到的话说给别人听，转述时可以用自己的话来说。

(2) 录音材料 15 秒，学生准备时间 30 秒，转述时间 30 秒

(3) 转述要点

① 董蓓菲. 以新视角关注口语交际评价[J]. 语文教学通讯，2004(5).

(1) 时间。明天上午七点三十分

(2) 地点。学校、世纪公园

(3) 活动内容。春游

(4) 要求。穿校服、自带午餐

4. 评分标准(略)

(二) 话题交谈

1. 话题一

星期天为了看电视节目,没有复习生词,结果第二天默词得了 60 分。你怎么向家人说,并请家人签名。

2. 话题二

这学期你订了《少年日报》,也交了报费。但是老师搞错了,没有发给你报纸。你怎么向老师说明?

3. 话题三

你在文具店买了一盒 0.5 的铅芯,可是你的活动铅笔却是用 0.7 的铅芯。你怎么向营业员要求换铅芯。

转述题旨在了解学生听记能力、理解能力以及说话的快速选词造句能力和条理性。话题交谈要求学生根据话题情境,考虑组织词句、言之有理,还要根据测评者的反应调整话题,交流要恰当、得体、机敏。因此,该转述题是一种听说综合能力的测试;话题交谈则是一种评价学生的口语交际能力的题型,学生的口语交际需以基本的听、说能力为基础的。

三、口语交际规则

目前口语交际讨论较多的语用规则是合作原则和礼貌原则。

(一) 合作原则

1967 年美国哲学家、语用学家格赖斯提出合作原则。他认为:人们的互相交际总是遵循一定的目的,能互相默契,这之间存在着双方都共同遵守的原则,简称 C 原则(Cooperation Principle)。这样的原则共有四条。

1. 质的原则

要求说话人的话是真实的,至少他本人认为是真实的、有根据的,不能自相矛盾或虚假。这是“说什么”的问题。

2. 量的原则

要求说话人提供给听者的信息量既足够又不超出。这是“说多少”的问题。

3. 关系原则

要求所说的话要紧扣话题,同交际意图密切关联。这是“为什么说”的问题。

4. 方式原则

要求话语清楚明白,简洁,井井有条。这是“如何说”的问题。

这四条原则不仅仅是说话人需要遵循的，听话人同样潜在地遵守着。这已为人们的无数次交际实践所证明。

(二) 礼貌原则

1983 年英国语言学家利奇提出礼貌原则（politeness principle），简称 PP 原则。这是同合作原则互相补充的另一个原则。利奇认为礼貌原则包括下面六项。

(1) 得体的。减少有损于他人的观点，增大有益于他人的观点。

(2) 宽容的。减少有益于自己的观点，增大有损于自己的观点。

(3) 表扬的。减少对他人的贬降，增大对他人的赞誉。

(4) 谦逊的。减少对自己的赞誉，增大对自己的贬降。

(5) 同意的。减少与他人在观点上的不一致，增大与他人在观点上的共同点。

(6) 同情的。减少对他人的反感，增大对他人的同情。①

利奇认为人们在交际时总是自觉不自觉地受礼貌规则制约和影响。

四、口语交际学习

口语交际作为一种语言交际行为（speech act），可分为讲、述、谈、说四种。它们之间既有区别又有联系。

(一) 讲、述、谈、说

国外学者（Dirven, Goosens, Putseys and Vorlat, 1982）曾经对英语的讲（speak）、述（tell）、谈（talk）和说（say）进行分析，指出这四种口语交际行为之间的差别。该研究还特别分析了讲（speak）、述（tell）、谈（talk）和说（say）在交际中的具体情况，并对它们进行了句法、语义和语用方面的分析。

1. 讲

“讲”是正式的口语交际行为，一般是有准备的、有听众的。在讲的过程中一切起承转合都要讲话人自己控制。讲的能力是成篇表达的能力。比如演讲、讲课、做报告、新闻发布等等，话语片段之间有很多联系和照应。可以说，讲的能力是口语交际能力的最高层次。

2. 述

“述”是陈述、复述。述的能力是语言交际能力的第二个层次。说话人只需要把一件事或者一个道理陈述清楚、明白，把必要的信息传达出来。复述是培养陈述能力的有效手段。

3. 谈

“谈”是谈话、对话。它是口语交际的第三个层次，同时也是最重要的层次。因

① 王建华. 语用学与语文教学[M]. 杭州：浙江大学出版社，2000：16—18.

为谈中可以有讲、有述、有说。在谈中,存在着交际双方,且双方不断地变换发话和受话的角色。谈话是一门艺术,交谈者根据不同的谈话对象和谈话场合,调整谈话的话题和交际方式,包括内容、风格、语音语调、仪态等,并时刻揣摩对方的潜台词,即会话含义。

4. 说

"说"是一般的口语表达,是口语交际的第四个层次。"说"可以是简单的重复,也可以是个人独白。"说"与讲、述、谈的主要区别是讲、述、谈都是有听话人的,是双向的交际行为;"说"却不一定非有听众不可。"说"可以说自己的话,也可以说别人的话;可以说给别人听,也可以说给自己听。①

因此,口语交际学习应正确认识听说和口语交际的区别,在听、说能力的基础上,学习语言交际能力;注意口语交际语境的多样化,也应该考虑到不同的言语行为的能力层次,尤其应重视"谈"这种交际行为。

(二) 口语交际与听、说学习

口语交际与听、说学习有显著差异。

1. 关注的重点不同

听、说教学关注学生语言能力的培养:训练学生能正确地发音、选用词语,说的话符合语法规则。而口语交际教学更应关注学生的语境适应能力:训练学生根据对象、场合和情景,抓住话语主旨,推断他人的立场、观点和意图,恰当试用口头语言和体态语言,解决交际中的问题,达到自己的交际目的。

2. 学习活动的凭借不同

听、说学习可以借助非交际活动开展。口语交际则必须借助交际活动开展,其区别特征是:学生有无交际愿望和目的;关注的视点是内容还是形式;教师干预多少;对教材的依赖程度。

总之,只有交际双方处于互动的状态,才能产生真正的口语交际。口语交际教学并不能简单移植听、说教学目标、策略和方法。

专栏 6-1 口语交际心理障碍

中小学生中存在口语交际心理障碍现象。

(一) 心理障碍

心理障碍有种种表现。

1. 胆怯

有些学生课间和同学交流常常口若悬河、滔滔不绝,可一到课堂上,站在同学

---

① 崔希亮. 语言理解与认知[M]. 北京:北京语言文化大学出版社,2001:3.

面前，就会满脸通红，手足无措，紧张得语无伦次，吞吞吐吐，把先前准备好的发言忘得一干二净，有的甚至说不出话来。

2. 腼腆

有些性格内向的学生，平时就不善言词，说话细声细语。当众站立后，低着头，两眼盯着双手，自说自话。不仅体态不当，而且音量小，发音含混，不知所云。

3. 自卑

有些平时成绩差、表现一般的同学，总认为自己不行，所以事先也没有充分的准备。上台时脚步迟缓，上台后低头沉默不语，期待时间快过去，自己好下去。有的干脆大大咧咧地说一声“不会”就下去，以此来搪塞过关。

（二）产生障碍的原因

1. 心理闭锁

由于青年学生正处在青春发育阶段的心理闭锁期，自我意识增长、自尊心较强。他们感到自己已经长大，渴望交际，渴望在同学们面前树立一个好的形象，但同时感情又开始内隐，不愿轻易发表自己的见解，更不愿在众人面前发言，特别是初次当众表述，担心“坍台”，有损自己在同学心中的形象。这种矛盾的心理，导致胆怯、腼腆心理占了上风。

2. 语言障碍

口语交际需要听话能力和说话能力的参与。尤其是说话能力，是将自己的内部言语借助于词语，按一定句式快速转换成外部言语的过程。需要先在脑中组织好，然后遣词造句，借助语音表达出来。而学生正处于形象思维向抽象思维逐渐转化的阶段，思维活跃、敏捷，从而导致组织语言的速度跟不上思维的速度。而且口语说出来以后稍纵即逝，不像书面语言写下来以后可以反复修改，再加上有些学生平时语汇积累少，常常说话词不达意，重复啰嗦，语病较多。这样造成心里想的，口中不能完整表达出来的结果。

3. 缺乏自信

有些学生缺乏自信，缺乏口语训练的动力。一些学生由于成绩差，认为自己在同学和老师眼中是差生，各方面都不如人。有的学生平时就笨嘴拙舌的，不善于交往，平时课堂上就很少有机会回答问题，现在看到有些同学一上台就伶牙俐齿，相比较更觉得自己差人一筹，干脆以沉默来应付。

4. 认识误区

有的学生信奉“沉默是金”的格言，认为说话不用学，生来就会说。缺乏对口语交际重要性的认识，存在思想上的误区。他们自以为平时能说会道，可是一遇到人多或正式场合却结结巴巴，说不清，道不明，前言不搭后语，闹出不少笑话。

（摘自汪潮. 语文学理[M]. 杭州：浙江大学出版社，2013：306—307.）

（三）口语交际学习案例

口语交际是人类特有的一种社会活动，它除了受语法规则的制约外，还受社会文化规则的制约，因此口语交际教学不仅牵涉到语音、词汇、语法等语言学因素，而且还牵涉到交际目的、交际手段、交际形式、交际对象、交际内容、交际环境、交际规律等社会学因素。美、德等国将指导学生根据交际目的、场合和对象，使用适合主题、目的和听众的口头语言，进行恰当的、得体的、有效的交际作为口语交际课堂教学的重点。要实现恰当的、得体的、有效的交际，学生必须具备一定的口语交际策略能力，因而培养学生的口语交际策略能力也是这些国家口语交际教学的重点。美国国家交际协会（The National Communication Association）在 1998 年提出了《培养有能力的交际者：美国中小学教育中的说话、听话及媒体素养标准》。这个标准对学生口语交际的策略作了多层次的分类：如按照交际的过程，分为听话的策略和说话的策略；按照交际的对象，分为个人交际的策略、小组交际的策略和公共交际的策略；按照交际的技巧，分为问题解决的策略、控制焦虑的策略、记忆与检索的策略和控制分心的策略等等。

【案例 2】美国口语交际教学设计：说服（Delivering a Persuasive Speech）

（一）教学目标

（1）能明确说服的各个构成要素；

（2）能了解个人可信度的构成要素；

（3）能证实自己具有在班级中进行正式交际的能力（包括体态语，清晰地表达，合作地倾听），这些能力必需能够影响或改变他人的想法或他人看待某一主题的方式；

（4）能作一次说服他人的演讲；

（5）能理解他人的主要观点；

（6）能进一步掌握分析与他人有效交际的方法；

（7）能尊重他人的观点。

（二）教学程序

（1）讨论开始前，向学生指出：

人们一般基于自己所见所闻来作决定，有时我们需要运用技巧来使别人信服我们的立场

让学生回顾并记下说服朋友相信某件事的经验，并与其他同学共享。给出一个不可能所有人都同意的话题，如“核电站是超级的能量资源”，让学生选择一个立场，或者赞成，或者反对。要求学生用 6～8 分钟写出一个说服他人的提纲。然后每个学生都将站在班级前面发表演说，其他学生则作记录，并对演讲给予反馈。

（2）每个人都是天生的劝说家，语音和身体是最好的工具

每个人都在自己的生活中做过劝说者，每次当他们加入一个谈话时，总会使用初级的说服技能。他们总会申明自己说的是事实，他们能证实它的有效性，同时他们假定听众同意他们的观点。这次教学要求更高：学生必须设想，并非所有人一开始就同意他的观点，他要努力使他们站在他的角度上来看待一个问题。说服演说的目的是改变他人的想法或他人考虑问题方法。在说服演说中，信息是重要的，但是语音和体态更重要。学生必须牢记说服所包含的因素：

1) 体态语。确信自己能给出正确的体态,如果演说时肩膀下垂,双腿交叉,就显得不太真诚,人们将不会接受他们发出的信息。

2) 清晰度。它代表着口语交际的整体运作,口语交际的整个过程包括几个步骤,学生必须理解这个过程。首先,肺里要有空气,喉部在运作,嘴巴和舌头必须同步,口中有唾液。理解了口语交际的物理结构后,学生才能理解自己是怎么说出话来的。

3) 发音。学生需要发出每个词,记住不能含糊,他们必须避免说:"你知道的……"

4) 语调。语调指的是声音的高与低,不管你怎么做,都必须避免单一的调子。

5) 语速。对于说服演说,每分钟说140～160个字是一个正常的速度,再快就可能有点油腔滑调,再慢就好像是在说教。如果学生们不能确定自己的速度,可进行录音,并算出自己在1分钟内说出的字数。人的耳朵和脑子在1分钟内能合成和分解400字。如果他们说得太慢,听众就会分心。

6) 停顿。如果学生们想强调某一个词,可在说出这个词之前或者说出这个词之后停顿。

7) 音量。它也是一个好的工具,但需小心使用。如果整个演说都高声大叫,其效果会大打折扣,一些适宜的呼喊能够激活演说。

8) 音质。音质是衡量声音品质和属性的基本尺度。

9) 变化。声音的变化是重中之重。每隔30秒,学生要试着改变他们的语调、音量和速度。在一个或一个以上段落中一定要有变化。不需要其他,只需用有趣的声音锁定全班同学。让学生为自己说话,反映自己声音的原有风貌。如果要说"扼死"这个词,学生应在声音中带有一点威胁的暗示;如果要说"推土机"这个词,学生要像巨型推土机那样发音,不要像带着铲子的婴儿。

(3) 策略:表现理性

当学生试着要他人信服某些事,他们必须首先要建立个人的信用度。换句话,在推销其信息之前他们必须先推销自己。如果人们觉得他们不大理性,就不会给予他们机会。他们必须对说服演说的目的和目标,以及他们所说的一切负责。他们应避免使用"也许""可能"这一类的词,而应使用"将""必须"这一类的积极词汇。学生们必须在说服演说中将自己描绘成权威,这样他们能提供足够的信息去证明他们的观点,使自己看上去富有见地。即使是在扩展一个观点时,他们也应表现出诚实。如果他们表现得不太认真,即使他们的信息是百分百的正确,人们也会怀疑他们的话语。最后,他们不必担心感情的流露,这不是一个空洞静态的演说,学生的体态、声音必须和他们的话语相配合,如果话语是强硬的,他们必须在发表演说的过程中让身体表现出力量。

(4) 班级的反应

在每个学生的说服演说结束之后,班级要考虑两个主要的评价标准:第一是演说本身,即演说者的体态、词汇和动作是不是同步的、和谐的,它们之间是不是互相支持,声音与体态是不是紧张;第二是学生具有说服力吗?为什么有?为什么没有?讨论演说是如何运作的?它是如何在无形中影响积极效果的出现。①

我们可以看到,整堂课的教学设计侧重培养学生口语交际策略能力。

① 吴立岗.小学语文教学研究[M].北京:中央广播电视大学出版社,2004:286—287.

第七章　语文学习评价

长期以来，语文课程评价存在评价目的片面、评价范围狭窄、评价手段单一、评价主体局限等诸多不足。在评价实施过程中，也普遍存在简单化和惟量化等弊端。2001年颁布的《基础教育课程改革纲要（试行）》，倡导发展性评价理念，指出评价不仅要关注学生的学业成绩，而且要发现和发展学生各方面的潜能，了解学生发展中的需求，帮助学生认识自我，建立自信，发挥评价的教育功能，促进学生在原有水平上的发展。同年颁布的语文课程标准提出了把学生的语文学习评价视为教与学主要的、本质的、综合的组成部分的理念，并倡导对学生语文知识与能力、学习过程与方法、情感态度与价值观展开评价。

- 语文学习评价原理
  - 学习评价的功能
    - 衡量和评定
    - 诊断和反馈
    - 激励和促进
  - 学习评价的类型
    - 按评价结果呈现的形式分
    - 按评价内容分
    - 按评价用途分
    - 按分数解释参照标准分
    - 按评价形式分
    - 按评价时间和功能分

第一节　语文学习评价原理

一个完整的课程实施过程包括确定目标——选择内容——拟定教法——实施教学——评价效果五个基本环节。语文教学评价效果这一环节，包括两个方面内容：判断教学活动是否达到语文教学的目标；评定学生学习结果达到语文教学目标的程度。这里仅论述学生语文学习评价。

一、学习评价的功能

学生语文学习评价具有衡量、评定教学效果；诊断学习困难；激发学习动机的作用。

1. 具有衡量学生语文素养，评定语文教学效果的作用

学生的语文学业成绩不仅标志着他们对语文的理解水平和表达水平，还反映了他们所具的语文素养。教学中我们借助考查、考试等手段可以检查学语文知识的深度、广度和熟练程度，也可以了解学生语文能力的高低。这些结果在一定程度上也反映了语文教师的教学效果。同时，借助教学过程中的观察和学生自我评价、学生之间的评价，还可获得学生语文学习过程与方法、情感态度与价值观方面的情况。

2. 具有诊断学生学习困难，反馈语文教学情况的作用

利用考试考查等手段获得的学习结果的信息，可以帮助教师了解学生已经掌握了哪些语文知识，这些知识的运用已经达到怎样的能力水平；学生在语文知识和能力上的不足；学生语文学习在过程与方法、情感态度与价值观方面存在的问题，以供教师改进教学。

3. 具有激发学生学习动机，促进教学工作的作用

学业评价直接显示教学效果，因此，争取在考试和考查中取得好成绩是学生和教师的一种外部动机，这一动机促使学生更努力地学习，促使教师更勤奋地工作。在诸多教学评价中，地区统一的语文学科质量监控测试往往对教学影响最大（初中和高中升学考试）。同时，学业评价也有选拔的功能。目前一些办学质量上乘的初中、高中，在生源充沛的情况下通过入学考试来筛选，这就是利用了学业评价的选拔功能。

当然，学业评价在激发学生学习动机的同时，不可避免地存在负面效应：使高分的学生骄傲自满，低分的学生自暴自弃。在课程评价的改革中，一些学校针对学生之间存在的差异，常用分层评价以克服这一弊端，能有效地促进学生的发展。

语文新课程评价观突显学业评价的发展性功能，认为语文学业评价的有效内涵和意义在于更好地促进学生语文学习发展。基于这样的价值取向，我们应视学业评价是教与学的主要的、本质的、综合的组成部分，把评价作为和教学过程并行的同等重要的过程，使评价的过程成为优化教学效果、促进学生语文学习发展的过程。

【案例 1】贷分数

上海市蓬莱路第二小学每个学生都有一张“分数信用卡”。学生考得不理想，可以从信用卡中“超前贷款”分数，下次考试时再加倍还清。“贷分”前，学生要遵循金融风险原则，不仅要有两个担保人，还要签订详细的借分合同。老师则根据以往“还分”状况所确认的信用度，考虑是否向这个 学生“贷分”。这个主意听上去有点像天方夜谭，但它的形成却还有个小典故。

一次期中考试中，四年级的蔡文逸差 1 分她就能达到“良”的等级了，她哭着央求老师给她拉 1 分。可班主任杨老师没同意。过了两天，蔡文逸把妈妈请到学校作“担保”，希望老师借她 1 分。为了激励她认真学习，杨老师要求借她这 1 分在期终考试后必须还 5 分。结果

蔡文逸期终考试提高了19分，给老师也给自己争了气。后来，老师们反复讨论并听取了学生和家长意见，决定借鉴金融的借款制度，建立“借分制”。

当过“借贷人”的顾××在一篇日记中写道：有次我考数学差0.5分就可以免考，想了半天后我决定借分。那次借了以后觉得特别不自在，总像欠了老师什么似的，于是拼命用功，总算把分数还上了。

（改编自厉苒苒. 小学期末考‘大变脸’[N]. 新民晚报，2004-01-18.）

这种“贷分数”的做法，使学生对学业成绩的失意转化为一种更努力的学习的内在动力，使学习评价成为学生学习发展的一个过程。

发挥语文教学评价的发展性功能，要求我们在语文教学评价实施过程中坚持做到以下几点：

(1) 坚持教学评价。其目的不仅是考查学生达到语文学习目标的程度，而且更是为了检验和改进学生的语文学习和教师的教学，改善课程设计，完善教学过程，从而有效地促进学生的发展。

(2) 突出语文教学评价的整体性和综合性。所谓的整体性，主要包括两个方面：从内容看，教学评价的内容应该包括识字与写字、阅读、写作（包括写话、习作）、口语交际和综合性学习。从评价领域而言，它的范围不能仅限于知识和能力，即认知领域，还要从过程和方法、情感态度和价值观进行全面评价。也就是说，评价既要对产生这一学习的结果进行描述和判断，又要对产生这一结果的多种因素和动态过程进行描述和判断；既要看到学生智力发展的一面，也要看到他们的动机、兴趣、情感、态度、意志、性格等非智力因素作用的一面。

(3) 注重评价手段的多样化和灵活性。以往的考试只是评价的方式之一。在形成性评价和终结性评价中应加强形成性评价。要提倡采用成长记录的方式，收集能够反映学生语文学习过程和结果的资料，如关于学生平时表现和兴趣潜能的记录、学生的自我反思和小结、教师和同学的评价、来自家长的信息等。定性评价和定量评价相结合，更重视定性评价。学校和教师要对学生的语文学习档案资料和考试结果进行分析，客观地描述学生语文学习的进步和不足，并提出建议。用最有代表性的事实来评价学生。对学生的日常表现，应以鼓励、表扬等积极的评价为主，采用激励性的评语，尽量从正面加以引导。

(4) 关注评价主体，注意教师的评价、学生的自我评价与学生间互相评价相结合。加强学生的自我评价和相互评价，还应该动员学生家长积极参与评价活动。在评价时要尊重学生的个体差异，促进每个学生的健康发展。

二、学习评价的类型

学生学习评价是语文学科评价的一个组成部分。依据不同的标准，学习评价可分为多种不同的类型。常用的分类标准有：按评价结果呈现的形式、评价内容、评价用途、分数解释参照标准、评价形式和评价时间和功能六种。

表 7-1　学习评价类型

划分标准	类　型
评价结果呈现的形式	1. 定性评价
	2. 定量评价
评价内容	1. 专项评价
	2. 综合评价
评价用途	1. 成绩评价（成就测验）
	2. 水平评价
	3. 学能评价（能力倾向评价）
分数解释参照标准	1. 目标参照评价
	2. 常模参照评价
评价形式	1. 口试
	2. 笔试
	3. 操作评价
评价时间和功能	1. 安置性评价
	2. 形成性评价
	3. 诊断性评价
	4. 终结性评价

1. 按评价结果呈现形式，可以分为定性评价和定量评价

定性评价是用文字形式对学生学习质量的评价。定量评价是用量化的数据对学生学习质量的评价。

2. 按评价内容，可以分为专项评价和综合评价

专项评价又称单项评价，即把评价内容分成若干细小部分，如将基础知识分为拼音、识字、词语、句子、段和篇等，然后就这些内容分门别类编制试题，逐一加以评价，最后再将各项分数综合起来以全面衡量学生的学业成绩。而综合评价则是指把各种语文知识、技能、能力进行相互交叉渗透的评价，以衡量学生的语文综合运用能力，如基础知识、阅读分析、作文组成的小学生毕业评价就是一种综合评价。

3. 按评价用途，可以分为

（1）成绩评价。又称成就测验，主要考核学生一段时期内的学业进展状况。期中考、期末考、统考、毕业考都属这一类，着眼于考查学生的过去。

（2）水平评价。不问以往的学习内容，只考查学生现有水平，如外语学校入学考属这一类，着眼于考查考生的现在。

（3）学能评价。又称能力倾向评价，用以了解考生的潜在能力，带有预测性

质。着眼于考查考生的未来。

4. 按分数解释参照标准，可以分为

（1）目标参照评价。检查是否达到事先规定的标准，即是否“及格”。如摸底评价、单元评价、期末及毕业评价。

（2）常模参照评价。把考生的成绩与同类考生比较，确定录取的分数线，不以是否“及格”为标准。如分班分组评价、学科竞赛。

5. 按评价形式，可以分为口试、笔试和操作评价等

如小学口语交际考试常采用学生间的交谈；高校自主招生考试也常安排六七个学生围坐在一起，就一个话题展开讨论，考官在旁观察各位考生的应变、逻辑和口才。这些都是采用口试的形式进行的。

6. 按评价时间和功能，可以分为安置性评价、形成性评价、诊断性评价、终结性评价

如学期开始，新生入学的考试属于安置性评价；一学期中的单元考试属于形成性评价；就学习过程中出现的典型问题，围绕这个问题设计专题考试，属于诊断性评价，目的是发现学生群体性出错的原因；学期末的考试就属终结性评价。

从不同角度对评价进行上述划分是相互交叉的。各评价类型的适用范围和基本要求各有侧重。

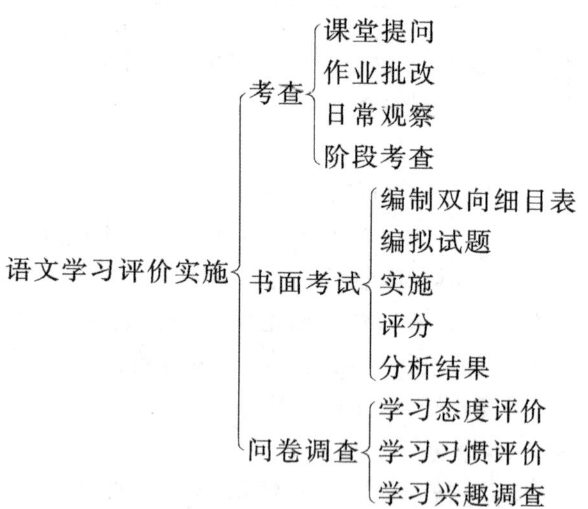

第二节 语文学习评价实施

针对知识与能力的学习评价，方法颇多。大致可分成考查和考试两大类，具体

见下图；针对学生语文学习情感、态度、价值观的评价，大多利用调查问卷的方式进行。

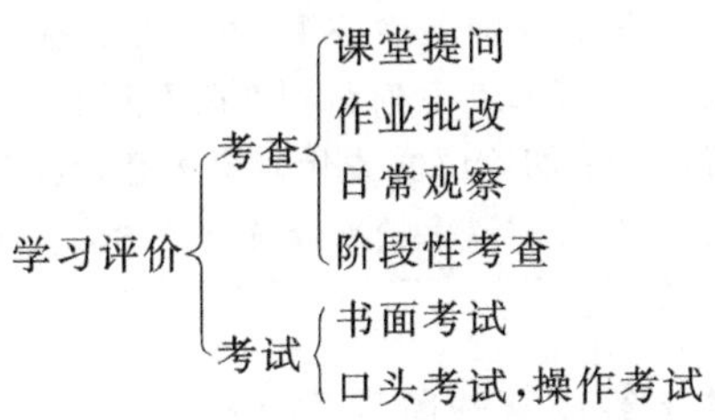

图 7-1　知识与能力的评价方法

一、考查

考查的方法有四种：课堂提问、作业批改、日常观察和阶段性考查。

1. 课堂提问

课堂提问是教师获得反馈信息的最直接最迅速的方式。通过学生的回答，教师在检查学生知识掌握及运用水平的同时，可以了解该生思考问题的方法、分析解决问题的能力、语文表达的特性等诸多情况，并根据这些信息，调整自己的教学。课堂提问问题的设计，要注意目的性、适切性，课堂提问对象的挑选应注意针对性和差异性。

2. 作业批改

作业批改是一种运用频率最高的考查方法。教师在运用这个方法时应注意激励性。如在一年级语文学科抄写作业中，用激励性的图示来替代传统的“√”、“×”、“0”。旨在引导学生在语文学习的起步阶段形成良好的学习态度：认真、仔细。

【案例 2】批改符号

上海市浦东新区浦明师范附小采用激励性图示的批改方式：语文作业本上不再出现“×”，凡是学生作业出错之处，都示以“/”，待学生修正之后，变为“√”。对作业正确的学生给予形象的笑脸“☺”；对作业正确、作业态度认真的学生给予形象的笑脸“☺☺”；对作业正确、作业态度认真、书写整洁漂亮的学生给予形象的笑脸“☺☺☺”。

3. 日常观察

这一方法，在强调全面考查学生的语文素养的今天，显得尤为重要。对学生听、说、读、写能力的评价的同时应评价学生的情感、态度和价值观，这就要求教师在自然状态下多方面关注学生的行为表现，通过观察了解学生对语文学习的兴趣、爱好、习惯，了解学生语文学习的方法和态度，甚至可以做一些记录分析。

【案例 3】拿手帕的男生

一位四年级语文老师接班不久，就发现班上一个男同学在默写生词时手中紧拽着手帕一角，不停地看，不停地往嘴里塞。仔细观察一番，学生并没有作弊，只是机械性地咬手帕角。经过一段时间的跟踪观察，发现该生每时每刻都离不开手帕，只有在两种情境中他才会暂时忘记自己的"宠物"：请他个别朗读课文或代表班级登台独唱。经过与家长联系，找到了原因：该生从小独睡一间卧室，习惯以手帕来分解自己的恐惧感。

4. 阶段性考查

阶段考查是在语文教学经过某一阶段后实施的，一般多用等级制的计分方法，如："合格""不合格"，"优良""合格""需努力"，"优""良""及格""不及格"等。其基本要求以语文课程标准为依据。

二、书面考试

书面考试又称纸笔测验，是学习评价中最常用的一个手段。实施过程包括有五个步骤：编制双向细目表、编拟试题、实施、评分、分析结果。

(一) 编制双向细目表

在试卷编制过程中，"编制双向细目表"的过程是提高命题科学性的重要一环。这里的"双向"是指测验的具体知识和能力，"知识"是指语文学科内容知识，"能力"是指通过语文教学在认知和行为上要达到的目标。编制双向细目表就是根据所学的语文知识、能力的重要程度分配题量和分数。

如何编制双向细目表呢?

1. 按知识要点进行纵向设计

按知识要点进行纵向设计的过程包括：

(1) 列要点。先要认真分析教材，把教材中的知识点找出来。然后列出其中重点，通常是把新授的、经过一定训练的内容，作为测验重点。

(2) 定比例。即定每一类要点所应占的分数比例。测验求总分时，为了显示各分测验项目在总测验中所具有相对重要性，各分测验得分应分别乘以不同的系数。这个系数就是权数。中小学学业成绩测验采用较多的加权形式是百分数的自重权数(分值)，即权数直接体现于各分测验的总分中，各分值累加正为 100 分。其中书写分为 5 分。

2. 按能力水平进行横向设计

根据布卢姆(B. S. Bloom)的认知领域学习水平分类说，学生的学习能力水平可分为识记、理解、应用、分析、综合、评价六个层次。按学习能力水平进行横向设计这个过程包括：

(1) 将能力要求从左到右逐步提高列出，后一项要求应包含前一项要求。如"应用"比"理解"的要求高，所以在"应用"的要求中包含着"理解"的要求。

(2) 参照比例及本单元教学要求分配分数。对某一要点，如果既有前一项目的要求，又有后一项目的要求，就填入后一项目中。例如，选词填充，既需学生理解词义，又要求学生应用这些词语，就应把该题的分数填入“应用”这一项目里。

3. 将双向设计的合计总分

根据各知识点的内容进行再分配(见下表)。

表 7-2　某地高考双向细目表

能力 分值 项目	识记	理解	应用	分析	综合	评价	合计
一、基础知识	10	16	4				30
二、现代文阅读		2	9	24			35
三、文言文阅读		12		13			25
四、写作					50	10	60
合　　计	10	30	13	37	50	10	150

(二) 编拟试题

编拟试题包括选择题目内容和确定题型。语文试题类型很多，根据学生作答的范围和评分方法的不同，可将试题分为客观性试题和论文式试题两大类。客观性试题有判断题、选择题、配合题、填空题、简答题等五种；论文式试题可分为翻译题和作文题。

1. 客观性试题

客观性试题往往只有一个正确的答案，具体包括填充题、判断题、配合题、选择题和简答题。

【案例 4】题型举例

(一) 填充题

(1) 运用学过的诗句，完整句子。

今年清明节我们去烈士陵园扫墓，那天的雨特别大，真是(　　　　　　)。

(2) 第 5 段划线句子运用了(　　　　　　)修辞手法，用以突出(　　　　　　)。

(二) 判断题

下面划线的词句用得对吗？用“?”“√”或“×”表示。

我问陌生的老爷爷：“老爷爷，您今年高寿?”，老爷爷说：“我八十岁了！”　□

我家窗前的一排矮冬青，宛如绿色的大伞，撑在屋前。　□

(三) 配合题

将相关作者、诗句和诗歌描写的时节用直线连起来：

曾几　　早春　　遥知兄弟登高处，遍插茱萸少一人。

王维　　初夏　　天街小雨润如酥，草色遥看近却无。

韩愈　　晚秋　　梅子黄时日日晴，小溪泛尽却山行。

（四）选择题

文中“将相和调，则士务附；士务附，天下虽有变，即权不分”是个复句。如果给它的译文用上关联词，正确的一项是（　　）：

A. 因为……所以……；因为……虽然……所以……

B. 如果……那么……；如果……即时……那么……

C. 如果……就……；如果……即使……也……

D. 要是……就……；要是……即使……就……

（五）简答题

（1）默写

（　　　　　　　　　　　），铁马冰河入梦来。

山重水复疑无路，（　　　　　　　　　　　）。

（2）“自从包产到户，老张，你可翻身了，一年能拿到上万元吧？”一个身体胖胖的老头询问道。

“去年，你盖了一幢小楼，还买了一台电冰箱。今年你要添置些什么？”另一个瘦瘦的老头一板一眼地说着，显出他对“西瓜张”的底细了如指掌。

“西瓜张”从肩上扯下那条白毛巾，擦了擦他那宽亮的前额说：“今年嘛，来他一台大彩电！”

读了这段话，你对“西瓜张”有了哪些了解？写在下面的横线上。

____

（3）如果让你来设计2008年奥运会的会徽，你会构想一个怎样的标示图案呢？请用文字说明。（50字左右）

____

____

2. 论文式试题

论文式试题的形式主要有两种：一是翻译题，如将古诗文译为现代汉语；二是作文题，即用文字表述自己的见闻。作文题包括统一题、选做题、范围题和自由题。

【案例5】论文式试题举例

（一）翻译题

解释诗句：飞流直下三千尺，疑是银河落九天。

____

（二）作文题

（1）统一题。就是教师命题，学生统一作文。如：班上的风云人物

（2）选作题。就是由教师出一组题目，让学生选一个题目作文。如：

{爸爸常说的一句话
老师常说的一句话

（3）范围题。就是教师规定题目或内容的范围、要求，让学生自由选材作文。

- 一次××的经历
- 请以"假如记忆可以移植"为作文内容范围写一篇文章，除诗歌外，文体不限；题目自拟，不少于800字。
- 选择下面所列的一个人物或文学形象作为话题，自选角度，写一篇不少于800字的作文。注意：题目自拟、立意自定、文体自选、不得抄袭。

人物：孔子、苏轼、曾国藩、鲁迅、史蒂芬·霍金

文学形象：曹操、宋江、薛宝钗、冬妮娅、桑提亚哥

(4) 自由题就是教师基本上不定写作范围、题材内容，学生自由选择。如：给"书"组4个词，再用其中一个词为题写一段话。

(三) 实施和评分

语文教学中，常用的评分方法有等级制和百分制两种。

1. 等级制

等级制有绝对评价等级制、相对评价等级制两种。

(1) 绝对评价等级制

这是一种根据教学目标作为评价依据的等级评分方法。如五分制，这种等级记分法，常用"5、4、3、2、1"五个等级，分别表示"优秀""良好""及格""不及格""劣等"。其中：

1) 5分的要求是透彻地熟悉与理解课程标准所规定的全部教材，并能深刻领会和巩固地掌握。对于问题，能作出正确的回答；在各种实际作业中，善于独立地运用所学得的知识；在口头和书面回答中，能正确表达而不发生错误。

2) 3分的要求是熟悉课程里高标准所规定的基本教材。在实际作业中应用知识有一些困难，但经教师稍加帮助即可克服。答案内容与语言结构极少有错误。

3) 4分是介于3分与5分之间。

4) 1分是对所学教材完全不了解。

5) 2分介于1分与3分之间。

这种记分方法简单明了，特别是在平时考查中运用比较方便，但评分标准具体掌握时有一定困难，如3分与4分，4分与5分之间有时难以确定。因此，又产生了4＋、4－等表示成绩的等级。

(2) 相对评价等级制

这里所说的等级制，不是把学生的学习成果与某一既定的标准进行对号，而是根据学生的学习成绩在学生团体中所处的相对位置来确定其相应的等级分数。具体的评定方法是把学生的成绩(通过考试或教师综合评估后得到的成绩)从高分到低分排列，然后根据考生总数按照下面两种方案所给的比例，对属于各个等级的人数进行套评。以五分制为例：

1）正态分布面积比例法。这种方法是根据人的能力通常服从正态分布的假定，把正态分布曲线下位于正负三个标准差范围内的面积以等距的方式划分为五部分，使这五部分的面积百分比结构为 3.5∶24∶ 45∶24∶3.5，然后把一批考生的成绩从高到低依次按上述五部分的面积比例来确定五个等级的人数及比例：A 等（5 分）占 3.5%，B 等（4 分）占 24%，C 等（3 分）占 45%，D 等（2 分）占 24%，E 等（1 分）占 3.5%。

2）按 1∶2∶4∶2∶1 的比例分配法。这种方法是 1948 年日本学校教育法规定的一种学习成绩评定方法，即把该评为 A 等（5 分）、B 等（4 分）、C 等（3 分）、D 等（2 分）和 E 等（1 分）这五个等级的人数按照规定的 1∶2∶4∶2∶1 的比例进行分类，形成中间多、两头少的人数结构。若把这里的比例换算成百分比结构的话，不难知道，A、B、C、D 和 E 五个等级的人数比例分别是 10%、20%、40%、20%和 10%。可见，这种比例结构实际上是参照上述正态分布面积比例结构的一种调整。这种方法当时在日本实施后不久，人们就很清醒地意识到无论教师如何努力，成绩始终是“两头小，中间大”的状态。因此，这种按比例套等级的记分方法不利于调动师生的积极性。

2. 百分制

百分制在中国有着悠久的历史。1903 年清朝颁布的《钦定学堂章程》中规定：“评定分数，以百分为满格，通各科平均计算，每科得 60 分者为及格，不及 60 分者为不及格。”这种百分制方法一直沿用至今。它的特点是等级多，可对学生的成绩进行排队；缺点是没有确定的评分标准，每一分的意义不明确。一般规定 60 分及格，但其含义不明确。如题目难度大，学生往往得不到及格分；相反，若题目过于容易，则有很多学生得高分。百分记分法用于简答题、作文题，很难得到准确的结果。

（四）分析结果

一次完整的语文考试，在实行及评分之后有个重要的环节，那就是结果分析，即分析本次考试质量和教学情况。结果分析包括分析考试质量和分析教学水平。通常采取抽样、测验效度分析、测验信度分析、难度分析和区分度分析五个步骤。学校常用的数据，主要是后两者。

1. 难度分析

试题的难度是指一组考生对该题作答的困难程度，一般用难度系数（P）表示。难度是衡量试题质量的基本指标之一。

$$\text{难度系数}(P)=\frac{\text{答对人数}}{\text{人数}}$$

如初二年级某次语文测验现代文阅读中，分析用词准确性小题，已知参试人数为 50 人，答对此题有 24 人，则

$$P=\frac{24}{50}=0.48$$

一般常模参照考试，难度系数 P 以 0.5 为适宜。目标参照考试以 0.6 为宜。P 越大，说明此题难度越小；P 越小，说明此题难度越大。上例中 $P=0.48$，小于常数 0.5，说明有些难度。

2. 区分度分析

区分度是表示试题区分能力大小的指标，使考生呈现水平高者得高分、水平低者得低分的倾向。“0”区分度亦是衡量试题质量的基本指标之一，试题的区分度计算步骤如下。

(1) 将参试学生的试卷按分数由高至低排列。

(2) 将学生参试人数乘以 0.27，小数点后四舍五入，取整数 n。

(3) 取 n 个最高分数，组成上组；再取 n 个最低分数，组成下组。

(4) 把该题上组答对人数减去下组答对人数，再除以 n，即

$$\text{区分度}=\frac{\text{上组答对人数}-\text{下组答对人数}}{\text{每组人数}(n)}$$

如：某题要求学生辨识比喻的修辞手法，参试学生总数为 58 人，$n=58\times0.27=15.66\approx16$，该题上组答对人数为 8，下组答对人数为 3，得出区分度为 0.310。

一般区分度总在 -1 和 $+1$ 之间，“0”为无区分度。区分度大于 0.3，说明此题能很好地区分出学生水平；区分度大于 0.2 且小于 029，说明此题尚能区分出学生水平，但要改进；区分度小于 0.19，说明此题应淘汰或作较大修改。上例区分度为 0.31，说明该题能很好地区分出学生水平。

三、问卷调查

以学生为对象的学习评价，以往主要集中在语文基础知识的掌握，听、说、读、写能力的养成。2001 年颁布并实施的《全日制义务教育语文课程标准(实验稿)》强调：从知识与能力、过程与方法、情感态度与价值观等几方面进行评价，以全面考查学生的语文素养。例如，对识字与写字的评价，既要从音、形、义的结合上评价学生的识字能力，也要重视学生识字和写字的兴趣及习惯。评价学生的阅读能力，既要综合考查学生阅读过程中的感受、体验、理解和价值取向，也要考查其阅读兴趣、方法、习惯，以及选择阅读材料、阅读量和阅读速度。评价学生的口语交际能力，要在具体的交际环境中进行，并给予学生有实际意义的交际任务，考查其参与意识和情感态度。评价学生的写作能力，既要关注学生的写作过程与方法、情感与态度，也要重视对写作材料准备过程、占有材料的方法的评价。语文学习情感、态度、价值观的评价一般采用问卷调查的方法。

(一) 学习态度评价

法国教育家认为：对于一个学生，积极的学习态度比学习成绩更重要。下面

是法国学校对学生的学习态度评估表。[①]

表 7-3　法国学校对学生的学习态度评估表

目　　标	内　　容
努力程度	1. 有坚持毅力,热心,努力 2. 一般,断断续续,无规律 3. 不努力,懒惰
记忆力	1. 记忆力强,准确无误 2. 记忆力强,但属于机械记忆 3. 记忆困难
理解力	1. 迅速且正确 2. 慢,但正确 3. 吃力,不正确
注意力	1. 集中,持久,有规律 2. 断断续续,不稳定 3. 记忆力不能集中
纪律	1. 有自制力,遵守纪律 2. 怕处罚而遵守纪律,默默服从 3. 不遵守纪律
学习节奏	1. 快 2. 一般 3. 非常慢
对课题的态度	1. 稳重自信 2. 过于自信 3. 缺乏自信,没把握

(二)学习习惯评价

了解学生语文学习习惯,经常让学生对自己的学习习惯进行自我评估和改进,有助于学生学习发展。学生学习习惯的调查可借助调查问卷。

【案例 6】阅读习惯调查问卷:在□内打勾。

对阅读和阅读习惯的自我感知

学校　　班级　　姓名

如何选书

□我经常选择比较容易读懂的书。

□我喜欢不同类型的书。

□如果我的朋友告诉我有本好书,我肯定会去读的。

① 刘国华.等级制评分法在国外中小学的实施与改革[J].上海教育科研,1997(6).

如何读书

□我喜欢在学校里安安静静地读书。

□我喜欢在家里读书。

□我喜欢读教师曾经大声朗读给我们听的书。

对于我读过的书

□我喜欢谈论我读过的书。

□我通常都能理解我读过的书。

□我知道怎么从书中找问题的答案。

读书活动

□当我读一本书时，通常会做一些记录。

□我喜欢和别人一起完成读书计划。

□我喜欢和朋友一起读书。

（三）学习兴趣调查

1. 学习兴趣调查

【案例 7】学习兴趣调查　问卷：填在题后的括号内。

学生语文学习兴趣调查

学校　　班级　　姓名

开学时你喜欢上语文课吗？（　　）

现在你喜欢上语文课吗？（　　）

你喜欢问问题吗？（　　）

你最喜欢哪几篇课文？（　　）

你觉得背课文难吗？（　　）

你觉得写字难吗？（　　）

你喜欢跟同学一起讨论吗？（　　）

你愿意在大家面前朗读或表演吗？（　　）

你在课外还抽时间复习语文吗？（　　）

家长帮你预习语文吗？（　　）

你经常看课外书吗？（　　）

你看课外书时注意认字吗？（　　）

你愿意买书或者借书看吗？（　　）

你最近看的书是什么？（　　）

课后你和同学讨论过语文课的问题吗？（　　）

如果按喜欢不喜欢的顺序排列，你想把语文课排在第几？（　　）

{资料来源：李志宏. 新课程学生发展性评价[M]. 北京：开明出版社，2003(82—83).}

2. 阅读兴趣调查

【案例 8】阅读兴趣调查

指导语:对于下面列出各种类型的书,如果你喜欢阅读某种类型的书,就在“喜欢”上划一个圈;如果你不喜欢,就在“不喜欢”上划一个圈。在表格后面的横线上列出你喜欢的而表格中没有列出的其他种类。

1. 探险	(喜欢,不喜欢)	10. 神秘人物	(喜欢,不喜欢)
2. 动物	(喜欢,不喜欢)	11. 政治	(喜欢,不喜欢)
3. 艺术	(喜欢,不喜欢)	12. 心理学	(喜欢,不喜欢)
4. 传记	(喜欢,不喜欢)	13. 传奇文学	(喜欢,不喜欢)
5. 划船	(喜欢,不喜欢)	14. 科学	(喜欢,不喜欢)
6. 汽车比赛	(喜欢,不喜欢)	15. 科幻小说	(喜欢,不喜欢)
7. 历史	(喜欢,不喜欢)	16. 社会学	(喜欢,不喜欢)
8. 业余爱好	(喜欢,不喜欢)	17. 运动	(喜欢,不喜欢)
9. 音乐	(喜欢,不喜欢)	18. 西部文化	(喜欢,不喜欢)

你喜欢的其他图书类型________ ________ ________ ________

________ ________ ________ ________ ________

【案例 9】阅读个性调查

指导语:请圈出答案序号,若选“其他”,请简要写出答案。

高中生文学作品阅读个性调查

姓名________ 性别________ 年级________

(一)您的课内阅读目的是

1. 考高分 2. 学习知识 3. 满足兴趣爱好 4. 完成学习任务

5. 其他

(二)您的课外阅读目的是

1. 体味乐趣 2. 追求新奇 3. 接受教育 4. 借鉴写作经验

5. 其他

(三)您在阅读一本书的过程中

1. 持久稳定 2. 勉强读完 3. 有时中断阅读 4. 经常中断阅读

(四)您的阅读兴趣

1. 广泛 2. 喜欢传奇类作品 3. 喜欢武侠类作品

4. 喜欢言情类作品 5. 喜欢诗歌类作品 6. 喜欢散文类作品

(五)您选择课外阅读书目

1. 受大众心理影响 2. 受新闻传媒影响 3. 有明确的阅读计划

4. 根据老师布置的任务

（六）课堂阅读您总是

1. 不爱说话，自己一个人独立阅读课文	2. 听老师讲解，不发言
3. 边读边思考，提出问题	4. 发言与他人争论

（七）您感觉自己文学阅读期待类型属于

1. 满足信息需求欲望	2. 崇尚名家、名著
3. 满足求知欲	4. 感受艺术美

（资料来源：华东师范大学教育科学学院 2002 届语文课程与教学论硕士生作业）

专栏 7-1　非标准阅读记录评价

西方学者认为，评价学生个体的阅读能力水平涉及两个方面的工作：一是评估该生能否阅读测试材料，如学过的课文、各种难度水平的独立阅读材料，并得出结论：哪些文章该生能独立阅读，哪些需要教学帮助才能读懂，哪些出现阅读受挫现象。二是学生群体的平均阅读能力水平，该生能否阅读大部分属于该年级平均水平的阅读材料。一名八年级的学生如果能阅读和理解九年级水平的材料，那么他就超越了年级阅读水平；相反，则低于年级阅读水平。在美国，非标准阅读记录(Informal Reading Inventory，简称 IRI)评价就是一种成熟的诊断性评价方法。一些阅读评价专家(如 Leslie, L.)还出版了包括记叙类、说明类阅读目录、篇章、诊断清单等内容的阅读评价书籍。

一、IRI 评价特点

非标准阅读记录评价不同于标准测试，是评价学生个体在完成特殊阅读任务中的行为表现。教师若要深入了解某个学生的阅读进展，就可以运用这个评价法获得具体详实的信息。不仅如此，教师若能在一学年里实施阶段性的管理，就可以建立起该生阅读进展档案。因此，IRI 属于真实性评价中的表现性评价。

非标准阅读记录评价由序列性阅读片段组成，这些片段随年级升高难度递增。每个片段都附有词汇表和阅读理解问题。具体包括如下环节：教师根据词汇表，选择合适的阅读片段(也可以自己设计适龄阅读材料)——要求学生回答"概念问题"——要求学生朗读片段——要求学生口头回答阅读理解的问题——要求学生概述或复述所读内容。在测试过程中，教师要录下学生朗读和回答的所有内容。完成这一切以后，教师根据录音进行错误线索分析(miscue analysis)，分析学生阅读失误的类型，从而诊断出学生理解困难的原因亦或阅读策略的缺失。[①] 就这样，

① Suzanne F. Peregoy, Owen F. Boyle. *Reading, Writing, & Learning In ESL*[M]. Addison Wesley Longman, Inc., 2001: 299.

教师借助由浅入深的不同难度等级的阅读片段，诊断出学生个体阅读能力水平。再针对学生阅读理解存在的问题，制订后续教学计划，帮助学生成为有能力的阅读者。

非标准阅读记录评价法在实施中需要花费一定的时间，但对学生的阅读能力发展来说，这样的付出是值得的。教师运用这种评价方法可以深入获悉每个学生的阅读进展情况；可以了解有关评价的原理和操作程序。如：系统地收集学生不同阶段的阅读发展信息；运用适龄阅读材料包括词汇目录、年级水平阅读片段，建立衡量学生阅读进步的基准；评价学生阅读解码和理解策略；评价学生要达到高一级阅读水平需取得的进步等等。因此，在日复一日的课堂活动和教学中，当教师在倾听学生朗读时，IRI 评价法成为一种潜在的模式。当教师内化该实施流程后，即使不走这个形式和过程，也可以成为学生阅读行为更准确的观察者和评价者。

二、IRI 评价案例

1. 概念问题

在学生朗读片段之前提一些概念性的问题，以了解学生对将要朗读的话题的熟悉程度、所具有的背景知识，以及对朗读片段中出现的词汇、短语的理解程度。有时也要求学生根据题目对片段内容做出预测。这个过程既是了解学生的已有知识，也是帮助学生做好阅读准备，搭建阅读理解的脚手架。

如：柯林斯女士根据平时课堂观察，决定选用四年级水平的阅读片段《约翰尼苹果树种》来诊断六年级学生保罗的阅读水平。她在保罗朗读前提了 4 个问题：

(1) 谁是约翰尼苹果树种？

(2) 为什么人们在某些地方种植果树？

(3) 人们为什么种苹果树？

(4) 对你来说，“做苹果汁”意味着什么？

每一道题有四个评分等级：3 分、2 分、1 分和 0 分。保罗共获得了 10 分(满分是 12 分)，对话题和文中词汇的了解和熟悉达到 83%，因此柯林斯认为保罗对将要读的内容是“熟悉”的。

2. 片段朗读

IRI 从初级到基础级及至高级，在每个年级水平的阅读片段中都包含记叙和说明两种文体。下例属于记叙类片段。

约翰尼苹果树种

约翰·契布曼于 1774 年出生在马萨诸塞州并在那里长大。他成了一名农夫，学会了如何种植不同种类的农作物和果树。他尤其喜欢种苹果树、吃苹果。那时候当地有很多人往西部迁移，去了俄亥俄州、宾夕法尼亚州。约翰知道对定居者而言，苹果是种好东西，因为苹果树生命力强也容易种活。苹果可以生吃也可以用多种方式加以烹饪，甚至可以晒干以备后用。这样到了 1797 年约翰也决定去西部。为那些把新家建在那里的定居者种苹果树。

约翰从榨苹果做苹果汁的农夫手中要来了很多种子，收集了几大袋苹果树种。到了春天便去了西部边疆。他所到之处撒下了苹果树种，并把种子送给当地了解苹果树价值的农夫。

不管刮风下雨约翰都坚持步行很远。他曾经趟过危险的河流，寻找穿越陌生森林的路。他常常饥寒交迫，浑身湿透。有时候，他还要躲避一些不友善的印第安人。衣服破成了布条，他就用麻袋改作T恤，剪两个洞做袖口。他守护着宝贵的种子、细心地种植。在合适的土壤里那些树有机会长成强壮的树。

约翰的名声传开了，并得了"约翰尼苹果树种"的绰号。新定居者非常欢迎他并感激地接受他的礼物——苹果树种。有关约翰尼苹果树种的故事不断诞生，但这些故事未必总是真实的。然而，有一件事是真的。我们要感谢约翰尼的苹果树种，因为如今苹果树已经在那些曾经从没种植过的地方生长着。（共308字）

——节选自B. B. 阿布拉斯特《美国的历史》(1986)

3. 理解性问题

在学生朗读完片段之后，教师提出一系列的阅读理解问题。这些问题有的是事实性的，有的是解释性的。有的答案在文中有明确陈述，称之为"外显问题"(explicit questions)；有的答案则无陈述，需要读者依据文中信息予以推断，称之为"内隐问题"(implicit question)。

如：保罗读完《约翰尼苹果树种》后，柯林斯提了8个问题。其中，内隐的问题如：为什么约翰能够从苹果汁制作者手中获得这么多的种子？外显的问题如：说出约翰遇到的一种困难。

4. 复述

朗读结束后，学生要对所读的片段内容进行复述，这是教师获取学生理解和回忆能力信息的重要环节。通常可根据回忆清单进行评分。一般记叙类文体的回忆清单从背景、目的、事件、结果四个方面做记录。

5. 诊断分析

在这个阶段教师采用错误线索分析的方法对录音信息进行诊断分析。错误线索分析关注的是学生的错误线索，或者是朗读过程中对印刷文字的意思产生的轻微理解差异(Goodman，1973)[①]。一般学生重复或自我纠正的内容不计入在内。错误线索提供了一个有价值的信息线索——学生是如何加工印刷文字的意义的。由于一些错误线索反映出学生对所读文章有较好的理解，因此，分析学生的错误线

① Suzanne F. Peregoy, Owen F. Boyle. *Reading, Writing, & Learning In ESL* [M]. Addison Wesley Longman, Inc., 2001: 291.

索或阅读偏差，不只是了解学生的阅读弱势，也有可能得出学生阅读优势所在。教师归纳学生阅读偏差的倾向或类型，可以推及学生所用的阅读策略并确定后续教学如何帮助学生改进。错误线索分析需要教师基于朗读，分解学生口语语音特点及存在的过失；也需要教师借助复述对学生的整体理解水平加以评估。

下面是柯林斯女士对保罗的阅读失误统计。

词语失误总计：**24**

理解失误总计：**11**

词汇准确率统计			理解准确率统计	
0～7 失误	____	独立阅读	____	0～7 失误
8～32 失误	____	教学阅读	____	8～16 失误
32＋ 失误	____	阅读受挫	____	17＋ 失误

朗读速度：308 个× 60 秒＝ 18480 个/ 204 秒 ＝ 91 个/分钟

《约翰尼苹果树种》一文中，带有各种标记的文字是柯林斯当场记录的保罗朗读时发生的错误：带圈的字词表示漏读、划线的字词表示读错音、阴影字词表示换词、斜体字表示加字。如：约翰知道对定居者而言，苹果是种好东西……句中“定居者”读音错误。他尤其喜欢种苹果树、吃苹果。句中“尤其”读成了另一个近似单词。加粗的句子表示由于读错而改变了原句的意思。其中词语失误 24 处，阅读理解失误 11 处。柯林斯归纳保罗朗读出错的类型，发现保罗未能掌握构词法：基本字，前后缀等规律。而一些句意改变表示保罗对过去进行时这种语态相当陌生。但是也有一些错误是因为保罗根据预测句子意思而发生的错误，说明保罗不是看一个字词读一个字词，有据意朗读的能力。

阅读专家和学者认为学生在阅读某一年级水平的指定片段时，可根据准确率统计确定该生所处的最近阅读发展水平：独立阅读、教学阅读、阅读受挫。

（1）独立阅读

属于该水平的学生朗读所提供的片段时，感觉相当容易，几乎不需要教师的帮助。若学生识字准确率约在 98％，理解率约在 90％，那么他们就属于该水平。

（2）教学阅读

属于该水平的学生朗读所提供的片段时，识字准确率约在 95％，理解率约达到 70％。他们能够在教师的帮助下，阅读课堂教学用的材料。如教师帮助建立有关海洋哺乳动物的背景知识，再让学生阅读同一话题的片段。

（3）阅读受挫

属于该水平的学生朗读所提供的片段时，在识字、理解方面会遇到很大的挫折。即使教师给予帮助，他们也感到绝对的困难。若学生识字准确率低于 90％，理解率低于 70％，那么他们就属于该水平。

柯林斯通过失误统计，发现保罗词汇和理解都属于四年级的“教学阅读水平”。朗读速度达到每分钟 91 个字。

保罗在朗读结束后回答问题只错了一题（第 8 题），在经过回想之后，自我纠正，全部正确。

三、原理分析与启迪

非标准阅读记录评价主要基于阅读心理学，尤其是阅读理解心理过程：自上而下的阅读模式，该模式是古德曼（Goodman）1976 年提出的。他认为阅读是一个预测下一步信息并作确实或否定判断的过程。他发现学生在边读边理解时，偶尔会读出与原文文字有别的读音，如把“制服”读成“校服”。他解释这种现象并非学生视觉扫描出错，而是学生运用智慧去理解文字的结果。即学生在阅读时用头脑中储存的知识，并根据读物的部分文字材料，对所要读的内容做出预测，然后通过阅读来证实自己的预想或期待是否正确。所以，古德曼认为，阅读乃是一种心理语言学的猜测的游戏，它包括了思想和语言之间的相互作用。有效的阅读并非精确的知觉与辨认所有的文字成分的结果。阅读过程存在两条视线：眼的视线和心的视线。低级水平的学生一定要看到全部文字才知道阅读材料讲的是什么，也就是说心的视线落后于眼的视线；较高水平的学生则是看了一部分文字便开始预测下面的文字，后续文字的阅读不过是对自己预测的证明或否定，这种水平的阅读，心的视线已经领先于眼的视线。古德曼的模式可以表示为：取样→预期→检验→证实这样一个循环过程，在西方的阅读教学中有很大的影响。

从阅读心理学的视角来看，非标准阅读记录评价的每个环节设计具有明确的指向。“概念问题”旨在了解学生阅读心理结构要素：背景知识，尤其是学生的心理词典中有词汇目录所列的单词。“朗读片段”旨在了解学生阅读理解心理过程：解码、字面性理解。“回答阅读理解的问题”旨在了解学生推理性理解能力。“概述或复述”旨在了解学生的阅读记忆能力，基本上吸纳了阅读心理学发展的多个阶段的研究成果，包括阅读心理结构、阅读理解心理过程及其模式理论。而教师的归因分析侧重从语言知识、阅读策略的角度找寻后续教学内容。此外，再加上日常的教师教学观察、学生的读写作业表现，完成了学生个体阅读能力水平的全面、客观诊断，从而为个别化的有效阅读教学提供了科学依据。

在英美教育发达国家，一～三年级课堂里的学习中心设置，四～十二年级的专用教室教学都力图实施个性化的阅读教学。两者教学实施的前提是个体阅读能力诊断。这种基于个别诊断而实施的个性化教学是真正意义上的有效教学；这样的有效教学才是教学过程公平的行为实践。对我国小班化教育实践而言，非标准阅读记录评价无疑是可资借鉴的个体评价方案。

{摘自董蓓菲. 非标准阅读记录评价案例分析 [J]. 全球教育展望，2010(11).}

- 语文学习能力评价
  - 阅读能力评价
    - PIRLS 评估
    - PISA 评估
    - PIRLS、PISA 评估启示
  - 写作能力评估
    - 写作能力评价标准
    - 写作能力评价方法
  - 口语交际能力评价标准
    - 口语交际能力评估
    - 口语交际能力评价方法

第三节　语文学习能力评价

语文学习评价是对具有特定目标的学习活动进行基于事实信息的价值判断过程。它包括学习过程、效果的评价以及语文课堂学习活动的评价。其中，学生语文学习能力评价是其核心内容。

一、阅读能力评价

(一) PIRLS 评估

“国际阅读能力发展研究”(简称 PIRLS)，是由“国际教育成就评估协会”(简称 IEA)主办的一项全球性阅读素养测试。创始于 2001 年，每五年进行一次，是目前世界上唯一针对 9 岁儿童(小学四年级)阅读素养的跨国界、跨文化的比较研究。

1. 样例《倒立的老鼠》

从前有一个叫罗伯的老人，一生过着安宁、平和的生活，今年已经 78 岁了。他虽然生活贫困，但很快乐。

有一天他发现家里有了老鼠，一开始他没在意。但是老鼠开始繁殖，他很受困扰，随着老鼠的数量越来越多，他终于无法忍受了。

“太过分了！”他说，“真是太过分了！”他蹒跚着走出家门，来到商店买了一些捕鼠器、一片奶酪和一些强力胶。

回到家后，他在捕鼠器的底座涂上胶水，把它粘在天花板上，再小心翼翼地把奶酪放在上面当诱饵，希望赶走老鼠。

晚上，老鼠出洞看到天花板上的捕鼠器，觉得简直太可笑了。它们在地板上走着，用肘子碰碰对方，爪子指着天花板，笑得东倒西歪的。把捕鼠器放在天花板上，真是太愚蠢了！

第二天早上，罗伯下楼看到捕鼠器上没有老鼠，什么都没说，只是笑了笑。

他拿起一张椅子，倒过来在椅子脚上涂上强力胶，把它粘在天花板上的捕鼠器的旁边。然后，他把桌子、电视机、台灯都粘在天花板上。就这样，他把地板上所有的东西全部粘在天花板上了，甚至还有一块地毯。

当天晚上，老鼠出洞后还在嘲笑前晚上看到的一幕。但当它们看到天花板上的一切，瞬间笑不出来了。

“啊呀！”一只老鼠大喊道。“看上面，地板在上面！”

“上帝啊！”另一只老鼠叫道。“我们一定是站在天花板上了！”

“我开始有点头晕了！”另一只老鼠说。

“我脑充血了！”一只老鼠说。

“太糟了！”一只上了年纪的老鼠说，“这太糟糕了！我们必须马上想办法！”

“如果继续这样倒立着，我一定会昏倒的！”一只小老鼠叫道。

“我也是！”

“我受不了了！”

“救救我们吧！快想办法呀，快！”

它们开始紧张起来。“我知道应该怎么办！”上了年纪的老鼠说，“我们统统倒立，这样就倒过来了！”

老鼠们非常听话，都倒立着。过了一会儿，它们都因为血液快速流入大脑而晕倒了。

隔天早晨，罗伯下楼时，地板上全是老鼠。他马上把老鼠扫在一起扔进了垃圾桶。

通过这个故事，我们要记住的是：当世界看起来是混乱颠倒时，你要确定自己是脚踏实地的。

问题：

(1) 罗伯为什么想摆脱老鼠们？

A. 他一直很讨厌老鼠　　B. 它们实在太多了

C. 它们笑的声音太响　　D. 它们把他的奶酪都吃完了

(2) 罗伯把捕鼠器放在哪儿？

A. 垃圾桶里　　B. 老鼠洞的附近

C. 椅子下　　D. 天花板上

(3) 为什么第一天晚上老鼠出洞时，用肘子碰碰对方，爪子指着天花板，笑得东倒西歪的？

A. 它们看到椅子在天花板上　　B. 它们觉得罗伯做的事很蠢

C. 它们想要捕鼠器上的奶酪　　D. 它们害怕自己看到的情形

(4) 为什么罗伯看到捕鼠器上没有老鼠，什么都没说，只是笑了笑？

____

____

(5) 罗伯把椅子粘在天花板上后做了什么?

A. 笑了笑,什么都没说　　B. 买了一些捕鼠器

C. 把所有东西都粘在天花板上　　D. 给老鼠们一些奶酪

(6) 第二天晚上,老鼠们以为自己站在哪里了?它们想了什么办法?

(7) 从文中找出描写第二天晚上老鼠慌张的样子的句子,抄在下面。

(8) 文章用什么方式让你知道老鼠们对这件事的想法?

A. 告诉你罗伯对老鼠的看法　　B. 描述老鼠们所居住的地方

C. 告诉你老鼠们彼此的对话　　D. 描述老鼠们喜欢的东西

(9) 罗伯隔天早晨下楼时,为什么地板上全是老鼠?

A. 它们倒立太久了　　B. 罗伯给了老鼠太多的奶酪

C. 老鼠从天花板上掉下来了　　D. 罗伯把强力胶放在地板上

(10) 罗伯把老鼠扫在一起丢到哪里去了?

(11) 你觉得老鼠很容易被骗吗?说出一个理由。

(12) 你认为罗伯是个怎样的人,从文中举两个例子加以说明。

(13) 以下哪个词语最能形容这个故事?

A. 严肃而悲伤　　B. 恐怖且令人兴奋

C. 有趣且充满机智　　D. 紧张且神秘

(14) 想一想罗伯和老鼠在故事中所做的事,解释故事中难以令人相信的地方。

2. 分析

《倒立的老鼠》是PIRLS评估样例。该样例的题型及考查能力层次见下表。

表 7-4　样例题型和能力层次统计

题　　序	题　　型	阅读能力层次	说　　明
1	选择题	记忆/识别	
2	选择题	记忆/识别	
3	选择题	记忆/识别	
4	简答题	理解/推论	
5	选择题	记忆/识别	
6	简答题	分析/组织	
7	简答题	记忆/识别	
8	选择题	分析/组织	
9	选择题	记忆/识别	
10	简答题	记忆/提取	
11	简答题	评价/判断、建构	开放性试题
12	简答题	评价/判断、建构	开放性试题
13	选择题	评价/判断	
14	简答题	评价/判断	开放性试题

通常选择和简答题型各占50%。记忆水平占50%，理解水平占7%，分析水平占14%，评价水平占29%，运用水平和创造水平试题未出现。

PIRLS评估认为，学生的阅读能力可以分为多个层次，单理解层次可以细分为：解释、举例、分类、概要[样例第(13)题]、推论、比较和说明[样例第(4)题]。PIRLS评估认为，不仅中学生，小学生也具有阅读评价能力，样例第(11)、(12)、(14)题均要求学生对文章内容加以判断，且判断必须提供内容依据。这类有理有据的阅读评价都设计成开放式阅读试题，约占试题总量的20%。

(二) PISA评估

2000年国际经济合作与发展组织(OECD)首次在全球进行了“国际学生评估项目”(Program for International Student Assessment 简称PISA)。旨在评估各国15岁(相当我国初三)学生在阅读、数学及自然科学方面的知识、能力和技巧，以及跨学科的基础技能，并通过国际间的比较找出造成学生能力差异的经济、社会和教育因素，从而进一步为各国改善自身的教育体制提供必要的参考指标和数据。

1. 样例《乍得湖》

图7-1显示位于北非撒哈拉乍得湖的水深改变状况。约在公元前20000年，

最后一次冰河时期，乍得湖完全消失了。直至公元前 11000 年它又再次出现。今湖水的深度仍然跟公元 1000 年大致相同。

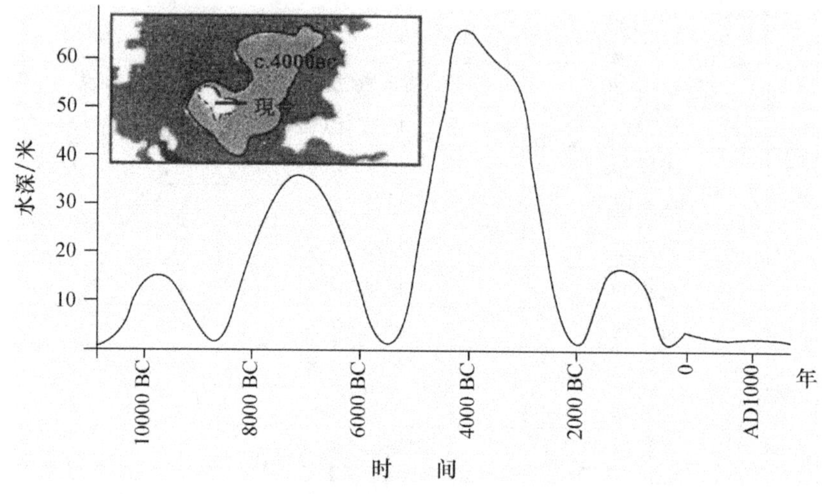

图 7-1　乍得湖水深改变状况

图 7-2 显示撒哈拉岩石艺术图(在山洞石壁上发现的古代图案或图画)和野生动物的变化样式。

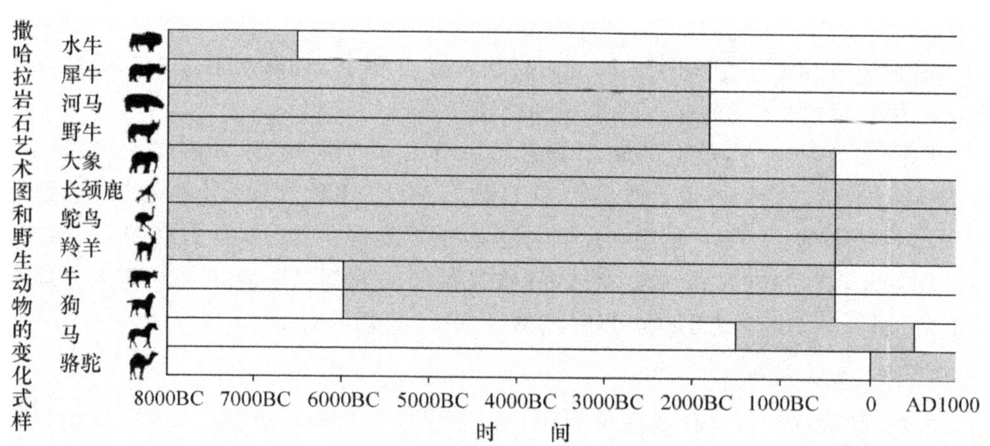

图 7-2　撒哈拉岩石艺术图

依据前面有关乍得湖资料，回答下列问题。

(1) 乍得湖目前的湖水深度是多少?

A. 约 2 米

B. 约 15 米

C. 约 50 米

D. 它完全消失不见了

E. 并没有提供资料

(答案：A)

(2) 图 7-1 所描绘的图表大约起自何年？

(答案：公元前 11000 年，或在公元前 10500～12000 年之间的约数)

(3) 为什么作者选择这一年作为开始？

(答案：指出湖的重现。注意：若这题答对了，即使前一题答错了，也给予满分。

乍得湖约在公元前 20000 年完全消失后，在公元前 11000 年重现。

乍得湖在冰河时期完全消失，而差不多在这时重现。

它又再重现。

大约在公元前 11000 年重现。

消失了 9000 年之后，乍得湖又再重现)

(4) 图 7-2 是根据以下哪一项假设来制作的？

A. 岩石艺术图上的动物在绘制的时候就已经存在。

B. 绘制动物的艺术家技巧十分高超。

C. 绘制动物的艺术家曾到很多地方旅行。

D. 没有人想要饲养在岩石艺术图上所描绘的动物。

(答案：A)

(5) 收集图 7-1 和图 7-2 的信息回答：犀牛、河马和野牛从撒哈拉意识艺术图中消失是起于：

A. 最近一次冰河时期开始时。

B. 乍得湖湖水最深的中段时期。

C. 乍得湖湖水深度持续下降已 1000 多年后。

D. 不间断干旱时期开始时。

(答案：C)①

2. 分析

(1) 文本体裁

PISA 阅读文体分为两类：连续文本(continuous text)和非连续文本(non-

---

① PISA Home . PISA 2006 Results[EB/OL]. http://www.pisa.oecd.org/pages/0,2987,en_32252351_32235731_1_1_1_1_1,00.html,2008-01-11/2014-09-05.

continuous text)。前者的外部特征是由句子组成，并依次形成段落、篇章甚至一本书，具体包括：记叙文、说明文、散文、议论文，操作性的指南或忠告，文件或记录，以及超文本(hypertext)；后者主要表现形式是：图和图形(chart and graphs)、表格(tables)、图表图样(diagrams)、地图(maps)、表(forms)、信息单(information sheets)、电话和广告(calls and advertisements)、收据(vouchers)、证书执照(certificates)等。可以发现，连续文体是我国初中学生常见的文章体裁，也几乎涵盖了各类文体；而非连续文体在初中学生的教科书、评估试卷，甚至初中会考中是很少见的。这则样例属图表阅读，这类图表阅读试题在 PISA 评估中占一定的比例。

(2) 理解能力

《乍得湖》是 PISA 评估的样例。样例中题(2)是评估学生获取信息的能力：从文中找出相关信息，如事件的主角，发生的时间、地点、背景，文章的主题、观点。学生在图 7-1 前的文字中可以读到："直至公元前 11000 年，它又再次出现。"的句子，或从图 7-1 直角坐标原点位置也能直接推算出时间。

如样例中题(4)是评估学生形成广义、整体的理解能力：形成对文章的整体感知和一般理解，如通过标题确认文章的写作目的、主题，解释说明顺序，明确图、表的数据范围、用途，描述故事的主角、背景和环境等。图 7-2 前有关"岩石艺术图"的解释：岩石艺术图(在山洞石壁上发现的古代图案或图画)，艺术图是一种生活的记录和反映，显然途中的动物应该先于艺术图而存在。这样的整体的理解需要学生多元知识和生活经验的参与。

样例中题(1)是评估学生形成完整的解释能力：全面阅读文章，联系各个部分的相关信息，对文章进行逻辑上的理解。学生比较、对比文章(图表)信息，联系文(图表)中相关信息，推论作者意图，列举相关证据，做出结论等。如，学生通过阅读理解"今天湖水的深度仍然跟公元 1000 年大致相同。"这句信息，并在图表中找出"AD1000"对应的纵坐标数据，结合文字和图示的数据，才能得出"约 2 米"的答案。

同理，样例中题(5)，学生通过阅读图 7-2 可以获得，犀牛、河马和野牛从撒哈拉岩石艺术图中消失约在 1900BC；再通过图一查出 1900BC 年左右乍得湖水持续下降的曲线特点，从而排除其他三个答案。本题需要学生整合两个图表，转换信息才能得出结论。

要求学生提取已有的知识，建构对文章的深层理解。评价文章的观点，并辅以相关的理据。

样例中题(3)是评价学生反思、评价文章表达形式的能力，如评价文章的结构、类型、语言特点。评鉴作者的写作风格，以及语言运用的细微差异，如某个形容词的选用对表达效果的作用。学生必须结合句子：直至公元前11000年，它又再次出现，推断作者制图意图：原点设计为(11000，0)的，使图示明确、简便。

PISA认为：此项评估的对象是接近完成基础教育的15岁学生，评估重点是这些学生能否将在校习得的知识与技能应用于进入社会后所面临的各种情境及挑战，因此侧重学生阅读理解的实用能力评估。我国对中小学生阅读能力评价侧重理解能力。所谓的理解能力，是指把所感知的语言文字材料联系起来，利用已有知识经验，通过想象与联想、分析与综合、归纳与概括、判断与推理等思维活动，了解其本质含义的过程。然而在现行评价中往往不能兼顾理解能力的各个方面，存在重分析与综合、归纳与概括，轻判断与推理、想象与联想的现象。

(三) PIRLS、PISA评估启示

PISA和PIRLS评估原理对国内语文学习评价，尤其是中考和高考试卷编制方案设计可带来如下的思考与启示。

1. 在偏重文学性阅读，重视背诵积累、赏析文学作品能力的同时，应兼顾功能性阅读

如关注公共用途、工作需要、教育用途的阅读功能。在兼顾科技文、文学类文本类型的同时，是否应丰富阅读文本体裁，诸如非连续文本的阅读？是否应该引入更多的日常生活的阅读内容？尤其是实用文体中涉及视觉阅读能力非连续文本。

2. 在语文评估研究中应与时俱进，即提升对阅读能力尤其是理解能力的认识

在建构意义的过程中，每位学生运用不同的程序、技能、策略来强化、监督与维持对内容的理解。而这个过程与策略会随着不同的阅读情境与目的，不同的阅读内容有所变化。学生对文章的释义由于受到各自经验背景、知识结构的影响，从而影响他们各自的阅读理解程度。我们在测试学生分析概括、鉴赏能力的同时，关注学生重组、想象、推断、批判性阅读能力。

二、写作能力评价

写作能力评价比语文学科其他项目都要困难，这是因为评量的因素往往因人而异，各有偏重(文章的优劣没办法用器物去度量)。同一篇文章，有人重视内容方面(包括见解、情感、思想等)，有人重视语文运用能力方面(包括遣词造句、布局、谋篇等)，那么，评价的结果自然就不同了。

(一) 写作能力评价标准

根据国家课标知识与能力、情感和态度两个维度，小学生写作能力评价标设计了三个评价维度。写作技能和写作策略属于国家课标的知识与能力维度；写作信心属于国家课标的情感态度维度。“评价标准”所列指标是该学年结束时学生的最低标准；同时列出了学年结束时，学生的优秀表现指标。

表 7-5　小学生写作评价标准

年　级	评价维度	评价标准	优秀表现
一年级	写作技能	能写熟悉的事物、想象的事物； 能表达自己的感受； 能写一两句话； 能运用逗号、句号； 能书写汉字，规范整洁。	能运用积累的词语； 喜欢写话； 乐于分享自己的习作；
	写作策略	能修改指出的错别字	
	写作信心	有写作信心	
二年级	写作技能	能写熟悉的事物、想象的事物； 能表达自己的感受； 能写两三句话，句子连贯、通顺； 能运用逗号、句号、问号、感叹号； 能书写汉字，规范整洁。	能运用积累的词语； 喜欢写话； 乐于分享自己的习作；
	写作策略	能修改错别字	
	写作信心	有写作信心	
三年级	写作技能	能写熟悉的事物、想象的事物、简单的日常事件； 能表达自己的感受； 能写请假条、留言条； 能写几句连贯、通顺的话，运用描述性的词语； 能运用逗号、句号、问号、感叹号、引号、冒号； 能书写汉字，规范整洁。	能运用积累的语句； 表达具个性化，有创意； 喜欢写作； 乐于分享自己的习作。
	写作策略	能按一定的顺序写一段话； 能修改作文中的错别字、明显的错误词句、标点符号。	
	写作信心	有写作信心	
四年级	写作技能	能写熟悉的事物、想象的事物、简单的日常事件； 能表达自己的感受； 能写请假条、留言条；能写日记、书信； 能运用学过的句式； 能运用逗号、句号、问号、感叹号、引号、冒号、省略号； 能书写汉字，规范整洁。	能运用积累的语段； 表达具个性化，有创意； 养成记日记的习惯； 乐于分享自己的习作。
	写作策略	能分段表述； 能运用比喻的修辞手法； 能修改作文中的错别字、明显的错误词句、标点符号。	
	写作信心	有写作信心	

续表

年　级	评价维度	评价标准	优秀表现
五年级	写作技能	能写熟悉的事物、想象的事物，简单的日常事件； 有具体的内容； 能表达自己的感受； 能写请假条、留言、日记、书信、记叙文、读书笔记； 能运用学过的句式； 能运用逗号、句号、问号、感叹号、引号、冒号、省略号、书名号； 能书写汉字，规范整洁。	自觉积累写作素材； 能运用积累的语段； 表达具个性化，有创意； 养成记日记的习惯； 乐于分享自己的习作。
	写作策略	能分段表述； 能按一定的顺序安排段落； 能运用比喻、拟人的修辞手法； 能修改作文中的错别字、明显的错误词句及标点符号； 能通过增删内容来改进作文。	
	写作信心	有写作信心	
六年级	写作技能	能写熟悉的事物、想象的事物、简单的日常事件； 有具体的内容； 能表达自己的感受； 能写纪实作文、想象作文和常用应用文； 能运用学过的句式； 能运用学过的标点符号； 能书写汉字，规范整洁； 能在 40 分钟内写不少于 400 字的作文。	自觉积累写作素材； 能运用积累的语段； 表达具个性化，有创意； 能根据读者对象、运用写作方法改进作文； 养成记日记的习惯； 乐于分享自己的习作。

（二）写作能力评价方法

写作能力评价方法有：多方评分法、分项评定法、九堆评分法、量表法。

1. *多方评分法*

所谓多方评分法是分别由两个或两个以上的教师给同一篇作文判分，最后把评出的几个分数相加，求其平均值。其公式是：

$$\widetilde{X}=\frac{X_1+X_2+X_3+\cdots+X_n}{n}$$

式中：$\widetilde{X}$ 表示各位教师给分的一个平均值；$X_1+X_2+X_3+\cdots+X_n$ 表示 n 位教师给分之和；n 表示教师人数。

如：甲、乙、丙、丁四位教师分别给一位学生评分，成绩依次是 75、70、82、80 分，那么用上述公式，可得该学生的作文成绩约为 76.7 分。

2. 分项评定法

所谓分项评定法，是根据作文能力的结构要素或作文教学的具体目标，编制成相应的评定标准，根据标准评价作文成绩的方法。

台湾赵友培先生设计的作文评分项目有五项：对题 20%、用字 20%、造句 20%、结构 15%、含义 25%。其中："对题"是指作文是否切题；"用字"是指有无错别字；"造句"是指句子是否通顺；"结构"是指文章层次条理是否清楚；"含义"指内容是否真实、健康。

3. 九堆评分法

九堆评分法是一种相互比照评定一篇作文在某一批作文中的相对地位的方法，属于相对评定。在各类作文竞赛中运用较多。采用九堆评分法来批改作文的具体做法是：

（1）教师先作一次评阅，订正作文中的错误，依照评分与总体的概观把作文分成上、中、下 3 个等级，分开放置。

（2）教师分别检查各堆作文卷，并把每一堆细分出上、中、下三级。这样全部作文共九堆：上上、上中、上下，中上、中中、中下，下上、下中、下下。

（3）教师检查一遍作文，把每堆中不符的卷子作升格或降级处理，力求使每份作文各得其所。

（4）教师依次给每堆作文、每篇作文评分。一般说来，这样的评分在等级上会出现偏差，但从一个总体内的评分看，比较客观。依全班人数之百分比一般为：上上 4%、上中 7%、上下 12%，中上 17%、中中 20%、中下 17%，下上 12%、下中 7%、下下 4%。因为这是相对评分，所以这个班级的九堆评分法的分数可能与另一个班级分数难以比较。

4. 量表法

（1）参照量表法

这种评分法是聘请一些有经验的教师或专家给一系列作文样本评分，在此基础上统计分析，构成一套作文评分实例量表。每个实际范例都明确标明一种评分等级标准。使用时，教师只要把要评分的作文和改良的范例加以对比，依照相应的范例的标准分数，就可评出作文分数。

（2）分析量表法

分析量表法又称评定量表，它是分项评定作文的标准。分项评定由于分别规定了评分项目及其各自在总分中的比重，所以比参照量表细致。浙江大学朱作仁教授等研究提出了中国儿童作文能力的流向基本要素。

1）审题立意能力。作文时能理解题意，紧扣题旨写人记事，表达思想观点。

2）选材能力。选材切题、合理，观点正确，意义积极。

3）确定详略能力。详略得当，该详则详，该略则略。

4）组织材料能力（条理性）。层次分明，构段合理，过渡衔接自然，能有条理地表达。

5）语言表达能力。语句通顺，用词正确，不写错别字，能用常用标点。

6）应用修辞手法的能力。能使用常用修辞手法，增加语言的表现力。

在此基础上，他们编制了《中国儿童作文五项目评定量表》。

表 7-6　中国儿童作文五项目评定量表

项　目	分　值	评定标准	备　　注
（一）中心（含详略）	30	浮动分：0　13　20　26　30 分 基准分：0　16　22　30 全文离题，无中心（多中心），详略不当。｜多处离题（偏题），中心不明确，详略不当。｜偶有离题，中心尚明确，略写处欠概括。｜紧扣题意，中心明确，详略得当。	“基准分”指完全符合某等级的给分数；“浮动分”指基本符合某等级的给分范围。如项目（一）“中心（含详略）”。如果“多处离题（偏题），中心不明确，详略不当”，给 16 分。如略好一点，则在 16～20 分内给定一个分数；反之，则在 13～16 分内给一个分数。
（二）质料	18	浮动分：0　8　12　16　18 分 基准分：0　10　14　18 思想观点有错误，意义消极；材料不妥当或不真实，内容贫乏。｜思想尚够健康；材料俗套平淡，内容空泛。｜思想尚健康，材料真实，但不典型新颖，内容尚充实。｜思想健康，材料真实妥当，典型新颖，内容具体充实。	
（三）条理	20	浮动分：0　8　13　17　20 分 基准分：0　11　15　20 段落层次混乱，句子不连贯，过渡突然、跳跃或生硬。｜段落层次不清楚，或尚有层次但不分段；有较多的句子、段落不衔接。｜段落层次清楚；句子基本连贯，过渡较自然。｜紧扣题意，中心明确，详略得当。	

续表

项目	分值	评定标准	备注
(四)表达语言基本功	24	(1) 字。无错别字,给 4 分。否则,每一错别字扣 0.5 分(重复不计,下同) (2) 词。用词准确,给 5 分。否则,每一用词不当扣 0.5 分,有词不达意现象扣 5 分。 (3) 句。语句通顺。无语法、逻辑错误,给 6 分。否则,每一病句扣 1 分(用词不当不计)。 (4) 标点。标点正确,给 5 分。否则,每一标点不妥扣 0.25 分。 (5) 书写、格式。字迹清楚,卷面整洁,格式正确,给 4 分。否则,字迹糊涂,卷面不清,扣 1～2 分;格式有误,扣 1～2 分。	全文未达 300 字者,本项不得超过 13 分。 每一小项目扣分扣到该小项目满分止,如错别字至多扣 4 分。 本项满分不超过 24 分。
(五)修辞	8	0 4 6 8 未运用任何修辞方法。 正确运用一种修辞方法。 正确运用二种修辞方法。 正确运用三种以上修辞方法。	修辞方法主要有:①比喻,②比拟,③排比,④夸张,⑤对偶,⑥对比。 基本上能运用、但用得不恰当者酌情给分。

三、口语交际能力评价

“口语交际能力”虽然与说话能力有联系,但它较后者更具有一种相对独立性,有着自己特有的深度和广度。

(一)口语交际能力评价标准

英国中小学口语交际能力标准共分 8 个等级水平,其中口语交际意识的要求贯穿各个等级,且层次性强。

表 7-7 英国国家课程中小学口语交际能力标准①

水平 1	学生谈论自己直接感兴趣的事情。听他人的讲话并作出恰当的回应。他们向不同听众表达简单的意思,声音别人听得到,并开始增添一些细节扩充自己的看法或考虑。
水平 2	在听、说时,学生开始表现出自信,特别是他们对话题感兴趣时。他们时常表现出意识到听话者的需要,增加相关的细节。在组织和解释自己的看法时,他们讲话清晰,用词越来越多。他们通常认真地听别人的讲话,作出越来越恰当的回应,并开始意识到在某些情境下要用更正式的词语和语调。

① 邱娟飞.小学语文口语交际教学现状及对策研究[M].2005 年华东师范大学教科院硕士论文:58.

续表

水平 3	学生在不同背景下自信地听和说，探究和交流想法。在讨论中，学生表现出理解主要观点。通过相关的议论和提问，表现出他们是在认真地听。他们开始根据听话者的需要，变化使用词语或细节的程度，调整自己的讲话内容。他们开始意识到标准英语及何时使用它们。
水平 4	学生在范围更广的情境中，自信地说、听。他们调整自己的讲话内容，适应不同的目的：考虑周全地组织观点，清晰地说明事件和表达意见。在讨论中，他们认真地听，说出自己的想法，或提问，对他人的看法和观点作出回应。他们恰当地使用标准英语的词汇和语法的一些特征。
水平 5	学生在各种各样的情境中，包括更正式的场合，自信地说和听。他们在讲话时表达方式和词汇富于变化，引起听话者的兴趣。在讨论中，他们专心地听他人的讲话、提问，以理顺思路，在表达自己时考虑他人的看法。他们开始在正式场合使用标准英语。
水平 6	学生适应各种各样情境的要求，更加自信地调整自己的讲话。他们的词汇和表达更加多样化，引起听话者的兴趣。学生积极参与讨论，表现出对观点的理解和对他人的敏锐感知力。在正式场合使用标准英语时，他们通常更为流利。
水平 7	学生在使自己的讲话更加符合各种各样情境的要求时，表现出自信。他们准确地使用词汇，组织语言，更清晰地交流。在讨论中，学生评价他人的观点，确定何时和如何加入讨论，发表有意义的看法。在需要的场合自信地使用标准英语。
水平 8	学生在各种情境下，有目的地持续和展开自己的讲话。他们对所说内容加以清晰地组织，使用切题的词汇，适当的语调和重音。他们发表各种各样的见解，表明他们能够有所感悟地听，对讨论的进展十分敏感。根据需要，他们在各种场合自信地使用标准英语。

(二) 口语交际能力评价方法

听是一个人对语言的吸收，说是一个人对语言的运用。一个人的听、说能力很难截然分开。以此为依据，将学生的听、说能力结合在一起考查的方法是一种综合评价法。其中问答法和情境法更具互动性特点，尤其适用口语交际能力评价。

1. 复述法

复述法就是通过学生能否将听到的内容用自己的话说出来，从而考查其听、说能力的评价方法。这种方法侧重于考查学生的听记能力和语言组织能力。如，复述一段话。

表 7-8 段落复述能力评定标准

项目	分值	评定标准			
叙事具体	4	1	2	3	4
		随意更改故事情节，有 3 个以上要点漏说或段落复述不完整。	段落复述不完整，有 3 个以内的要点漏说。	段落复述不完整，有 1 个要点漏说。	段落复述清楚、完整。
语句正确	2	0	1	2	
		段落复述过程中，有 5 句以上的病句或错误。	段落复述过程中，有 3 句以内的病句或错误。	段落复述过程中，无病句和错误。	
表情体势	2	0	1	2	
		多抓耳挠腮、摇晃身体等动作、发音颤抖。	比较拘束	神态大方自然，站势或坐姿正确。	
音量速度	2	0	1	2	
		音量过小，听不清楚，速度过慢，多断句。	复述过程中声音基本响亮，偶有过响或过轻、过快或过慢现象。	声音响亮、速度适中。	

2. 问答法

问答法就是要求学生根据所听到的内容回答问题，以考查学生听的理解能力，记忆能力以及迅速提取信息、组织语言应答的能力。

表 7-9 回答问题能力评定标准

<table>
<tr><th>项 目</th><th>分 值</th><th colspan="4">评定标准</th></tr>
<tr><td rowspan="2">回答正确</td><td rowspan="2">4</td><td>1</td><td>2</td><td>3</td><td>4</td></tr>
<tr><td>尚能听懂问题和要求，但错答2题以上。</td><td>基本针对问题问答，但答错1题或2题以上问答不完整。</td><td>基本针对问题回答，但有1题问答不完整。</td><td>针对问题进行具体、完整的回答。</td></tr>
<tr><td rowspan="2">连贯流畅</td><td rowspan="2">3</td><td>1</td><td>2</td><td colspan="2">3</td></tr>
<tr><td>语句不通顺，表述不连贯、重复，说病句4次以上。</td><td>语句基本通顺、重复、说病句2次以内。</td><td colspan="2">语句通顺、流畅。</td></tr>
<tr><td rowspan="2">体势音量</td><td rowspan="2">3</td><td>1</td><td>2</td><td colspan="2">3</td></tr>
<tr><td>多抓耳挠腮、吐舌缩肩、摇晃身体等动作。音量小，听不清楚。</td><td>比较拘谨，但声音基本响亮。</td><td colspan="2">站势或坐姿正确，声音响亮。</td></tr>
</table>

3. 辨析法

辨析法就是要求学生边听材料边分析，从而说出自己判断的方法。该方法主要考查学生有否敏锐的听力和判断力。如辨句。

表 7-10 辨句能力评定标准

<table>
<tr><th>项 目</th><th>分 值</th><th colspan="4">评定标准</th></tr>
<tr><td rowspan="2">回答提问</td><td rowspan="2">4</td><td>1</td><td>2</td><td>3</td><td>4</td></tr>
<tr><td>尚能听懂句子意思，但有5句以上辨错。</td><td>听懂句子意思，但有3句以上辨错。</td><td>听懂句子意思，但有2句以内辨错。</td><td>听懂句意，正确辨句。</td></tr>
</table>

续表

项目	分值	评定标准		
		1	2	3
音量速度	3	音量过小，听不清楚，速度过慢。	声音基本响亮，口齿较清楚，偶有速度过慢现象。	声音响亮、速度适中，口齿清楚。
		1	2	3
体势神情	3	多抓耳挠腮、摇晃身体等动作，神情紧张，发音颤抖。	比较拘谨，有不良习惯动作。	眼视对方、站势或坐势正确，神态自然。

4. 补充法

补充法就是学生在听清教师提供的字、词、句的基础上，按要求补充有关内容的评价方法。这种方法主要是考查学生听的理解能力和语言的组织能力。如听词造句、根据中心句说一段话。

5. 情境法

情境法就是向学生提供一定的语言情境，从而考查学生综合性语言交际能力的方法。如角色扮演。

表 7-11　话题交谈能力评定标准

项目	分值	评定标准		
		1	2	3
应对会话	3	反应迟钝	听懂问话，针对话题交谈，但反应速度较慢。	听懂问话，反应敏捷，并能对话题的改变而灵活应对。

续表

项　目	分　值	评定标准		
		1	2	3
连贯流畅	3	语句不通顺、表达不连贯，重复、病句4处以上。	语句基本通顺，重复、病句3处以内。	语句通顺、流畅。
		1	2	3
语句正确	3	说话语句大多不符合口语习惯，病句3处以上。	说话语句基本符合口语习惯，病句2处以上。	说话语句符合口语习惯，回答有创意。
		0		1
音量	1	音量很低，听不清楚		音量适中

参考文献

【中文文献】

1. [美] David A. Sousa .脑与学习[M].“认知神经科学与学习”国家重点实验室脑与教育应用研究中心译.北京：中国轻工业出版社,2005.

2. 雷纳特·N·开恩.创设连接：教学与人脑[M].上海：,华东师范大学出版社,2004.

3. 尹文刚.神经心理学[M].北京：科学出版社,2007.刘儒德.学习心理学[M].北京：高等教育出版社,2010.

4. 朱智贤.中国儿童少年心理发展与教育[M].上海：中国卓越出版公司,1990.

5. D.M.巴斯.进化心理学：心理上的新科学(第二版)[M].熊哲宏译.上海：华东师范大学出版社,2007.

6. 马欣川.现代心理学理论流派[M].上海：华东师范大学出版社,2003.

7. 皮连生.教育心理学(第四版)[M].上海：上海教育出版社,2011.

8. 吴庆麟.教育心理学[M].北京：人民教育出版社,2001.

9. [美] 戴尔·H.申克.学习理论(第六版)[M].何一希等译.南京：江苏教育出版社,2012.

10. [美] 理查德·迈耶.学科教学心理学[M].姚海林等译.南京：江苏教育出版社,2010.

11. 张大均.教学心理学[M].重庆：西南师范大学出版社,1997.

12. 李洪志.学习能力发展心理学[M].合肥：安徽教育出版社,2004.

13. 戴健林.学习能力发展心理学[M].合肥：安徽教育出版社,2004.

14.

15. 韦洪涛.学习心理学[M].北京：化学工业出版社,2011.

16. 孔凡哲.数学学习心理学[M].北京：北京大学出版社,2012.

17. 曾继耘.差异发展教学研究[M].北京：首都师范大学出版社,2012.

18. [美] 陈杰琦,霍华德·加德纳 .多元智能在全球[M].多元智能学会译.北京：中国人民大学出版社,2010.

19. [美] 卡罗琳·查普曼 .在课堂上开发多元智能[M].郅庭瑾等译.北京：教育科学出版社,2004.

20. [美]Thomas Armstrong .课堂中的多元智能——开展以学生为中心的教学[M].张咏梅等译.北京：中国轻工业出版社,2003.

21. 谭顶良.学习风格论[M].南京：江苏教育出版社,1995.

22. 张向葵.课堂教学监控学[M].北京：人民教育出版社,2004.

23. 彭聃龄.语言心理学[M].北京：北京师范大学出版社,1991.

24. 杨成章.语文教育心理学[M],成都：四川教育出版社,1994.

25. 韩雪屏.语文教育的心理学原理[M].上海：上海教育出版社,2001.

26. 钟为永.语文教育心理学[M].北京：警官教育出版社,1998.

27. 董蓓菲.语文教育心理学[M].上海：上海教育出版社,2006.

28. 马笑霞.语文教学心理研究[M],杭州：浙江大学出版社,2001.

29. 周小蓬.语文学习心理学[M].北京：语文出版社,2013.

30. 汪潮.语文学理[M].杭州：浙江大学出版社,2013.

31. 艾伟.汉字问题[M].上海：中华书局,1949.

32. 闫国利.阅读发展心理学[M].合肥：安徽教育出版社,2004.

33. 朱晓斌.写作教学心理学[M].杭州：浙江大学出版社,2007.

34. 朱作仁.小学作文教学心理学[M].福州：福建教育出版社,1993.

35. 刘淼.作文心理学[M].北京：高等教育出版社,2001.

36. W. James Popham .促进教学的课堂评价[M].国家基础教育课程改革“促进教师发展与学生成长的评价研究”项目组译.北京：中国轻工业出版社.2003.

37. 吴立岗.小学语文教学研究[M].北京：中央广播电视大学出版社,2004.

38. 乐连珠.小学快速阅读教学[M].济南：山东教育出版社,1997.

39. 叶澜.试论当代中国教育价值取向之偏差[J].教育研究,1989(8).

40. 谭顶良.学习风格与教学策略[J].教育研究,1995(5).

41. 胡平.汉语儿童识字的心理机制及其给教育的启示[J].华东师范大学学报(教育科学版),2001(1).

【英文文献】

1. Brown H. D. Principles of Language Learning & Teaching[M]. New York：Pearson Education,2000.

2. David W. Carroll. Psychology of Language(4th)[M]. Wadsworth,a division of Thomson Learning, Inc. , 2004.

3. Gail E. Tompkins . Language Arts Patterns of Practice[M]. Pearson Education,Inc. , 2005.

4. Jacqueline S. Thousand, Richard A. Villa, Ann I. Nevin. Differentiating Instruction：Collaborative Planning and Teaching for Universally Designed Learning[M]. Corwn Press, 2009.

5. Jacqueline S. Thousand, Richard A. Villa, Ann I. Nevin. Differentiating Instruction：Collaborative Planning and Teaching for Universally Designed Learning[M]. Crown Press,2007.

6. Pascal Bressoux. Teachers' Training, Class Size and Students'Outcomes：

Evidence from Third Grade Classes in France[EB/OL]. (2005-12-05)[2014-05-29]. http: //www. doc88. com/p-536463149497. html .

7. Peter Blatchford. The Class Size Debate: Is Small Better? [M]. Open University Press, 2003.

8. Suzanne F. Peregoy, Owen F. Boyle. Reading, Writing, & Learning In ESL [M]. Addison Wesley Longman, Inc. ,2001.

概念速查表

1. 班风 指班级同学在长期交往中所形成的一种共同心理倾向。

2. 表征 指的是在心理活动中的表现和记载方式，也称“心理表征”。它涉及的是知识在头脑中是如何表示和贮存的。

3. 产生式 是表征程序性知识的最小单位。人经过学习，头脑中储存了一系列以“如果——那么”的形式表示的规则，这种规则就是产生式。

4. 产生式系统 是由多个产生式按一定的目标连接成的一个有组织的目标层级的整体。

5. 长时记忆 是指1分钟以上直到许多年甚至终身保持的记忆。长时记忆是对工作记忆反复加工的结果。

6. 陈述性知识 指能被人陈述和描述的知识，也叫描述性知识。主要说明事物是什么、为什么、怎么样，用于区别、辨别事物。

7. 程序性知识 是关于人怎么做事的知识：做什么、怎样作。即操作性知识：关于解决问题的思维操作过程的知识；关于如何实现从已知状态向目标状态转化的知识。

8. 动作技能 也称运动技能，指通过练习获得的、按一定规则协调自身肌肉运动的能力。

9. 发现学习 是教师不讲述，学习者独立发现、揭示问题，探索解决问题方法的一种学习方式。

10. 发展中形成的素质 是学生在后天发展中形成的，是先天和后天相互作用的产物，指能被心理测量测试的能力与特质。

11. 复述策略 指的是通过反复读写所学的材料使信息在记忆中保持的策略。

12. 附属内驱力 指的是学生为了保持长者们(教师、家长等)和同伴们的赞许或认可而表现出来的一种搞好学习的需要，属于外部动机。这种需要是对长者和同伴在感情上的依附。

13. 个体差异 也称个别差异，可以理解为学生个体之间存在的、影响学生学习结果的比较稳定的品质，通常用和学习关系密切的能力倾向来表示。

14. 个性 是区别个体的重要标志，也是个体所表现出来的与众不同的心理特征和精神面貌的总和。

15. 工作记忆 也称短时记忆、操作记忆，是指一次呈现后，保持在30秒以内的记忆，它是人们在从事各种工作时所不可缺少的。

16. 观察学习 是指观察者只是观察榜样的行为而不作出直接的反应就能够模仿学习。

17. 合作学习 就是在教学上运用小组使学生共同活动，以最大程度地促进自己和小组成员的学习。

18. 机械学习 是指学生只是记住了某个符号，并不理解符号代表的知识。

19. 教学个性 是指教师在生活实践和教学实践中形成的相对稳定的、独特的个性气质、人格魅力、学识才能、艺术追求和审美情趣等方面的特点的总和。

20. 接受学习 是指学习内容以定论的形式呈现给学习者的一种学习方式。

21. 精加工策略 是对记忆的材料补充细节、举出例子、做出推论，或使之与其他观念形成联想，以达到长期保持的目的。

22. 口语 指的是“口头言语”，即一个人的发音器官能发出某种声音，用以表达自己的思想和情感。

23. 口语交际 即口头言语交际，指的是人们运用有声语言传递信息、交流思想、表达感情的过程。

24. 口语交际能力 在海姆斯看来，就是知道什么时候该说话或不该说话，知道在什么时候、什么地方、以什么样的方式对什么人讲些什么话。这种使用语言的能力就是口语交际能力。

25. 理解控制策略 是指在学习过程中，学生始终能意识到自己做的是什么(任务目标)，意识到自己所使用的策略，以及对这些方法进行相应的控制和调整。

26. 命题 是指表达判断的语言形式，由一种关系和一组论题构成，用句子表达。命题不等于句子，而是句子表达的意义。

27. 亲历学习 是通过直接经验、亲身体验得到的学习.

28. 情绪 是有机体的自然需要是否获得满足而产生的一种反应，它是一种层次比较低的情感，是人和动物所共有的。

29. 人际关系智能 指的是理解他人的能力，即对他人的表情、说话、手势动作的敏感程度，以及对此做出有效反应的能力。

30. 认知策略 是指支配注意、学习、记忆和思维以提高认知活动效率的能力，是学习过程中的控制能力。有时简称策略、策略性知识。

31. 认知内驱力 是要求了解与理解知识、阐述与解决问题的需要，是一种内部动机。

32. 身体运动智能 指的是人的身体的协调、平衡能力和运动的力量、速度、灵活性等，表现为用身体表达思想、情感的能力和动手的能力。

33. 视觉空间智能 指在脑中形成一个外部空间世界的模式并能够运用和操作这一模式的能力,即一种很强的观察、创造、再现图片和影像的能力。

34. 数理逻辑智能 指的是对逻辑结构关系的理解、推理、思维表达能力,主要表现为个人对事物间各种关系,如类比、对比、因果和逻辑等关系的敏感以及通过数理进行运算和逻辑推理等。

35. 速读 即快速阅读,是视觉器官感知文字符号直接转换成意义,消除脑中潜在的发音现象,成为视觉器官感知文字符号——获得意义的过程。

36. 态度 一种影响人对人、对事做出选择的内部状态。

37. 图式 就是人脑中关于普通事件、客体与情境的一般知识。

38. 习得素质 是学生在后天环境中,主要是学校教育环境中经过学习获得的素质。

39. 先天素质 是学生与生俱来的素质,也就是遗传素质,是指那些与遗传基因联系着的有机体的内在因素。

40. 兴趣差异 是指不同的学生在同一学习活动中,所产生的一种力求认识世界、渴望获得知识,并带有强烈情绪色彩的心理倾向的强弱。

41. 学习 是行为或按某种方式表现出某种行为的能力的持久变化。它来自实践或其他形式的经历。

42. 学习策略 是学习者为了提高学习的效果和效率,在学习活动中用来保证有效学习的规则、方法、技巧及其调控措施。

43. 学习风格 是学生持续一贯的、带有个性特征的学习方式,是学习策略和学习倾向的总和。

44. 学习焦虑 是指学生对学习活动所产生的紧张、不安、忧虑、烦恼等不愉快的、复杂的情绪状态。

45. 学习倦怠 是指学生因为长期的学习压力,过度消耗精力而丧失学习热情、感情冷漠、成绩不如预期的一种现象。

46. 研究性学习 是一种学生在教师的指导下,从自然现象、社会现象和自我生活中选择和确定研究专题,并在研究过程中主动获得知识、应用知识、解决问题的学习活动。

47. 言语信息 是指用陈述性的语言文字表达知识的能力。

48. 音乐智能 是指个人对音乐感知、欣赏、表达的能力,表现为个人对节奏、音调、音色和旋律的敏感,以及通过作曲、演奏、歌唱等形式来表达自己的思想或情感。有意义学习是指以符号代表的新知识,与学生认知结构中原有观念间建立实质性的联系。

49. 语感 是一种对语言文字的敏锐感受力和正确理解力。

50. 语言智能 是人对语言文字的掌握和灵活运用的能力，表现为能顺利而有效地利用语言描述事件、表达思想并与他人交流。

51. 元认知策略 是学习者用来评估自己的理解、安排学习的时间、选择计划有效学习或解决问题，监控自己的学习情况等方面的策略。

52. 阅读素养 是指学生理解、运用、反思文章内容，以达成个人目标，增进知识、发挥潜能，参与社会活动的能力。

53. 智慧技能 是指运用概念和规则对外办事的能力。

54. 智力 是以思维力为核心的观察力、记忆力、思维力、想象力和注意力的有机结合。

55. 自我认知智能 指的是个体认识、洞察和反省自身的能力，表现为个人能较好地意识和评价自己的动机、情绪、个性等，并且有意识地运用这些信息去调适自己生活的能力。

56. 自然智能 指的是观察自然界各种形态，对各种物体进行辨认和分类的能力。即人们辨别生物(植物和动物)以及对自然世界(云朵、石头等的形状)的其他特征敏感的能力。

57. 自我提高的内驱力 指学生因自己的胜任能力赢得相应的地位的需要，属于外部动机。学习中不是指向学习任务和学习目标，而是指向在集体和他人心目中赢得怎样的地位。

58. 自主学习 是指学生自己主宰自己的学习：一是对自己的学习活动事先计划和安排；二是对自己的实际学习活动进行自我监察、评价、反馈；三是对自己的学习活动进行调节、修正和控制。

59. 组织策略 是指将学习材料加工成有组织的结构以便长久保持。

60. 准备差异 是指学生掌握的，与新学内容相关的已有知识、技能和经验背景的多少。